LES PASSIONS
Essai sur la mise en discours de la subjectivité

DU MÊME AUTEUR

Language and Discourse (La Haye, Mouton, 1971).

Discussing Language (La Haye, Mouton, 1974).

Het denken van de grens. Vier opstellen over Derrida's grammatologie (Louvain, Acco, 1975).

(éditeur) *History of Linguistic Thought and Contemporary Linguistics* (Berlin-New York, Walter de Gruyter Verlag, 1976).

Filosofie en Taalwetenschap (Assen, Van Gorcum, 1979).

Le langage en contexte. Etudes philosophiques et linguistiques de pragmatique (Amsterdam, John Benjamins, 1980).

Contexts of Understanding (Amsterdam, John Benjamins, 1980).

(éditeur, avec M. Sbisà et J. Verschueren) *Possibilities and Limitations of Pragmatics* (Amsterdam, John Benjamins, 1981).

(éditeur, avec Jacques Bouveresse) *Meaning and Understanding* (Berlin-New York, Walter de Gruyter Verlag, 1981).

(éditeur) *On Believing. Epistemological and Semiotic Approaches / De la croyance. Approches épistémologiques et sémiotiques* (Berlin-New York, Walter de Gruyter Verlag, 1983).

Semiotics and Pragmatics. An Evaluative Comparison of Conceptual Frameworks (Amsterdam, John Benjamins, 1983).

(direction, avec H.-G. Ruprecht) *Exigences et perspectives de la sémiotique* (Recueil d'hommages pour Algirdas Julien Greimas) / *Aims and Prospects of Semiotics* (Essays in honor of Algirdas Julien Greimas), deux volumes (Amsterdam, John Benjamins, 1985).

Prolégomènes à la théorie de l'énonciation. De Husserl à la pragmatique (Berne, Peter Lang, 1986).

 *PHILOSOPHIE ET LANGAGE*

Herman Parret

les passions
essai sur la mise en discours de la subjectivité

PIERRE MARDAGA, EDITEUR
2, GALERIE DES PRINCES, 1000 BRUXELLES

© Pierre Mardaga, éditeur
37, rue de la Province, 4020 Liège
2, Galerie des Princes, 1000 Bruxelles
D. 1986-0024-26

Introduction

Pourquoi ce retour aux passions, problématique peu à la mode et franchement archaïsante ? Comment justifier la fascination exercée par la typologie et la classification des passions, rêve de tant de *Traités des passions* à l'air artificiel et scolastique ? Il est vrai que la philosophie actuelle qui se prétend sérieuse ne donne des privilèges sûrs qu'à la théorie de la connaissance, du langage et du monde, isolant les conditions subjectives de la production de cette triade dans une composante « anthropologique » périphérique. L'anthropologisme, comme le psychologisme, n'a pas, en effet, survécu à la catharsis provoquée par les philosophies de Husserl, Frege et Russell, au début de ce siècle : la méfiance à l'égard de l'homme, voire du sujet, s'est généralisée. L'objectivisme théorique, un certain terrorisme exercé par la sémantique formelle, la critique structuraliste de la subjectivité ont eu le même effet : il s'agit d'éliminer le subjectif, l'émotif, le passionnel, du domaine philosophique, et de l'expulser là où il conquiert son milieu naturel : l'art, la poésie, la vie quotidienne. Les Romantiques, eux aussi, sont en grande partie responsables de cet ostracisme. Après tant de siècles de réflexion hardie et continue sur les passions — de Platon à Hegel en passant par Thomas d'Aquin, Vivès, Descartes, Spinoza, Locke, Hume, Leibniz et Kant —, la passion est abandonnée aux poètes, aux artistes, en fait, à la création et à la vie.

Je remercie Pierre Swiggers (Louvain) et Michel Meyer (Bruxelles) pour leur intérêt, et pour la précision de leurs commentaires dont je n'ai que profité.

Il est vrai que les *Traités des passions*, même aux XVIIe et XVIIIe siècles, n'ont jamais constitué le noyau de la production philosophique. Il est typique de la pensée philosophique du passionnel que *Les passions de l'âme* de Descartes représente plutôt un supplément de doctrine que la force motrice du cartésianisme. La psychologie, l'anthropologie, ni même l'éthique, n'ont jamais été partie intégrante de la *Philosophie première*. Le désir ne s'intègre à la métaphysique que dans des philosophies marginales, comme celle de Plotin. En outre, les dizaines de *Traités des passions* parus au cours des temps modernes, sont souvent l'œuvre d'épigones et de dilettantes. Il y a évidemment des exceptions, et il suffit de penser aux descriptions de l'amour chez Spinoza, de la curiosité chez Hume, de l'enthousiasme chez Locke et Leibniz, pour se rendre compte que les passions ont aussi leur place dans les grandes œuvres. Mais trop de pseudo-philosophes des XVIIe et XVIIIe siècles (les philosophes de salon du type Vauvenargues y compris) ont cédé à la manie classificatoire dans leur traitement des passions. Il est évident que la reconnaissance de l'importance des passions est due avant tout à la médecine et à la morale. *Les passions de l'âme* de Descartes paraît en 1649, quelques années après *Les charactères des passions* du médecin Cureau de la Chambre (1640) et *De l'usage des passions* du prêtre-moraliste Jean-François Senault (1643). Il y a une longue tradition de réflexion physiologique et symptomatologique à propos des passions, qui part d'Hypocrate et de Galien, et qui aboutit, par l'intermédiaire de Descartes, à la « médecine des passions » et à la « psychologie des sentiments », à la façon de Ribot, au début de ce siècle. Une autre lignée, qui part des Stoïciens (surtout de Chrysippe), mène à une multitude de traités de morale qui sont largement responsables de la dévaluation des passions comme thème digne de réflexion philosophique.

L'intérêt que je porte aux passions, domaine exploré par les philosophies des XVIIe et XVIIIe siècles, est dicté précisément par le souci exprimé par le sous-titre de cet ouvrage: *Essai sur la mise en discours de la subjectivité*. Qu'on n'attende pas de moi une reconstruction historique et philologique des doctrines et typologies des passions proposées dans les grands systèmes philosophiques, de Descartes, Hobbes, Spinoza, Locke à Leibniz, Hume et Kant. Il serait d'un grand intérêt de découvrir les lignes de force historiques et les généalogies doctrinales dans le domaine des passions. Mais ce travail d'historien et de philologue obéit à une nécessité autonome qui ne m'attire guère. En plus, l'évocation des passions dans cet ouvrage n'est motivée par aucune exploitation sérieuse des domaines de la morale et de la psychophysiologie. C'est en philosophe du langage que j'aborde le sujet, en insistant dans l'analyse du discours sur la centralité de l'*énonciation*.

Le discours, en effet, n'est pas une suite simplement logique d'énoncés. Il est avant tout un enchaînement d'énonciations produites en contexte dialogique et communautaire. Ce qui retiendra mon attention est donc la «mise en discours» ou les conditions de production de discours. Ces conditions de production se manifestent par des régularités et se réalisent par des réseaux de stratégies. Elles n'ont rien de vraiment objectif; par conséquent, l'apparat logiciste est inopérant dans ce domaine. Toutefois, on se gardera de négliger les leçons de la déconstruction structuraliste en considérant le sujet d'énonciation comme un sujet psychologique, individualisé et surtout solipsiste. La subjectivité, pour moi, n'est pas un ensemble d'états mentaux qui seraient traduits *a posteriori* en actes linguistiques. L'énonciation est un effet du discours et non pas une origine autosuffisante du discours. Le sujet de l'énonciation n'existe que par le métalangage, à savoir dans la *description* d'un dynamisme producteur. Je n'hésite pas à qualifier cette énonciation de *passionnelle*. C'est bien le sujet comme passion qui s'énonce dans le discours: ce qui s'énonce, c'est la curiosité, la sollicitude, l'enthousiasme, la reconnaissance, et aussi, bien sûr, la manipulation et la séduction. Cette énonciation n'est pas transparente, pour deux raisons. L'énonciation s'efface, se retire devant chaque description métalinguistique comme un horizon d'abîme. Elle est déjà et toujours ailleurs que là où on la situe. L'énonciation-énoncé n'est que le sommet de l'*iceberg*, et pourtant l'existence de l'iceberg lui-même ne peut être inférée qu'à partir du sommet qui émerge. L'autre raison qui rend opaque l'énonciation est précisément le fait qu'elle est nécessairement *passionnelle*: le sujet de l'énonciation est un réseau de raisons, mais les raisons énonciatives ne sont pas logiques mais *pathétiques*, ou, pour employer le terme qui sera utiliser bien souvent dans cet ouvrage, *pathiques*.

L'opacité de l'énonciation résulte d'une subjectivité en tant qu'abîme de passions. La mise en discours de cette subjectivité et son développement progressif dans des séquences discursives de surface, requiert une étude contraignante, basée sur une heuristique éprouvée. La voie heuristique privilégiée pour aborder le domaine opaque de l'énonciation est celle de la perspective *modale*. La compétence passionnelle est une compétence modale, le réseau de passions qu'est la subjectivité est un réseau de valeurs, et tout programme ou parcours discursif qui part d'une énonciation en tant qu'effet d'énoncé ne peut être adéquatement compris qu'en tant que concaténation d'un *vouloir*, d'un *savoir*, d'un *pouvoir* et d'un *devoir* se développant dialogiquement selon la syntaxe de l'interaction d'actants. Les passions elles-mêmes, qui provoquent d'autres passions, surtout chez les autres, ne sont que le déploiement de désirs et de volontés, d'obligations et de nécessités, d'intentions et de jugements. Le «texte» des passions — leur morphologie et leur syntaxe — se concrétise évidemment dans des contextes particuliers, où elles se transforment en émotions psycho-sociologiquement déterminables: la modalisation passionnelle se contextualise et «se met en discours» selon les règles de production du socio-psychologique et du linguistique. Le détail de ce parcours génératif, dans diverses élaborations, devrait fonctionner comme la justification des *positions* protothéoriques — ou métathéoriques, si l'on est moins exigeant — qui sont présentées dans la première partie de notre ouvrage. Mais ce n'est pas l'évocation de ces positions dans l'histoire de la philosophie qui justifie l'heuristique que j'ai choisie. Tout au contraire. C'est la méthodologie modale — c'est-à-dire son pouvoir de classification structurale, d'identification spécifique des passions, de systématisation généralisable, et sa beauté architectonique — qui doit justifier les «positions» protothéoriques dans la philosophie classique des passions. Il faut méditer les *Positions* à partir de l'*Architectonique* (partie centrale de cet essai) puisque c'est la méthode elle-même, cette voie de découverte par le biais des modalisations, qui fait que l'objet — l'énonciation dans et au-delà de l'énoncé, la subjectivité comme horizon d'abîme, le *pathos* rendu opaque — se montre.

1. Positions

1. LES PASSIONS ET LE RESTE: LA MARGE ET LE CENTRE

Si la section consacrée à l'*Architectonique* contient un schéma des notions reconstruites, les *Positions* feront appel à des déterminations que l'on relève dans la langue courante ou dans la suite des théories élaborés jusqu'ici par la philosohie, la psycho-physiologie, et l'éthique. Il pourrait s'avérer utile aussi d'examiner quelques dictionnaires encyclopédiques et étymologiques pour voir comment la notion de *passion* se déploie avec une multitude de sens souvent confus. A quoi s'oppose la passion dans son acceptation courante ou protothéorique? Qu'est-ce qui *reste* au-delà et en deçà des passions? Quel est le tissu relationnel de base qui situe la passion?

Le sémantisme du pathos

Situer le passionnel au niveau de cette conceptualisation floue et intuitive des langues naturelles et des philosophies consiste donc essentiellement à comprendre des champs d'oppositions et de dichotomisations. Un regard qui se révélera trop hâtif, mais qui se reflète dans l'usage linguistique, nous apprend que le passionnel se définit par contraste avec le raisonnable, le rationnel, le logique. Le phénomène de la répression des passions, selon la morale orthodoxe, en fournit un bon exemple: on contraint les passions «au nom du» raisonnable, du rationnel et du logique. Il y a toujours des procédures de récupération du passionnel par le logique : c'est ainsi que certaines idéologies admettent ou stimulent la dialectisation du passionnel et du rationnel tandis que d'autres installent des parcours d'idéalisation. Les termes de la relation de base *Passion versus X* recouvrent des classifications de propriétés qui évoquent de façon pointilliste les catégories *pathique versus logique*. Ce second champ est celui de la raison, de la vie, de la clarté, du cosmos, de l'harmonie, du céleste, de l'universalité, de la régularité, de la distinctivité, tandis que la sphère du pathique est celle de la folie, de la mort, de l'obscurité, du chaos, de la disharmonie, du souterrain, de la variabilité, de la particularité, de l'irrégularité, de l'indistinct.

Toutefois, poser d'emblée *pathique versus logique* comme base d'un classement déterminant, en donnant un sens précis à 'logique', serait méconnaître le sémantisme riche du *pathos*. Ainsi, il n'est pas sans importance de constater qu'un des premiers sens attestés de πάσχω est «jouir en parlant de la femme ou du pédéraste»[1]. L'animalité et la douleur sont connotées, et le sens homérique de πάθειν est en effet celui d'endurer un traitement ou d'être châtié. La douleur n'est pas nécessairement comprise au sens physique et on relève une spécialisation du sens vers la désignation du deuil : πένθειν, dérivé de la même racine que πάθειν/πάσχειν, signifie «être dans le deuil, pleurer un mort». Πάθημα, «ce qui arrive à quelqu'un, souffrance, malheur, maladie», παθικος, «pédéraste passif», παθεινος «qui souffre», sont autant de dérivations qui témoignent du chaos de la douleur, du malheur et de la frénésie. Les médecins de l'Antiquité cherchaient la cause de la passion dans le φρενης, le centre phrénique, un plexus de rameaux nerveux s'étendant dans tout le système intestinal[2]. Que les passions soient profondes, invétérées, «plantées en nos entrailles», comme le dit Montaigne[3], cela est affirmé par Hypocrate et Galien, les plus anciens philosophes-physiologistes. La systématique aristotélicienne consacre cette intuition puisque les passions y sont rattachées à notre nature *sensible* et *animale*. La relation au centre phrénique fait de toute passion une *frénésie*, une *morbidité*, une *perturbation*[4]. D'emblée le *pathos* est médicalisé, puisqu'il est pathologique et, d'après Zénon, «contre nature». Les passions, dans la pensée de Platon, ne sont pas inhérentes à notre nature : elles naissent de l'abandon et de l'abdication de nous-mêmes. Chez Aristote, le *pathos* devient une catégorie particulière, à savoir celle de l'*accident* devant subir une action, l'exemple donné mettant en parallèle «avoir du chagrin» avec «être réchauffé ou refroidi». C'est ainsi que Pascal a pu dire que «la nature, qui n'est pas sensible, n'est pas susceptible de passions». Cette réflexion sur les passions en termes d'accident va peser sur toute l'évolution du sémantisme du *pathos*. Ce n'est qu'avec l'introduction de l'empirisme anglo-saxon dans le climat philosophique post-cartésien que ces connotations classiques de la passion vont basculer.

Voltaire affirme que sans les passions qui enflent les voiles du vaisseau, celui-ci ne pourrait naviguer. Et Diderot pense qu'il n'y a que les grandes passions qui puissent élever l'âme aux grandes choses[5]. Dans la langue classique — de Corneille ou de Molière — le sémantisme de la passion semble relever à la fois de l'ancienne et de la nouvelle perspective. Mais le XVIIIe siècle conduisant au romantisme philosophico-littéraire considère, sans ambages, le passionnel comme l'unique possibilité de toute réalisation intersubjectivement efficace : Hegel, comme d'autres doctrinaux idéalistes, pense l'autoréalisation de l'esprit en termes de passion. Reste que le champ des passions semble de plus en plus abandonné à l'art et à la poésie, à la polyphonie du langage ordinaire, ce qui entraîne un rejet de la dignité philosophique du thème. Le sémantisme du *pathos* éclate en une multitude de significations.

«La passion est toute l'humanité», déclare Balzac, et l'opposition hiérarchisante de l'amour-*passion* à l'amour-goût, l'amour physique et l'amour de vanité chez Stendhal, confère à la passion l'auréole qu'elle ne perdra jamais parmi les Romantiques. Il existe bien sûr des significations péjoratives dans lesquelles la passion est vue comme parti pris, préjugé, «sotte vanité» (La Bruyère), inclination et attachement aveugle, et parmi les objets d'une telle inclination, il y en a, comme le jeu et le pouvoir, qui enlèvent à la passion toute noblesse. La passion peut devenir idolâtrie, ensorcellement, caprice, embellissement, passade, manie. Toute passion n'est pas lyrique et douce ou fébrile : elle peut être frénétique — elle émane, il est vrai, du centre phrénique, comme on l'a vu —, effrénée, forcenée. Toute une gamme d'emplois existe dans l'usage ordinaire et toute une gamme d'évaluation et d'attitudes moralisantes sont à découvrir dans ces emplois. Depuis que le terme de 'passion' a été rejeté du vocabulaire philosophique pour être intégré à celui des écrivains et des moralistes, son échelle sémantique est devenue de plus en plus perméable[6]. Le sens en est souvent celui d'une tendance qui fait converger les énergies, qui oriente la vie. Cette tendance peut être perçue comme exclusive, et comme assujettissant d'autres fonctions psychologiques comme le jugement et la volonté, ou bien elle peut être présentée comme étant diminuée : 'passion' devient alors une habitude accusée dominant une activité particulière.

Passion versus X

Comment organiser et conceptualiser la richesse du sémantisme du *pathos*? On l'a déjà dit, l'opposition *pathique* versus *logique* risque de ne pas couvrir l'ensemble des connotations. Cette base classématique n'est pas primordiale non plus. Πάθος, chez Eschyle, s'oppose à δραμα, et à ποίημα chez Platon[7]. Παθησις est opposé par Aristote à ποίησις [8]: le *pathétique* est *passif*, tout comme la femme, le malheur, la maladie. Le *pathos* est ce qui perturbe le mouvement naturel, l'action dramatique et poiétique. C'est le chaotique qui dérange ce qui est essentiel, à savoir, le cosmique, le mouvement harmonique. Toutes les philosophies classiques — dans une tradition qui part au Moyen-Age avec Thomas d'Aquin et qui en passant par Vivès et Charron[9] mène à Descartes — ont articulé leur doctrine des passions à l'aide du couple conceptuel *passivité* versus *activité*. Pour Descartes, la passion est un *état* d'âme et non un événement ou une opération (dramatique ou poiétique); elle est souffrance et dysphorique (pour le sens de *dysphorie* versus *euphorie*, voir 1.2.), et faiblesse. La passion est désordre (chaos), elle est sentie comme un mal; les moralistes, à partir du Moyen-Age, iront même à la considérer comme un péché. La passion fondamentale, c'est la chute d'Adam, le péché originel. La passion, considérée comme un péché, au dire du théologien cartésien Senault dans son ouvrage *De l'usage des passions* (1643)[10] ne peut être surmontée que par le secours de la grâce. Mais cette *dysphorisation* de la passion, «maladie de l'âme» (*morbus animi*), n'est qu'un aspect de la constitution de base de la signification du *pathos*. La passivité, pour les Grecs, peut indiquer que la passion manifeste une emprise de la *divinité* sur l'homme: l'homme n'est pas capable de se mettre en drame, de développer un programme d'action (poiétique), à cause de cette emprise des dieux: le principe de non-raison, de démesure, découle de cette influence exercée par la divination. L'homme souffre de l'emprise des dieux, c'est sa faiblesse: le *pathique* constitue la limite du *dramatique*, du mouvement téléologiquement orienté vers l'accomplissement cosmique, tout comme la limite du *poiétique*, l'action harmonieuse et transparente.

Toutefois, à partir de Platon, la *limite* est vue comme un *domaine* psychique existant, une faculté spécifique, un principe distinct de l'âme. On distingue une «partie supérieure» et une «partie inférieure» de notre être. Le désir (ἐπιθυμια) et la colère (θυμός), le concupiscible et l'irascible, occupent la partie inférieure qui ne devient effective qu'avec l'abandon volontaire de nous-mêmes quand la raison et la volonté abdiquent. Aristote reprend cette dichotomisation par le principe *raisonnable* et le principe *sensitif*, mais aussitôt une étrange complication qui renverse la base classématique *pathique* versus *logique*, est introduite. Il y a une faculté unique, l'*appétit* (ὄρεξις ὀρεκτικον) qui pousse les êtres vers le vrai, le beau et le bien. Et à côté des appétits concupiscible et irascible, qui deviennent des formes de l'appétit sensitif, Aristote postule un *appétit rationnel* qui n'est autre que la volonté même (βούλησις), la volonté réfléchie et éclairée[11]. La base classématique ne fonctionne donc plus, puisque le rationnel et le sensitif sont réunis dans la faculté unique de l'appétit. Il y a de l'appétit non seulement dans le sensitif, mais aussi dans le rationnel même. Comme on ne peut dissocier appétit et passion, on ne pourra plus opposer la passion à la raison. La passion en tant qu'appétit, ne s'oppose d'ailleurs à rien puisqu'elle est générique par rapport au sensible et au raisonnable.

Il s'avère très vite impossible de valider la base classématique *pathique* versus *logique* vu que les deux termes ne s'excluent pas dans une disjonction radicale. On a démontré d'abord que le pathique s'oppose, dans son origine, au dramatique et au poïétique en tant que passivité qui souffre de l'emprise des dieux. Ensuite on a constaté que, une fois que le passionnel se constitue en domaine psychologique, une Passion générique, qu'Aristote appelle «l'appétit», empêche la constitution d'une relation classématique dont les deux termes s'excluent mutuellement.

Contre les passions au nom de X

Au nom de quel principe alors condamne-t-on et rejette-t-on les passions? L'histoire des idées est pleine de ces accusations formidables du caractère «monstrueux» des passions. Pascal dit que toute passion est agitation vaine et a pour base l'ennui: notre agitation est sans but, ou plutôt elle est son propre but[12]. Il ne faut donc pas seulement anathématiser le jeu, la chasse, la danse, la frivolité et le divertissement mais avant tout la passion elle-même qui n'est qu'ennui. La passion, pour Pascal, est antisociale et elle demande d'être bridée par les institutions et les lois. En plus, elle est contraire aux intérêts de l'individu: le passionnel est le bourreau de lui-même. Cette accusation de Pascal, qui reflète l'identification scolastique de la passion et du péché, s'inscrit en faux contre l'image antique de la passion puisque Pascal affirme que «tout le malheur des hommes vient d'une seule chose qui est de ne savoir pas demeurer en repos dans une chambre», identifiant ainsi le pathique avec le dramatique qu'il condamne ensemble dans un seul et même geste. Que la passion témoigne de l'emprise des dieux, cela n'est pas retenu dans l'analyse pascalienne.

Un autre type de condamnation du passionnel est motivé par le caractère antinaturel des passions. La nature de l'homme, selon Platon, consiste à agir par sa liberté et sa raison, et la passion est un joug qui risque de troubler l'ordre naturel. Le pathique est donc senti de prime abord comme pathologique, et c'est ainsi que Platon, tout comme les Stoïciens, aboutit à Galien qui, se basant sur la doctrine classique et *en tant que physiologiste*, rédigera au second siècle de notre ère un ouvrage au titre révélateur: *Traité des Passions de l'Ame et de ses Erreurs*[13]. Sans doute toutes les passions sont redoutables parce qu'elles privent la raison du libre jugement et parce qu'elles «éteignent la lampe de l'intelligence». La vraie nature de l'homme est tranquille et sublime, «placée dans la citadelle du cerveau comme dans un olympe élevé au-dessus des nuages et des tempêtes: c'est la raison sereine, εὔδιαν, maîtresse des cupidités; l'autre partie est sauvage, agreste, farouche, obéissant comme les brutes aux voluptés...»[14]. L'un est un coursier agile et docile au frein de la raison, l'autre est un cheval farouche et indompté qui prend le mors aux dents. Et Galien déduit, suivant les opinions d'Hypocrate et de Platon, que les passions en tant que mouvements allant à l'encontre de la nature de l'âme font sortir nos corps de l'état de santé. Inversement, on peut combattre les passions par un traitement médical, et, à la suite de Galien, un nouveau type de médecine se crée: la *médecine morale*, dont le *Dictionnaire des sciences médicales* au début du XIXᵉ siècle esquisse l'orientation en pas moins de quatre-vingts pages sous l'article: «PASSION (médecine morale): quod Graeci, πάθος, nostri perturbationes, affectiones, adfectus seu passiones vocant»[15]. Et pourtant, l'argument de la naturalité n'est pas toujours utilisé pour le dénigrement des passions. En premier lieu, la naturalité détermine, dans certaines doctrines, le pathique lui-même. Même pour le rationaliste Descartes il est difficilement concevable de ranger le passionnel à l'intérieur de l'accidentel, du non-naturel, comme c'était le cas chez les Anciens, et Spinoza érigera son architecture des passions sur le socle du *conatus naturalis*[16]. Ensuite, la naturalité des passions est parfois appréciée en termes positifs et euphoriques, comme chez Condillac et d'autres auteurs influencés par la philosophie anglo-saxonne.

C'est précisément chez ces auteurs que se manifeste un troisième critère par lequel la passion se trouve condamnée. Ce n'est plus un manque cosmique, ou un manque de naturalité et de santé qu'on reproche aux passions, mais un manque d'*actualisation*. C'est que la passion, à partir des Modernes, est vue comme une tendance, une virtualité, essentiellement valable même si la virtualité n'est pas actualisée et extériorisée: un homme de passion n'est pas nécessairement un homme d'*actes*, et il est toujours possible que le passionnel ne se manifeste pas. Par contre, le *génie* de passion est celui qui réalise ses virtualités, celui qui transforme ses tendances en actes. Le fait que les passions sont virtuelles provoque chez Kant la méfiance à l'égard des passions. L'univers affectif dont traite l'anthropologie kantienne n'est pas un monde de réalités et d'expériences. On relève au niveau de l'intersubjectivité des émotions qui émanent de certaines constellations passionnelles, mais ni les émotions ni les passions n'ont le statut de faits objectifs, ou plutôt le statut d'objets qui nous permettent de juger et qui sont susceptibles d'être jugés.

L'évaluation du *pathique* ne se fait donc pas exclusivement du point de vue *logique*. Il y a du logique dans le pathique ou, comme l'affirme Aristote, il n'y a pas de logique sans pathique, la raison étant elle-même appétit. La liste des critères énumérés n'est pas exhaustive non plus. Il y a une pluralité de critères dont j'ai donné trois exemples: *mouvement cosmique* et *harmonieux, nature* et *santé*, et *actualisation*. La base classématique de départ est donc polyvalente. On trouve déjà au moins les oppositions suivantes: pathique { passivité, phénomène artificiel, tendance } versus logique { mouvement et harmonie, nature et santé, réalisation/acte }. Il faut noter qu'il y a une asymétrie entre les deux domaines qui constituent les pôles de la base classématique. Elles n'ont pas une égale importance conceptuelle puisqu'il y a un *centre* et une *marge*, cette hiérarchie étant toujours soumise à une possible déstabilisation. La médicalisation, tout comme la moralisation, étant inhérentes au travail conceptuel concernant les passions, les idéologies scientiste et moralisatrice seront coresponsables de la hiérarchie spécifique du centre et de la marge. La marginalité (le pathique) peut être réévaluée positivement, comme cela semble être le cas aujourd'hui, et il est même possible que le pathique se comporte comme un centre projetant le raisonnable, le logique dans la marge.

2. CONTRAINTES FORMELLES ET CONSTANTES THÉMATIQUES DANS LA THÉORIE DES PASSIONS

L'étude systématique des classifications des passions doit partir d'une esquisse des contraintes formelles générales et des diverses constantes thématiques qu'on trouve dans la théorie. J'établirai un inventaire de ces contraintes et constantes, en illustrant la pertinence de cet inventaire à l'aide des taxinomies des passions proposées par Descartes, Malebranche et Condillac. Il va de soi que le même travail pourrait se faire à partir d'autres corpus.

Les principes de la schématisation

A première vue, les typologies des passions discutées dans les théories des philosophes se révèlent être d'un grand arbitraire. La détermination de la nature et des fonctions des passions est généralement très approfondie, mais les typologies semblent à peine se justifier. On a aussitôt l'impression qu'elles sont fondées sur l'existence d'une *terminologie* des passions (des centaines de termes apparaissent ainsi dans les traités des XVIIe et XVIIIe siècles). Etablir une typologie des passions à partir de la sémantique des «passions-mots» serait une entreprise vouée à l'échec. Une typologie adéquate ne saurait être limitée dans son dynamisme par l'*a priori* des lexicalisations: les passions «lexicalisées» ne sont que la surface contingente d'une systématique sous-jacente. Les principes de la schématisation des ensembles présentés dans les taxinomies permettent déjà d'entrevoir cette systématique sous-jacente. Je distinguerai deux contraintes formelles et quatre constantes thématiques parmi ces principes de schématisation. Les deux *contraintes formelles* sont: (1) La nécessité d'une distinction entre *passions-types* et *passions dérivées* ou *combinées*; (2) La double description des passions, du point de vue de leurs *causes* et du point de vue de leurs *structures*. Et j'appellerai *constantes thématiques* les quatre principes suivants: (3) La nécessité de déterminer la passion ou la classe des passions sur l'axe *euphorie* versus *dysphorie*; (4) La même nécessité de distinguer l'axe *extéroceptivité* versus *intéroceptivité* s'impose; (5) La nécessité de déterminer la spécificité de la *compétence* passionnelle avec son *intentionalité*; et enfin (6) La nécessité de spécifier la *modalisation* de la passion. Je passe en revue ces six principes de schématisation avant de les appliquer à la systématique proposée par Descartes, Malebranche et Condillac.

(1) Tous les auteurs distinguent entre les passions-*types*, appelées parfois «passions primitives», et les passions *dérivées* ou *combinées*. On a vu que chez Platon, à cause de sa division du passionnel dans les deux catégories du *concupiscible*, la partie déraisonnable en nous, exposée à tous les excès et conduisant à toutes les voluptés, et de l'*irascible*, qui résiste au concupiscible s'irritant contre lui pour mieux le contenir, deux passions-types émergent: le *désir* (ἐπιθυμια) et la *colère* (θυμός) dont dérive le *courage*. Il est évident que le danger de la «saisie» lexicographique des passions est plus prononcé dans le domaine des passions dérivées ou combinées: c'est ainsi que Descartes dérive six passions de la passion-type (qu'il appelle la «passion primitive») de l'*amour*: la bienveillance, la concupiscence, l'affection, l'amitié, la dévotion, l'agrément. Les listes diffèrent d'un auteur à l'autre: ainsi, la *haine* n'est pas une passion primitive pour Malebranche mais

bien pour Descartes, Spinoza et Leibniz, l'*espoir* est considéré comme une passion-type par Condillac, et l'*admiration* est une passion primitive pour Descartes, ce qu'elle n'est pas chez les autres philosophes. Etant donné que j'estime que la lexicographie des passions n'apporte guère de lumière quant à leur conceptualisation, même pas au niveau de l'usage ordinaire des protothéories philosophiques, je n'évoquerai les passions dérivées et combinées que là où elles ont une importance conceptuelle réelle.

(2) L'autre contrainte formelle est d'une plus grande généralité pour le travail classificatoire : il y a deux perspectives, l'une *phylogénétique* et l'autre *ontogénétique*, aboutissant à deux types de description. La première est *causale*, la seconde *structurale*. C'est par la description à partir de causes que la *métaphysique* s'introduit le plus facilement. Et la question de l'origine et de la création des passions n'est pas seulement posée en termes métaphysiques, mais également en termes *physiologiques*, puisque c'est dans le corps ou dans la partie sensible de l'âme que les passions naissent. Il est ainsi intéressant de constater que Descartes distingue entre les «causes dernières» ou «prochaines» ou encore physiologiques (vu qu'il s'agit du soi-disant «mouvement des esprits dans la petite glande au milieu du cerveau»), et les causes «premières», c'est-à-dire les véritables sources qui sont psychologiques (de deux types : elles sont provoquées soit à l'intérieur de l'âme, soit par l'excitation de l'âme par les sens)[17]. On peut faire abstraction du phylogénétique — qui a évidemment un intérêt en lui-même, surtout du point de vue de la métaphysique et de la psycho-physiologie des passions — pour se concentrer sur l'*ontogénétique* dont il faut donner une description *structurale*. Et c'est après avoir réalisé cette double réduction (en premier lieu, celle des cas dérivés/combinés en faveur des cas-types, et ensuite celle des causes en faveur d'une description structurale) qu'il convient de soumettre cette *description structurale* des *passions-types* aux quatre schématisations suivantes.

(3) Une première constante thématique concerne le mouvement sur l'axe *euphorie* (plaisir) versus *dysphorie* (déplaisir/douleur), présent dans toutes les conceptualisations de l'univers pathique. La «vie passionnelle» présuppose une certaine *sensibilité*. En ce qui concerne la caractérisation de cette sensibilité elle-même les points de vue sont évidemment divergents. La vue prépondérante consiste à poser une relation intrinsèque entre la sensibilité et la *perception*. C'est donner un grand poids aux qualités sensibles «extérieurs», et réduire la subjectivité à la *réceptivité*. L'axe *euphorie* vs *dysphorie* joue de toute évidence un rôle moins important dans les approches rationalistes et intellectualistes. Il est vrai que pour Descartes la *joie*, bien qu'elle soit

définie comme la *jouissance* de l'âme qui représente un bien comme étant le sien, reste éloignée de toute sensibilité puisqu'elle semble plutôt liée à la faculté de *représentation* qu'à une faculté de perception quelconque. Chez Humé, par contre (et, en fait, dans toutes la tradition aristotélicienne où la sensibilité est centrale), le couple *plaisir/déplaisir* sert comme premier critère de classification des passions. Ou, comme l'affirme Locke : «Le *plaisir* et la *douleur*... sont les pivots sur lesquels roulent toutes nos passions, dont nous pourrons aisément nous former des idées, si rentrant en nous-mêmes nous observons le plaisir et la douleur agissant sur notre âme sous différents égards»[18].

(4) Il est vrai qu'il y a une conception alternative de la sensibilité, là où la sensibilité est détachée de l'expérience extérieure ou de la perception pour être reliée à une certaine *expérience intérieure*. Il s'agit là de positions sur un autre axe, celui de l'*extéroceptivité* versus l'*intéroceptivité*, homologue à l'opposition *extériorité* versus *intériorité*, l'intériorité étant ce «creux subjectif» capable d'empathie kantienne (voir la section suivante où Kant et l'empathie en tant que source de toute passion, occupent une place importante). L'intériorité de la compétence passionnelle ne s'identifie pas nécessairement à un contenu déterminé : elle peut fonctionner comme un principe formel, un moulage qui rend possible le repli passionnel du sujet sur lui-même et sur ses propres passions, comme dans le cas de l'enthousiasme. Mais quelle que soit l'utilité de l'axe *extéroceptivité* versus *intéroceptivité* pour la déduction et la typologie des passions, l'intuition nous apprend déjà que certaines passions sont fortement dépendantes de ce repli sur soi, alors que d'autres présupposent plutôt une grande sensibilité externe, une perte de soi-même dans l'extériorité, bref, une large part d'extéroceptivité.

(5) Les deux constantes thématiques que je voudrais évoquer à la fin de cette liste, sont de loin les plus importantes. On se souvient que la conception très dépréciative des passions chez Pascal découle du fait qu'il considère les passions comme étant *sans objet*. Pourtant Pascal ne s'arrête qu'à l'agitation vaine, à l'apparence des plaisirs mais la passion «pure» a comme caractéristique dominante et essentielle de se donner un *point fixe*, un *objet* ou une *fin* à laquelle elle tend avec constance. L'*inquiétude*, dont Locke et, après lui, Leibniz nous parlent si finement, indique précisément cette caractéristique du passionnel d'être déterminé par son objet tout en étant toujours à mi-chemin de la plénitude ou de la récupération de son terme[19], et de se trouver constamment à l'état de tendance qui n'aboutit point. Il faudra cerner plus adéquatement non seulement les contours de l'*inquiétude* en tant que passion-pilote, mais également reprendre le schéma que

j'introduis ici: le *Sujet passionnel* est *en quête* d'un *Objet de valeur*. Les définitions structurales des passions incluent donc nécessairement des propriétés relevant de l'*état psychologique* du sujet, de la *valeur de l'objet* et de la spécificité de leur *relation*. La quête émanant d'un sujet et visant un objet constitue une relation d'*intentionnalité*: être-dirigé-vers. On utilisera cette notion philosophique dans son sens le plus banal et le plus creusé, et sans aucune connotation mentaliste. Comme toute relation d'intentionnalité, cette relation sera marquée par une *directionnalité* spécifique (sujet → objet, objet → sujet) et une *temporalité* souvent complexe (l'objet, jamais récupérable, peut s'éloigner constamment vers un avenir; mais d'autres passions présupposent un certain degré de réminiscence, de rétention et donc une certaine présence du passé). Plus loin, au moment d'une déduction qui se veut exhaustive dans la partie consacrée à l'*Architectonique*, j'ajouterai les précisions qui s'imposent au schéma de base: S(ujet) - R(elation) d'intentionnalité { directionalité, temporalité } - O(bjet). La première «complication» dont la pertinence saute aux yeux consiste évidemment à substituer à l'Objet de valeur un autre sujet...

(6) La dernière constante thématique que j'introduis, est d'une égale importance. On constate que les éléments prépondérants des définitions forgées par les grandes philosophies, se concentrent autour de quatre questions-clé, les deux premières étant «théoriques», et les deux dernières «pratiques»:

[1] Les passions sont-elles *volontaires*?   VOULOIR
[2] Est-il nécessaire de *connaître* la valeur de O, et/ou son propre état psychologique, et/ou la nature spécifique de l'intentionnalité R pour qu'on puisse parler de passion?   SAVOIR
[3] La passion est-elle une *force*, une énergie, une inclination en train de se réaliser?   POUVOIR
[4_1] Question la plus profonde: Comment doit-on utiliser les passions, quelle est la *responsabilité*, le devoir, de l'homme passionnel, créateur de culture? $DEVOIR_1$ (moral)
[4_2] L'homme réalise-t-il sa *nature* par ses passions, ne *surmonte*-t-il pas la *négation* (Spinoza) comme une exigence 'quasi-logique' par ses passions? $DEVOIR_2$ ('logique')

La hiérarchie des quatre questions diffère selon les théories, quoi qu'on relève, probablement à cause du fait que dans ces théories la passion est avant tout un «philosophème», une prépondérance des questions théoriques. La centralité de la question modale concernant le rapport de la passion à la *volonté* est omniprésente; toutes les théories manifestent un souci modal concernant le vouloir, de manière extrêmement diversifée d'ailleurs. La génération des passions se fait précisément dans la matrice de ces quatre questions. C'est ainsi que chez Spinoza la typologie des passions se construit tout à fait «logiquement» dans l'ordre *Vouloir, Savoir, Pouvoir, Devoir*. On aura l'occasion de revenir sur ce critère typologique.

Procédons maintenant à l'illustration de ces six principes de schématisation chez Descartes, Malebranche et Condillac. La typologie chez Descartes, philosophe se situant entre la scolastique et la modernité, brille de clarté géométrique et d'intuitions modernistes. J'ai choisi Malebranche en tant que représentant assez fidèle du rationalisme cartésien, et Condillac, le «Locke français», qui s'y oppose globalement. Il est utile de constater que les schématisations, tout en étant substantiellement spécifiques, s'élaborent à l'aide de ces mêmes principes formels. Pour simplifier, je me tiens à la classification des *passions primitives* (faisant ainsi abstraction des passions dérivées et combinées) quant à leur *structure ontogénétique* (et non quant à leur cause); j'indiquerai évidemment les pôles *euphorie* ou *dysphorie*, *extéroceptivité* ou *intéroceptivité*, leur spécificité quant à l'*état psychologique* du sujet dans sa *relation intentionnelle* avec l'*objet de valeur* et, selon le paramètre modal, l'absence ou la présence du *Vouloir* (faisant abstraction du Savoir, Pouvoir, Devoir, et en réservant le traitement approfondi des constellations modales des passions pour la partie *Architectonique*).

« Du nombre et de l'ordre des passions »

Descartes rompt avec la bipartition classique entre la partie supérieure, raisonnable, de l'âme et sa partie inférieure ou les appétits naturels[19bis], tout comme il rejette l'ancienne classification du *concupiscible* et de l'*irascible*[20] excluant toute possibilité d'une faculté double. Les passions sont des *perceptions* de notre âme, différentes de celles qu'on rattache aux objets extérieurs, comme les odeurs et les sons, ou à notre corps, comme la soif et la douleur. La passion est un *effet* de l'union de l'âme et du corps, et c'est la spécificité de la détermination corporelle qui donne lieu à la spécificité des passions. Mais ce point de vue est précisément *causal* et il a donc une grande importance pour l'argumentation *métaphysique* (contre le platonisme qui ne reconnaît aucun facteur corporel et sensible dans la caractérisation des passions), ainsi que pour l'argumentation *éthique* (contre le stoïcisme qui affirme que celui qui vainc les passions, toujours mauvaises, est un sage). Mais la perspective *structurale* détourne Descartes de cette recherche métaphysique des causes et de ses effets éthiques. Déjà dans le *De anima et vita* de Juan Luis Vivès (1538) que Descartes avait lu, «les mouvements de l'âme sont distingués selon qu'ils concernent le bien et le mal, et réagissent à leur égard par la poursuite du bien, la fuite ou la lutte contre le mal. Ce bien lui-même, ou ce mal, peut être présent, futur, passé ou possible»[21]. C'est exactement ce genre de considérations qui fournit autant de critères à la classification de Descartes. Je passe en revue les six passions primitives, mentionnant également, bien que brièvement, les passions dérivées et combinées dans leur rapport avec les passions primitives[22].

I. ADMIRATION
Lorsque la première rencontre de quelque objet nous *surprend*, et que nous le jugeons être *nouveau*, ou fort *différent* de ce que nous connaissions auparavant...; ... cela peut nous arriver *avant* que nous connaissions aucunement si cet objet nous est convenable...; elle n'a point de contraire, à cause que, si l'objet qui se présente n'a rien en soi qui nous surprenne... nous le considérons sans passion (§ 53, 160)

Ibis ÉTONNEMENT
Excès d'admiration (§ 53)

I.1. ESTIME
Admiration de la *grandeur* de l'objet (§ 54); inclination à se représenter la *valeur* de la chose estimée (§ 149)

I.2. MÉPRIS
Admiration de la *petitesse* de l'objet (§ 54); inclination à se représenter la *bassesse* ou la *petitesse* de la chose méprisée (§ 149)

I.3. MAGNANIMITÉ
Estime de ce qui est *valable en soi-même* (§ 55, 151).

I.4. ORGUEIL
Estime de ce qui n'a *pas de valeur en soi-même* (§ 55, 157-58)

I.5. HUMILITÉ
Mépris de ce qui est *valable en soi-même* (§ 55, 151, 155)

I.6. BASSESSE
Mépris de ce qui n'a *pas de valeur en soi-même* (§ 55, 159)

I.5 bis. GÉNÉROSITÉ
Mépris de ce qui est valable en soi-même, doté d'un *savoir de libre arbitre* et d'un *pouvoir d'action* (§ 160)

I.7. VÉNERATION/RESPECT
Estime d'un *autre objet* considéré comme *cause libre* capable de faire du bien (§ 55, 162)

I.8. DÉDAIN
Mépris d'un *autre objet* considéré comme *cause libre* capable de faire du mal (§ 55, 162)

II. AMOUR
L'objet de la passion est *présenté* comme *bon, convenable*; incitation à se joindre de *volonté* à cet objet (§ 56)

III. HAINE
L'objet de la passion est *présenté* comme *mauvais, nuisible*; incitation à vouloir se séparer de cet objet (§ 56)

II.1. AFFECTION
On estime l'objet de son amour *moins que soi* (§ 83)

II.2. AMITIÉ
On estime l'objet de son amour à l'égal de soi (§ 83)

II.3. DÉVOTION
On estime l'objet de son amour *davantage que soi* (§ 83)

IIbis. AGRÉMENT
L'objet de l'amour est représenté *comme un bien* par la propre raison de l'âme; si l'objet est représenté par les *sens extérieurs*, il apparaît comme *beau* (plus violent) (§ 85)

(On ne distingue pas autant d'espèces dans la *haine* à cause qu'on ne remarque pas tant de différence qui est entre les maux desquels on est séparé *de volonté* (§ 84))

IIIbis. HORREUR
L'objet de la haine est représenté *comme un mal* par la propre raison de l'âme; si l'objet est représenté par les *sens extérieurs*, il apparaît comme *laid* (plus violent) (§ 85)

IV. DÉSIR
Agitation de l'âme à vouloir *pour l'avenir* un objet qu'elle se représente comme *convenable*; désir de:
- la présence du bien absent
- la conservation du bien présent
- l'absence du mal présent
- l'absence du mal à venir (§ 57, 86).

IV.1. ESPÉRANCE
Quand il y a *beaucoup d'apparence* qu'on obtienne ce qu'on désire; l'événement de ce que nous attendons ne dépende aucunement de nous (§ 58, 165)

IV.1bis. SÉCURITÉ
Espérance *extrême* (§ 58) chassant toute crainte (§ 166)

IV.2. CRAINTE
Quand il y a *peu d'apparence* qu'on obtienne ce qu'on désire; l'événement de ce que nous attendons ne dépende aucunement de nous (§ 58, 165)

IV.2bis. DÉSESPOIR
Crainte *extrême* (§ 58) ôtant tout lieu à l'espérance (§ 166)

IV.2ter. JALOUSIE
Crainte qui se rapporte au désir de se *conserver la possession* de quelque bien dont on a une grande estime (§ 167-69)

IV.2quater. IRRÉSOLUTION
Crainte qui retenant l'âme comme en balance entre plusieurs actions, et est cause qu'elle n'en exécute aucune; l'événement est représenté comme dépendant de nous mais il y a difficulté dans le choix des *moyens* (§ 59, 170)

IV.3. COURAGE
Agitation qui dispose l'âme à se porter puissamment à l'*exécution* des choses qu'elle veut faire (§ 59, 179)

IV.4. LÂCHETÉ
Langueur ou froideur qui empêche l'âme à se porter à l'*exécution* des choses (§ 59, 174-75)

IV.3bis. HARDIESSE
Courage qui dispose l'âme à l'*exécution* des choses les plus dangereuses (§ 59, 171)

IV.3ter. EMULATION
Courage qui dispose l'âme à entreprendre des choses qu'elle espère lui pouvoir réussir parce qu'elle les voit réussir à d'autres (§ 59, 172)

IV.4bis. PEUR
Trouble d'âme qui lui ôte le pouvoir de résister aux maux qu'elle pense proches (§ 59, 174, 176)

IV.5. REMORDS
Tristesse qui vient du *doute* qu'on a qu'une chose qu'on fait ou qu'on a fait n'est pas bonne : détermination avant que l'irrésolution fût ôtée à quelque action *au présent ou au passé* (§ 60, 177)

V. JOIE
Emotion de l'âme en laquelle consiste la *jouissance* qu'elle a du *bien représenté comme sien* (§ 61)

VI. TRISTESSE
Langueur *désagréable* en laquelle consiste l'incommodité que l'âme reçoit du *mal représenté comme lui appartenant* (§ 61)

VI.1. ENVIE
Tristesse, mêlée de haine, qui vient de ce qu'on voit arriver du *bien* à ceux qu'on pense en être *indignes* (§ 62, 185-89)

VI.2. PITIÉ
Tristesse mêlée d'amour ou de bonne volonté envers ceux à qui nous voyons souffrir quelque *mal* duquel nous les estimons *indignes* (§ 62, 185-89)

V.1. SATISFACTION INTÉRIEURE
Joie pour le *bien* dont la cause ne dépend que de nous-mêmes (§ 63, 190)

VI.3. REPENTIR
Tristesse qui vient de ce qu'on croit avoir fait quelque *mauvaise* action dont la cause ne vient que de nous (§ 63, 191)

V.2. FAVEUR
Désir de voir arriver du *bien à quelqu'un* pour qui on a de la bonne volonté (§ 64, 192)

VI.4. INDIGNATION
Haine ou aversion qu'on a naturellement contre ceux qui font quelque *mal* aux personnes qui n'en sont *pas dignes* (§ 65, 195-98)

V.3. RECONNAISSANCE
Amour excité en nous par quelque action de celui pour qui nous l'avons, et par laquelle nous croyons qu'il a fait quelque bien (§ 64, 193)

VI.5. COLÈRE
Haine ou aversion que nous avons contre ceux qui ont fait quelque *mal*, particulièrement à *nous* (§ 65, 199-205)

INGRATITUDE
(pas une passion, mais un vice opposé à la *Reconnaissance*) Pensée que toutes choses nous sont dues, ne développer aucune réflexion sur les bienfaits qu'on reçoit, la pensée d'avoir trompé celui qui nous fait du bien (§ 194)

V.4. GLOIRE
Joie fondée sur l'amour qu'on a pour soi-même, et qui vient de l'opinion ou de l'espérance d'être loué par les autres (§ 66, 204)

VI.6. HONTE
Tristesse fondée sur l'amour de soi-même et qui vient de l'opinion ou de la crainte qu'on a d'être blâmé (§ 66, 205)

IMPUDENCE
(pas une passion, mais un vice opposé à *Gloire* et *Honte*) Pensée de se voir entièrement privé d'honneur et méprisé par chacun (§ 207).

VI.7. DEGOÛT
Tristesse causé par la *durée* du bien (ENNUI) (§ 67, 208)

V.5. ALLÉGRESSE
Joie augmentée par la souvenance des maux qu'on a soufferts (§ 67, 210)

VI.8. REGRET
Tristesse des biens dont nous avons joui et qui sont tellement perdus que nous n'avons aucune espérance de les recouvrer (§ 67, 209)

Descartes réclame une originalité pour sa classification qu'il oppose à celle des Anciens et des scolastiques, et il estime « que ce dénombrement a été utile pour faire voir que nous n'en omettions aucune qui fût digne de quelque particulière considération » [23]. C'est ainsi que le *désir* et l'*espoir*, qui dans la typologie classique de *concupiscible* et de l'*irascible* étaient irréconciliables, font partie maintenant d'une même classe, le *désir* étant la passion primitive dont l'*espoir* est dérivé. Il y a certainement des dérivations plutôt inattendues, comme celle de la *jalousie* « qui n'est qu'une espèce de crainte ». L'*admiration*, toutefois, constitue la principale originalité de la classification: on ne la retrouve pas en tant que passion primitive ni chez les Anciens et les scolastiques, ni même chez Vivès, le prédécesseur immédiat de Descartes, ni chez ses contemporains Cureau de la Chambre ou Senault. Le *schéma 1* illustre les critères de classification de la déduction cartésienne; sous la modalité, j'indique seulement le ± VOULOIR, faisant abstraction pour le moment des modalités du SAVOIR, POUVOIR et DEVOIR.

Le *schéma 1* nous montre les lignes de force de la schématisation cartésienne des passions. Toutes les passions présupposent un VOULOIR, excepté le *désir* et ses dérivés dans lesquels l'absence de contraintes volitives est une condition de possibilité. On constate que l'organisation des définitions de *admiration, joie* et *tristesse* recouvre essentiellement la spécificité des *propriétés de l'objet valorisé*: dans le cas de l'*admiration*, la propriété (nouveauté, rareté, petitesse, grandeur) est affirmée de l'objet, tandis que dans le cas de la *joie* et de la *tristesse*, c'est la qualité *bien* ou *mal* qui est l'objet de la passion. Cette qualité est perçue en relation avec le sujet passionnel lui-même: qu'on consi-

Schéma 1

	Modalité	État psychologique de S	Intentionnalité		Propriétés de O valorisé
			Directionalité	Temporalité	
I. ADMIRATION	+ V	*Surprise*	$\boxed{O} \to S$	Présent	*nouveauté, rareté*
1. Estime		↓	$O \to S$		*grandeur, valeur*
2. Mépris			$O \to S$	(tension régressive)	*petitesse, bassesse*
3. Magnanimité			$O(S) \to S$		grandeur + de S
4. Orgueil			$O(S) \to S$		grandeur − de S
5. Humilité			$O(S) \to S$		petitesse + de S
5bis. Générosité	+ V, S P, D		$\boxed{S}$	Pr - Av	—
6. Bassesse			$O(S) \to S$		petitesse − de S
7. Vénération / Respect			$O \to S$		O capable de bien
8. Dédain			$O \to S$		O capable de mal
II. AMOUR	+ V	*consentement*	$\boxed{S} \to O$	Présent	*bonté, convenable*
1. Affection		*bienveillance*		(tension progressive)	S > O
2. Amitié		↓			S = O
3. Dévotion					S < O
IIbis. Agrément					+ *beauté*
III. HAINE	+ V	*aversion*	$\boxed{S} \not\to O$	Présent (tens. progr.)	*mauvais, nuisible* + *laideur*
IIIbis. Horreur					
IV. DESIR	− V	*agitation*	$\boxed{S} \to O$	Avenir	*bien présent, mal absent*
1. Espérance		inclinaison	{ expectative		
1bis. Sécurité		inclinaison	{ maximale	(tension stable)	
2. Crainte		fuite			indépendance du S
2bis. Désespoir		↓	{ expectative		
2ter. Jalousie			{ minimale		
2quater. Irrésolution			difficulté choix moyens		
3. Courage		inclinaison ↓	difficulté choix moyens		
3bis. Hardiesse			{ difficulté		
3ter. Emulation			{ exécution		
4. Lâcheté		fuite ↓	facilité choix moyens		dépendance du S
4bis. Peur			facilité exécution		
5. Remords		doute	—	Pr - Passé	—

	Modalité	Etat psychologique de S	Intentionnalité		Propriétés de O valorisé
			Directionalité	Temporalité	
V. JOIE	+ V	jouissance (chatouillement)	$\boxed{O} \to S$	Présent (tension régressive)	le bien à S
1. Satisfaction intérieure			$O(S) \to S$		le bien *causé* par S
2. Faveur			$O(S_2) \to S$		le bien à S_2 digne
3. Reconnaissance			$S_2(O) \to S$		le bien *causé* par S_2
4. Gloire			$S_2(O) \to S$		le bien *connu* par S_2
5. Allégresse			$O \to S$	Passé	le *mal passé*
VI. TRISTESSE	+ V	langueur (douleur)	$O \to S$	Présent (tension régressive)	le mal à S
1. Envie			$O(S_2) \to S$		le bien à S_2 indigne
2. Pitié			$O(S_2) \to S$		le mal à S_2 indigne
3. Repentir			$O(S) \to S$		le mal *causé* par S
4. Indignation			$O(S_3 S_2) \to S$		mal causé *par S_3* chez S_2
5. Colère			$O(S_2) \to S$		mal causé *par S_2* chez S
6. Honte			$S_2(O) \to S$		le mal *connu* par S_2
7. Dégoût			$O \to S$	Passé/Prés.	*durée* du bien
8. Regret			$O \to S$	Passé	le *bien passé*

dère le *repentir* où le sujet a causé le mal; ou, en relation avec le sujet₂ ou le co-sujet, la *colère* où le mal est causé par S_2; et, exceptionnellement en relation avec le S_3, l'*indignation* où le mal est provoqué par un S_3 chez un co-sujet S_2. L'*amour* et la *haine* ont ceci de spécifique que leur définition s'appuie essentiellement sur les propriétés de l'*état psychologique* du sujet (le *consentement* dans l'amour, et l'*aversion* dans la haine). Le désir est unique parmi les passions, non pas seulement par l'absence de volonté dans le registre modal, mais également à cause de la prépondérance de l'*intentionnalité* dans la définition. La *temporalité* est explicitement celle de l'*avenir* et même d'un avenir qui ne parvient pas à se 'présentifier'. C'est surtout la *directionalité* qui constitue un facteur particulièrement distinctif: l'expectative d'une éventuelle réalisation de l'objet de la passion peut être minimale ou maximale, et le choix des moyens et/ou l'exécution peut être facile ou difficile.

D'autres regroupements encore sont possibles. Je prends le cas d'une opposition paradigmatique au niveau de la directionalité. Dans l'*admiration*, la *joie* et la *tristesse*, l'objet de valeur surplombe le sujet passionnel, tandis que dans l'*amour*, la *haine* et le *désir* l'état psychologique du sujet passionnel domine l'objet de valeur (dans le cas de la *haine*, le sujet veut rompre toute relation à l'objet). La tension intentionnelle diffère elle aussi: l'*admiration*, la *joie* et la *tristesse* manifestent une tendance à une tension régressive, le *désir* se tient 'tensitivement' stable, tandis que l'*amour* et la *haine* ont une tension progressive. Remarquons enfin que la jouissance et la douleur, ou l'axe *thymique* de l'*euphorie* versus la *dysphorie* ne joue un rôle que dans le cas de la *joie* et de la *tristesse*, ne déterminant ainsi pas l'ensemble des passions. Ce problème semble avoir été entrevu par Descartes lui-même; Malebranche essaiera d'y remédier.

Enfin, il faut constater le lieu spécifique de la *générosité*, passion par excellence pour Descartes, ou plutôt «clef de toutes les autres vertus»[24]. D'une part, la *générosité* se définit par rapport à l'*humilité* et l'*orgueil*, d'autre part elle présuppose le libre arbitre, la mise entre parenthèses de l'objet de la passion, l'accomplissement du sujet dans une combinaison d'*admiration*, d'*amour* et de *joie* et dans une constellation modale pleine où le vouloir s'associe au savoir, au pouvoir et au devoir. C'est ainsi que pour Descartes, l'homme *généreux* est l'homme de passion par excellence.

Le supplément combinatoire de Malebranche

L'exigence de se faire «des idées claires et distinctes» dans le domaine des passions pousse Descartes à concevoir les passions autonomes et isolables. Si les relations de dérivation se conçoivent facilement (par exemple, la dérivation de l'*espoir* à partir du *désir*), il se révèlera plus difficile de définir des passions *combinées*. Pourtant, à partir de la troisième partie du *Traité*, intitulée *Des passions particulières*, Descartes insiste de plus en plus sur les combinaisons possibles des passions, telle que la *gloire*, qui est une *joie* fondée sur l'*amour*, ou la *colère* qui est une *haine* accompagnée de *tristesse*, ou la *honte* qui est une *tristesse* fondée sur l'*amour*. Les passions particulières incarnent donc des combinaisons de passions primitives et c'est précisément cette possibilité qui a été exploitée à fond par Malebranche dans sa reformulation de la systématique cartésienne. Les mêmes principes de schématisation sont à l'œuvre chez Malebranche: dans la classification des passions, il faut tenir compte «du jugement que l'esprit porte à l'*objet*... ou de la vie confuse ou distincte du *rapport* qu'un objet *a avec nous*, ... de l'actuelle *détermination* du *mouvement* de la volonté vers cet objet, ... des *émotions* sensibles (de douleur, de dégoût, d'amertume, de plaisir) accompagnant les sentiments (ou passions) d'*amour*, d'*aversion*, de *désir*, de *joie*, de *tristesse*»[25]. Il convient donc de bien distinguer entre les *sentiments* ou l'état psychologique du sujet passionnel, le *mouvement* déterminé de la volonté vers l'objet (appelé plus haut 'intentionnalité') et l'*objet* de valeur qui, pour Malebranche, ne peut être que le *bien* ou le *néant* (l'absence de bien) qui, pourtant, peuvent être spécifiés par des «idées accessoires» ou des «jugements particuliers».

Schéma 2

		État psychologique de S «Sentiment»	Intentionnalité «Mouvement de la volonté»	Objet de valeur «Idée accessoire»
Passions imparfaites				
ADMIRATION estime / vénération / mépris / dédain		Surprise / attention / curiosité / douceur[29]	naturellement, machinalement[28]	nouveauté / apparence / grandeur petitesse
orgueil fierté générosité humilité bassesse timidité		agitation	pas de mouvement de la volonté	perfection de S grandeur de S force de S imperfection de S petitesse de S faiblesse de S
Passions-mères	*Passions générales*			«Idée principale»
AMOUR indéterminé		plaisir	identification (rapport avantageux)	le *bien*
	AMOUR DE JOIE		PR	le bien possédé
	AMOUR DE DESIR		AV	le bien non possédé mais espéré
	AMOUR DE TRISTESSE		PA	le bien non possédé et non espéré (à cause d'un autre bien)

CONTRAINTES FORMELLES ET CONSTANTES THEMATIQUES   29

		séparation (rapport désavantageux)	le *néant*
AVERSION	douleur		
	AVERSION DE JOIE	PR	le mal non possédé
	AVERSION DE DESIR	AV	le mal non possédé mais redouté
	AVERSION DE TRISTESSE	PA	le mal possédé

« Emotions, perceptions, jugements particuliers »

vue du bien en S ou S_2
vue du mal dans S_2 séparé

[jugements *précédant* ou *suivant* (causant ou produit par) la passion[30]]

perception du déplaisant

Passions particulières

Joie — allégresse / gloire / faveur / reconnaissance / ris / moquerie

Désir — espérance / hardiesse / courage / émulation / irrésolution
         crainte / peur / lâcheté / jalousie

Tristesse — dégoût / ennui / pitié / indignation

impudence
colère
vengeance

honte
regret
dépit

On fera encore abstraction des déterminations *causales* (parce que
«les passions nous inclinent à aimer notre corps et tout ce qui peut
être utile à sa conservation» ou que «les passions ont comme cause
naturelle le mouvement des esprits animaux qui se répandent dans le
corps pour y produire et pour y entretenir une disposition convenable»[26]) pour se concentrer sur la schématisation structurale. La philosophie sous-jacente chez Malebranche reste cartésienne puisque l'explication causale, illustrant les points de vue métaphysique et éthique,
ne s'écarte guère du *Traité* de Descartes. Malebranche, pourtant, est
original dans sa schématisation structurale. L'*admiration* est exclue du
domaine des passions générales (ce qui constitue un retour au point
de vue aristotélicien et scolastique), mais *toutes* les passions générales
(«primitives») sont des *passions combinées*. Malebranche transcende
ainsi la classification plutôt lexico-taxinomique de Descartes[27] (voir le
Schéma 2, pp. 28-29).

«Il y a plus de passions que de termes qui l'expriment... et comme
nous sommes obligés de nous servir des termes approuvés par l'usage,
on ne doit pas être surpris de trouver de l'obscurité et quelquefois une
espèce de contradiction dans nos paroles»[31]. On constate chez Malebranche un équilibre remarquable entre son esprit de déduction et son
sens de la classification lexico-taxonomique. D'une part, il distingue
deux *passions-mères*, l'*amour* et l'*aversion*, l'*amour* étant «la première,
la principale et la plus universelle»[32], puisque l'*aversion* dépend encore
de l'amour de nous-mêmes, et qu'elle a toujours comme objet *non
pas* le *mal*, mais le *néant* ou l'absence de bien. En outre, les trois
temporalités sont réalisées dans les trois types de «passions générales»:
le *présent* dans l'amour/aversion de joie, l'*avenir* dans l'amour/aversion
de désir, et le *passé* dans l'amour/aversion de tristesse. D'autre part,
à l'autre extrémité de l'échelle, il y a une multitude de *passions particulières* qui sont causées et/ou suivies par des émotions, perceptions
et jugements particuliers; celles-ci sont «très familières» et il est «impossible de (les) connaître clairement et distinctement»[33]. Difficiles à
reconstruire sont surtout les combinaisons de la *joie* et du *désir*, dans
la *colère* par exemple, ou du *désir* et de la *tristesse*, dans la *honte* par
exemple, mais aussi celle de la *joie*, du *désir* et de la *tristesse*, triple
combinaison. «Quoique ces dernières passions n'aient pas, que je
sache, des noms particuliers, elles sont cependant *les plus communes*»[34]: ces combinaisons n'ont pas seulement aucune appellation, mais
elles sont perçues comme contradictoires (combien réelles pourtant)
par le «sentiment intérieur» ou dans l'introspection: il y a, en effet,
bien des cas où le bien et le mal partagent la capacité que l'âme
possède d'apercevoir, où l'âme est à la fois attristée et joyeuse et où
elle est tentée par le désir en même temps qu'elle y résiste...

Les passions-désirs de la Statue

Locke reproche à Malebranche d'avoir confondu le *désir* et la *volonté*. Il est vrai que, pour Malebranche, le *désir* est une passion particulière, à côté de la *joie* et de la *tristesse* (comme c'est le cas chez Descartes) se réalisant soit dans des dérivations comme l'*espérance* et la *crainte*, soit dans des combinaisons, comme la *colère* ou la *honte*. Reste que le *désir*, en tant qu'*amour* ou *aversion* (donc en tant que passion *générale*), illustre le «mouvement de la volonté» (son intentionnalité) puisque l'objet du désir se transcende nécessairement vers un avenir irrécupérable. Contrairement à ce qu'est le cas chez Descartes, tout désir pour Malebranche est donc déterminé sur le registre modal par un VOULOIR. On verra plus loin pour quelles raisons, très justifiées, Locke s'oppose à ce «volontarisme» du *désir* (voir la Section 3.1. de *Positions*)[35]. Il faut donc, selon Locke, distinguer entre la *volonté* et le *désir*, tout comme il faut décrire le désir comme un état d'*inquiétude*, belle notion explicative qui n'a pas été comprise adéquatement par Condillac, le «Locke français», dans sa théorie des passions[36]. C'est que Condillac identifie *inquiétude* et *besoin* ou *privation* du Bien[37]. Dans la description de la phylogénèse de la Statue, en train de devenir homme par la mise en œuvre successive des sens qui ajoutent chaque fois une nouvelle sensibilité jusqu'à l'intelligence, il faut distinguer d'abord, au niveau de la sensibilité minimale (celle où l'homme est borné au sens de l'odorat) toutes sortes de besoins, le désir étant l'action de la faculté qui se dirige vers la chose dont nous sentons le besoin. Au début, il y a donc un «léger mécontentement», un «mal-aise», un tourment, et le désir agit *a posteriori* sur le malaise (*uneasiness*). Comme la privation du bien est une origine *séparée* du désir, le désir n'est que l'*effet* de l'inquiétude: «le désir est l'action de nos facultés dirigées sur un objet par l'inquiétude que donne sa privation»[38]. La distinction entre le *désir* et la *passion* devient alors tout simplement une différence dans le degré de violence ou de vivacité: «La passion est un désir qui ne permet pas d'en avoir d'autres, ou qui du moins est le plus dominant»[39]. Comme la perspective chez Condillac, contrastant avec celle des maîtres des «idées claires et distinctes», Descartes et Malebranche, devient de moins en moins structurale et de plus en plus phylogénétique, je ne peux esquisser une «table de Mendeleiev» de la classification condillacienne, qui est nécessairement moins complète que celle présentée pour Descartes et Malebranche (Schémas 1 et 2).

L'objet de la passion n'ajoute aucun élément important à la définition de la passion et des termes cooccurrents (l'objet du «penchant» est qualifié de peu honnête, l'objet de l'«inclination» est honnête,

Schéma 3

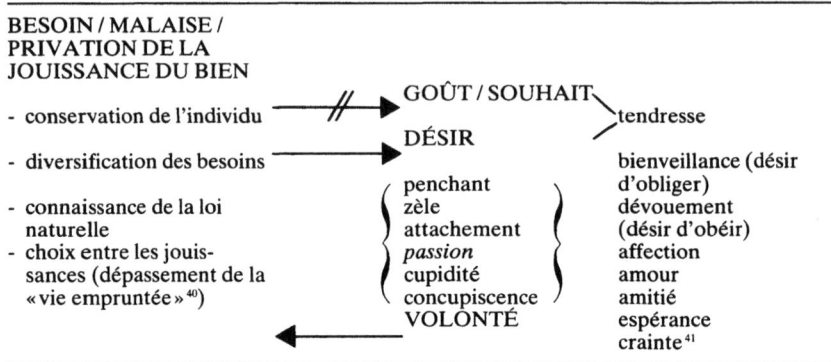

l'objet de l'«attachement» est une personne). La typologie elle-même n'a qu'une importance relative et elle n'aspire pas à l'exhaustivité. Seuls deux aspects de la schématisation intéressent Condillac. D'abord, il suggère comment il faut considérer la continuité du désir, de la passion et de la volonté qui ne diffèrent que par leur degré d'habitude ou de vivacité. Ensuite, la progression dans l'humanisation des besoins et donc la spécificité de la privation du Bien chez l'homme retiennent essentiellement son attention phylogénétique. On est déjà loin de Descartes et de la motivation *structurale* de la théorie des passions. Reste que les six principes de la schématisation (les contraintes formelles et les constantes thématiques) continuent à organiser la théorie des passions dans sa globalité. D'autres lignes de force stratifient les théories des passions, et elles concernent des options philosophiques de première importance: il s'agit en effet des «axes paradigmatiques de l'univers pathique».

3. DEUX AXES PARADIGMATIQUES DE L'UNIVERS PATHIQUE

3.1. L'engagement érotétique et la rationalisation non érotétique

La dissémination du désir séquestré

Rien n'est plus ambigu et labile dans la schématisation cartésienne que le lieu du *désir*. Le désir n'est qu'une passion primitive parmi les autres, et Descartes considère donc une très grande partie de la vie passionnelle de l'homme comme étant indépendante du désir. Cette position est caractéristique de la rationalisation non érotétique de l'univers pathique, et elle se distingue très nettement de celle de Spinoza, où la vie passionnelle dans sa globalité est envisagée comme érotétiquement engagée. Je considère cette opposition comme paradigmatique, l'*engagement* érotétique versus la *rationalisation* non érotétique, et comme constitutive de toute conceptualisation des passions. Le cloisonnement des passions, et surtout l'isolement du désir parmi les autres passions, constitue un problème explicite, non seulement pour Descartes mais également pour Malebranche. Il est édifiant d'analyser les quelques paragraphes des *Passions de l'âme* où Descartes risque de s'embrouiller en traitant du désir. Les hésitations se font jour tout naturellement là où l'*amour* exige une définition adéquate. Il y est dit que l'amour et le désir se distinguent en ce que l'amour présuppose un *vouloir* et une identification avec l'objet qu'on aime *dès à présent*, la chose aimée étant l'autre versant d'un tout auquel on appartient. Et Descartes s'oppose à l'idée scolastique qu'il y aurait deux espèces d'amour: l'amour de *bienveillance* qui souhaite le bien à l'objet aimé, et l'amour de *concupiscence*, où le désir qui projette son objet toujours dans un avenir et ne parvient pas à s'unifier avec lui, est incorporé. Mais Descartes s'en prend à cette distinction superficielle qui «regarde plus les effets de l'amour que son essence»[42], et c'est ainsi que, selon lui, l'amour se transforme tout naturellement en désir «si on juge que ce soit un bien de posséder (l'objet) d'*autre façon que de volonté*». En plus, dès que le désir tend vers un bien, ou vers le beau, il est *accompagné* d'amour, et ensuite d'*espérance* et de *joie* (au contraire, lorsqu'il tend à s'éloigner d'un mal, il est accompagné de *haine*, de *crainte* et de *tristesse*). Le désir le plus fort naît ainsi de l'*agrément* (l'amour du beau) et de l'*horreur* (la haine du laid). L'agrément est institué comme la *jouissance* platonique mais exemplaire de *ce qui est représenté* comme beau. C'est plutôt la perfection qu'on imagine dans une personne du sexe différent que le désir convoite. «Ce désir qui naît ainsi de l'agrément est appelé du nom d'amour plus ordinairement que la passion d'amour qui a ci-dessus été décrite»[43]. Descartes s'accuse lui-même d'aridité taxinomique en distinguant les passions primitives, surtout celles de l'amour, de la haine et du désir. Il n'affirme pas, comme le fait Spinoza, que tout amour *est* désir, mais, il pose, de manière bien scolastique, que ce que nous appelons communément 'amour' est *accompagné* de désir, ou que tout amour, surtout l'agrément dont l'objet est le beau, *fait naître* le désir. C'est bien une *rationalisation* que d'envisager le désir dans une relation d'accompagnement ou comme un effet d'autres passions.

Malebranche nous prévient que « l'esprit confond assez souvent des choses différentes, lorsqu'elles arrivent en même temps, et qu'elles ne sont pas contraires »[44], et il affirme que l'*amour* diffère ainsi du *plaisir* et de la *joie*. Il en va de même pour le *désir* et l'*amour* ou la *haine*, deux passions qui peuvent survenir en même temps et qui ne sont pas des contraires. Le désir, *ajouté* à l'amour ou à l'aversion, introduit l'*avenir* comme la temporalité intentionnelle (« l'on est agité par le désir, lorsque le bien et le mal sont futurs »[45]). Mais, en outre, si l'on désire, on *juge* qu'on pourra posséder le bien que l'on ne possède pas encore, et c'est ainsi que le désir est dépendant de l'espérance[46]. D'autre part, l'*espérance*, tout comme le *courage* et la *crainte*, est décrit comme un désir particulier parce que l'émotion ou la « perception » la rend spécifique bien que l'objet soit nécessairement projeté dans l'avenir. Mais Malebranche note avec insistance que le désir ne peut être justifié que si l'objet qui le fait naître est *jugé bon* en lui-même ou par rapport à un autre bien que l'on aime[47]. Le désir, plus que chez Descartes, est dépendant d'un *Savoir* (un jugement), et c'est ainsi que la position de Malebranche à l'égard du désir est encore plus rationalisée que celle de Descartes: elle témoigne, de façon exemplaire, l'organisation non érotétique des passions. Le désir, se combinant avec l'amour et l'aversion en *amour de désir* et *aversion de désir*, n'introduit que la temporalité spécifique de l'avenir, en opposition avec la *joie* (le présent) et la *tristesse* (le passé), perdant ainsi sa modalisation cartésienne de −VOULOIR, puisque, chez Malebranche, le désir présuppose un SAVOIR générateur d'un VOULOIR. Chez Malebranche, le geste volontariste est généralisé, et la schématisation des passions reste la moins érotétique possible.

Le désir en tant que mal-aise

Pierre Coste fait remarquer, dans une note de son excellente traduction de Locke, que le terme de *uneasiness* est particulièrement difficile à traduire: « Par *uneasiness* l'auteur entend l'état d'un homme qui n'est pas à son aise, le manque d'aise et de tranquillité dans l'âme... », et il estime que les réflexions que l'*Essai* contient à propos de cette « inquiétude » comptent parmi les plus importantes et les plus délicates de l'ouvrage entier[48]. Le désir est précisément l'inquiétude que l'on ressent en soi-même à cause de l'absence d'une chose qui nous donnerait du plaisir si elle était présente. On sait que, pour Locke, « le plaisir et la douleur sont les pivots sur lesquels roulent toutes nos passions » (voir ci-dessus). Comme il n'y a pas de vie passionnelle sans *mal-aise* ou 'inquiétude', l'univers pathique dans son intégralité peut être qualifié d'érotétique ou pénétré de désir. Il suffit d'analyser la taxinomie succincte que Locke donne des passions pour voir qu'elles sont *toutes* érotétiques. Inversement, le désir, chez Locke, n'est plus une passion parmi les autres, puisque *toute* passion est désir (en tant que mal-aise). En plus, la temporalité du désir n'est plus exclusivement *prospective*, comme c'est le cas chez Descartes et Malebranche; au contraire, elle devient *multi-temporelle* puisqu'elle s'exerce aussi bien sur des objets *passés* et *présents* que sur des objets *futurs*.

Schéma 4

Cause (Sensation et Réflexion)	INQUIÉTUDES	Objet
plaisir	AMOUR	chose présente/absente - *inanimée* : usage de la chose; - *êtres capables de bonheur* : existence, bonheur de la chose
douleur	HAINE	
jouissance	JOIE	possession du Bien (présent/futur)
douleur	TRISTESSE	Bien perdu / Mal actuel
contentement	ESPÉRANCE	Présence probable du Bien
douleur	CRAINTE	Présence probable du Mal
affliction	DÉSESPOIR	Présence impossible du Bien
désordre	COLÈRE	Bien perdu en faveur de S_2
désordre	ENVIE	Bien possédé par S_2
désordre	HONTE	Mal qu'on commet soi-même

Contre le volontarisme des cartésiens, surtout de Malebranche, Locke affirme, par une motivation érotétique pure, que la *volonté* et le *désir* ne doivent pas être confondus, et qu'ils se trouvent fréquemment en opposition complète. La volonté est analysée dans son rapport *avec l'action*, tandis que le désir est considéré dans son rapport avec la jouissance d'un plaisir ou l'éloignement d'une douleur. Mais Locke affirme à plusieurs reprises que ce n'est pas le Bien ou l'objet en général qui pousse la volonté à l'action, mais que c'est l'*inquiétude*, le tourment d'être privé de jouissance ou d'être accablé de douleur, qui *détermine la volonté à l'action*[49]. En effet, il faut bien se soumettre à l'ordre causal précis des facultés enchaînées: «C'est que les *inquiétudes* des *désirs* présents... se portent rapidement vers les plaisirs de cette vie, déterminant, chacune à son tour, les *volontés* à rechercher ces plaisirs»[50]. Si les «pivots de la jouissance et de la douleur» sont donc à l'origine de la chaîne causale, il ne faut pas oublier néanmoins que c'est aussi bien par *réflexion* que par *sensation* que l'inquiétude se met à rechercher le bonheur: le bonheur, et non pas la présence du Bien/absence du Mal, est le but de l'homme et l'objet de ses désirs[51]. Ce point a son importance pour la hiérarchisation des biens à atteindre: il n'y a, en fait, jamais de bien qui comble le bonheur tel quel, et la recherche du bonheur, ultime mobile de l'inquiétude, laisse ainsi la place au *libre arbitre*. La nécessité d'une recherche du vrai bonheur est même le *fondement* de la liberté. La philosophie générale sous-jacente à la conception lockienne ne nous intéresse pas ici. On a seulement voulu suggérer comment la disjonction de la volonté et du désir, le désir étant la présupposition nécessaire de toute volonté menant à l'action, engendre la possibilité d'un fondement *érotétique* de l'univers des passions. Le désir est partout, car toute action est recherche du bonheur réalisé par le libre arbitre. Ce désir du bonheur est 'motivé' par mal-aise, par cette souffrance initiale, cette *inquiétude* devant l'absence ou la perte de la jouissance. Locke nous délivre définitivement du volontarisme et de la rationalisation des passions, exemplairement présente dans les approches non érotiques de l'univers pathique chez Descartes et Malebranche.

Les lignes, surfaces et solides du Géomètre

Pourtant, Spinoza, dans l'*Éthique* (ouvrage posthume, publié en 1677, douze ans avant l'*Essai* de Locke), avait déjà indiqué comment il fallait conceptualiser l'*engagement érotétique* de l'univers des passions. «Le *désir* est l'essence même de l'homme en tant qu'elle est conçue comme déterminée à faire quelque chose par une affection quelconque donnée en elle»[52]. Le désir se définit en se distinguant de la *volonté* et de l'*appétit*. Le postulat initial de la construction spinoziste est que «l'âme s'efforce de persévérer dans son être pour une durée indéfinie et a conscience de cet effort»[53]; «cet effort, quand il se rapporte à l'âme seule, est appelé '*Volonté*'; mais, quand il se rapporte à la fois à l'âme *et au corps*, est appelé 'Appétit'; l'appétit n'est par là rien d'autre que l'essence même de l'homme, de la nature de laquelle suit nécessairement ce qui sert à sa conservation; et l'homme est ainsi déterminé à le faire. De plus, il n'y a nulle différence entre l'*appétit* et le *désir*, sinon que le désir se rapporte généralement aux hommes, en tant qu'ils ont *conscience* de leurs appétits et peut, pour cette raison, se définir ainsi: le désir est l'appétit avec conscience de lui-même»[54]. J'ai cité ce scolie célèbre du troisième livre de l'*Ethique* parce que ce passage nous donne la clé de l'interprétation érotétique chez Spinoza. Distingué de la volonté, vu que le désir se rapporte intrinsèquement à l'ensemble des actes de l'esprit *et* des idées des *modifications du corps*, et distingué également de l'appétit parce que le désir ajoute l'*auto-conscience*, le désir ne peut être que la véritable essence de l'homme et le moteur de la vie passionnelle dans sa globalité. Le domaine érotétique est si vaste qu'il «comporte tous les efforts, impulsions, volitions», de sorte que «l'homme est traîné en divers sens et ne sait où se tourner»[55]. Toute la démonstration spinoziste sert à établir que le postulat initial de l'effort de persévérance de l'âme ne peut aboutir qu'au concept d'une essence de l'homme qui comporte l'idée de la liaison au corps (et n'est donc pas pure volonté) et l'idée de l'autoconscience (et n'est donc pas pur appétit): l'essence de l'homme est *désir*[56]. Il faut ajouter encore que l'autoconscience du désir n'est jamais définie par Spinoza en termes de réflexion ou de *savoir*. Le désir n'est donc ni un vouloir ni un savoir: il précède toute modalisation possible. C'est *en tant que corps* que l'âme est consciente de son effort pour exister quand elle désire, et cette autoconscience est antérieure au jugement et à la modalisation[57] (voir le *Schéma 5*, p. 38).

On ne saurait trop s'attarder à la belle doctrine de Spinoza, érotétique par excellence. Les contraintes formelles et les constantes thématiques, énumérées au paragraphe précédent, sont toutes présentes chez Spinoza, mais elles sont soumises à une érotisation globale. «Le désir n'est pas un concept simplement important ou un des piliers de la philosophie de Spinoza: c'est le fondement même de la doctrine de l'homme, puisque toute l'essence de l'homme c'est le désir»[58]. On ne saurait séparer la séquence des actions, du désir en tant que moteur de ces actions. «Le désir c'est l'homme lui-même en tant que puissance en acte, dynamisme croissant ou décroissant par la nature même des actes qui le manifestent» et «le désir c'est le *mouvement* même de l'action effective en tant qu'il est conscient de sa signification d'existence»[58]: la conscience est considérée ici encore comme mouvement vers l'objet. La grande nouveauté du spinozisme comparé au système cartésien saute aux yeux: il s'agit d'une hypostase de l'engagement érotétique chez Spinoza s'opposant à la rationalisation d'un désir séquestré chez Descartes: «Il serait erroné... de rapprocher... Spinoza et Descartes puisque, chez celui-ci, le dualisme de l'âme et du corps doit faire considérer les Passions de l'âme comme des événements contingents et étrangers à cette âme, issus qu'ils sont d'un corps dont la liaison avec celle-ci n'est après tout qu'extérieure»[59]. Voilà pourquoi, chez Descartes, le *désir* est un cheval noir et peut aboutir au scandale. Cela n'est aucunement le cas chez Spinoza qui intègre les conséquences d'un érotétisme rayonnant à la totalité.

Le *Schéma 5* montre comment les passions sont dérivées de la structure du *désir*. En fait, il n'y a qu'une «passion primitive», le *désir*: la *joie* et la *tristesse* sont elles aussi appelées 'primitives' par Spinoza, mais la *joie* et la *tristesse* ne sont en fait que les deux formes passives de l'accroissement ou de la diminution de cette puissance unique qu'est le désir. La *joie* et la *tristesse* sont plutôt l'expression du désir: «elles expriment la vie dynamique et comme le mouvement de flux et de reflux de cette puissance qu'est le désir»[60]. Une lecture trop rapide

38 LES PASSIONS

Schéma 5

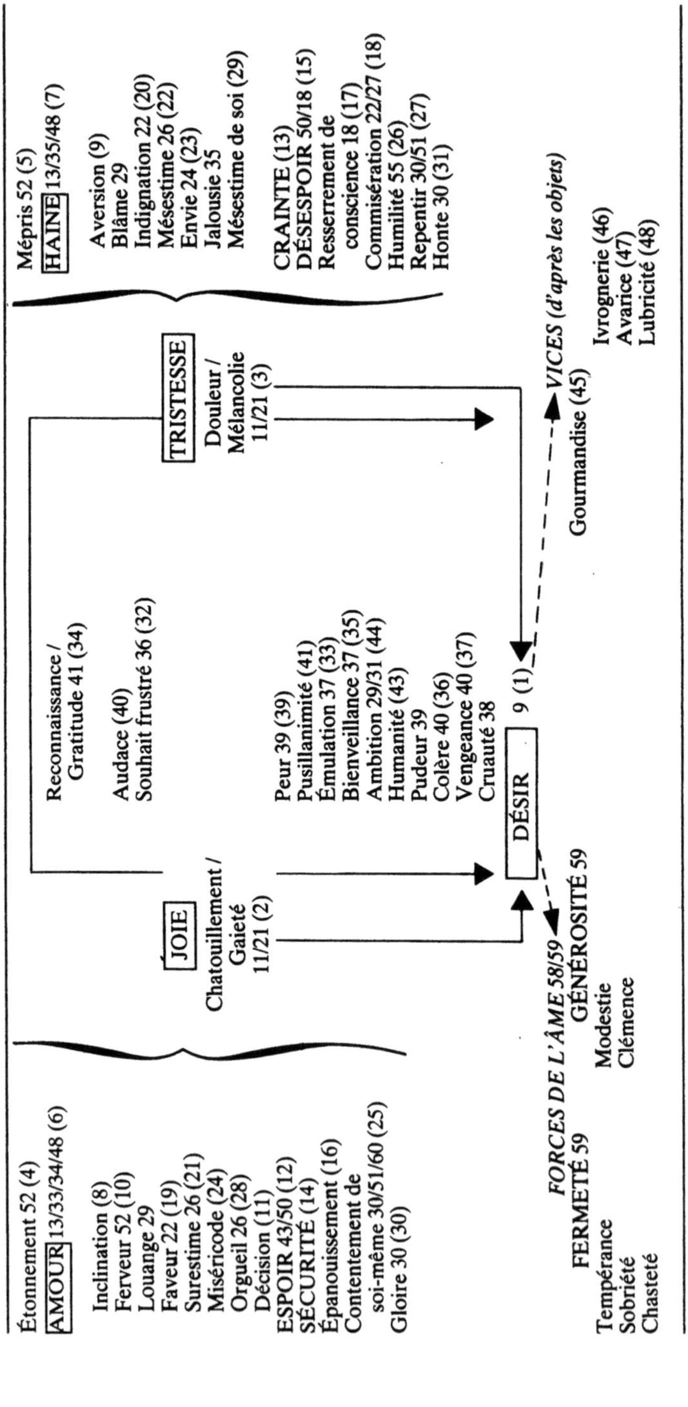

Étonnement 52 (4)
AMOUR 13/33/34/48 (6)

Inclination (8)
Ferveur 52 (10)
Louange 29
Faveur 22 (19)
Surestime 26 (21)
Miséricorde (24)
Orgueil 26 (28)
Décision (11)
ESPOIR 43/50 (12)
SÉCURITÉ (14)
Épanouissement (16)
Contentement de
 soi-même 30/51/60 (25)
Gloire 30 (30)

JOIE
Chatouillement /
Gaieté
11/21 (2)

Reconnaissance /
Gratitude 41 (34)

Audace (40)
Souhait frustré 36 (32)

Peur 39 (39)
Pusillanimité (41)
Émulation 37 (33)
Bienveillance 37 (35)
Ambition 29/31 (44)
Humanité (43)
Pudeur 39
Colère 40 (36)
Vengeance 40 (37)
Cruauté 38

DÉSIR
9 (1)

TRISTESSE
Douleur /
Mélancolie
11/21 (3)

Mépris 52 (5)
HAINE 13/35/48 (7)

Aversion (9)
Blâme 29
Indignation 22 (20)
Mésestime 26 (22)
Envie 24 (23)
Jalousie 35
Mésestime de soi (29)

CRAINTE (13)
DÉSESPOIR 50/18 (15)
Resserrement de
 conscience 18 (17)
Commisération 22/27 (18)
Humilité 55 (26)
Repentir 30/51 (27)
Honte 30 (31)

➔ VICES (*d'après les objets*)

Ivrognerie (46)
Avarice (47)
Lubricité (48)

Gourmandise (45)

FORCES DE L'ÂME 58/59
FERMETÉ 59   GÉNÉROSITÉ 59
Tempérance   Modestie
Sobriété   Clémence
Chasteté

du Livre III de l'*Éthique* pourrait faire croire que Spinoza n'y propose qu'une taxinomie de définitions des passions qui seraient chacune un atome psychologique spécifique. Tout au contraire, l'esprit géométrique de Spinoza est d'une très grande cohérence dans la déduction des *pathemata*[61] ou passions de l'âme. Dans un sens, on peut dire que la *joie* et la *tristesse* sont les formes concrètes du désir, ou les modalités de cette «puissance unique qu'est le désir». Loin de constituer un répertoire ou un inventaire, les *pathemata* sont «les lignes, surfaces et solides» de la cathédrale, «appelée Désir». Il m'est impossible d'analyser ici en détail toutes les étapes de la déduction. Les définitions des pathemata se suivent dans un ordre de complexité croissante (voir les chiffres entre parenthèses du Schéma 5) et se rapportent au soubassement doctrinal des propositions et des scolies (les chiffres en dehors les parenthèses du Schéma 5 renvoient à ces propositions).

Je ne dégage que quelques lignes de force. Il est intéressant de constater que l'*étonnement* — nettement apparenté à la très importante *admiration* cartésienne — et son contraire, le *mépris*, sont exclus de l'univers des passions puisqu'ils présupposent seulement une relation gratuite avec l'objet, sans aucun engagement érotétique. Les formes concrètes de la *joie* et de la *tristesse* sont définies en termes de *perfection* progressive ou régressive, ou d'un accroissement ou diminution de la puissance d'action qu'est le désir. Les deux grandes classes des *pathemata* sont ainsi délimitées. Il y a des formes plus complexes de la *joie* où l'*amour* est prioritaire («L'amour est une joie qu'accompagne l'idée d'une cause extérieure»), et des complications de la *tristesse* où la *haine* est prioritaire («La haine est une tristesse qu'accompagne l'idée d'une cause extérieure»). Il y a toute une série de *pathemata* qui sont en fait des variantes de l'amour et de la haine: d'une part l'*inclination*, la *ferveur* jusqu'à l'*orgueil*, d'autre part l'*aversion*, le *blâme* jusqu'à la *jalousie* et la *mésestime de soi-même*. L'*espoir*, «une joie inconsistante née de l'idée d'une chose future ou passée de l'issue de laquelle nous *doutons* en quelque mesure», est opposé à la *crainte*, tandis que la *sécurité* est opposée au *désespoir*, dans un chiasme parfait. Une troisième grande classe (représentée au Schéma 5 dans la colonne du milieu) comprend les *pathemata* combinés. Toutes espèces de combinaisons sont possibles. J'en distingue trois. Une passion peut présupposer une même passion chez l'autre sujet, objet de la passion: c'est le cas de la *reconnaissance* qui est un amour présupposant l'amour dans l'autre. Une seconde espèce consiste de *pathemata* qui modifient des passions de la classe dominée par la *joie* d'une part, et la *tristesse* de l'autre: c'est ainsi que la *peur* est une modification de la *crainte*, l'*émulation* une modification de la *gloire*, etc. La troisième espèce consiste en *pathemata* dans lesquels les éléments de *joie* sont combinés avec des éléments de *tristesse* : ce sont donc des désirs mixtes, complexes, et souvent contradictoires. C'est le cas, entre autres, de l'*ambition*, de la *pudeur*, de la *colère*, de la *vengeance*, tous des cas dont l'évaluation morale est extrêmement compliquée, ce qui est la conséquence immédiate de leur combinaison d'aspects euphorisants et dysphorisants. Spinoza isole également quelques *vices* qui sont «des actions qui suivent les affections (passions)»[62]. Deux types de forces de l'âme sont distingués : «*Fermeté* : par lequel un individu s'efforce en vertu du seul commandement de la raison; *Générosité* : par lequel un individu s'efforce en vertu du seul commandement de la raison à assister les autres hommes et à établir entre eux et lui un lien d'amitié»[62]. Quoi qu'il en soit du statut de la *fermeté* et de la *générosité*, on constate que les *forces de l'âme* sont vues plutôt comme des vertus qui rendent plus solides, plus définitives des constellations passionnelles, sans posséder pour autant un dynamisme érotétique. Encore une fois, ce n'est pas la taxinomie des *pathemata* qui est importante pour mon propos, mais le fait que l'engagement érotétique du système spinoziste des passions contraste, de façon paradigmatique, avec l'exemplification du système cartésien qui consiste en une rationalisation du désir, et donc en un désengagement non érotétique. Il est évident que cette opposition transcende Descartes et Spinoza : elle se retrouve dans toutes les conceptualisations de l'univers pathique.

3.2. Le fondement empathique et la gravitation péripathique

EN versus PERI

Si l'univers pathique est organisé par Spinoza à partir du désir, il en est tout autrement chez Hume, où le *plaisir* et la *douleur* sont les principes organisateurs[63]. On sait que dans le système des passions chez Hume, la relation de la passion à son objet est celle de *sympathie* ou d'*antipathie*. Ces qualités s'expliquent précisément par la *cause* (distincte de l'objet) de la passion : le plaisir et la douleur. La chaîne Objet-Plaisir/Douleur-Sympathie/Antipathie est associative et impressionniste : le sujet passionnel n'est qu'une surface frôlée, et la typologie des passions se fait en premier lieu selon le critère mécanique de l'attraction et de la répulsion. Hume développe, en effet, une vue 'newtonienne' des passions. Sa théorie des passions est physicaliste et naturaliste : «Dans la production et la conduite des passions, il y a un certain mécanisme régulier, susceptible d'une approche scientifique aussi adéquate que les lois du mouvement, l'optique, l'hydrostatique, et toute partie de la philosophie naturelle»[64]. L'univers figuratif humien est bien celui de la physique : les tendances passionnelles sont exprimées dans la terminologie gravitationnelle, celle de l'attraction et de la répulsion.

Le système des passions chez Kant, par contre, est totalement opposé à ce naturalisme. La doctrine kantienne des passions témoigne d'une adéquation conceptuelle supérieure à celle de la doctrine de Hume et de sa postérité (la philosophie analytique, surtout l'empirisme et le behaviorisme). Le problème de l'analyse des passions chez Kant réside dans le fait que l'on ne voit pas l'originalité de sa conception là où il parle explicitement des passions, à savoir dans son *Anthropologie*. C'est plutôt la *Critique du Jugement*, et en particulier l'*Esthétique* kantienne, qui nous mettent en contact avec une proposition très valable qui vient remplacer la conception gravitationnelle de Hume. Ainsi le naturalisme est esquivé par Kant dans la mesure où le point de départ se situe déjà avant la dichotomisation *sympathie* versus *antipathie*. Toute 'pathie' réalisée par le déploiement passionnel n'est possible que sur un fond d'*empathie*. 'L'oubli humien' concerne bien l'identification de l'univers pathique en sa globalité à la somme des sympathies et des antipathies. Pour Kant, l'antipathie et la sympathie continuent à « graviter autour de la passion » (elles sont en fait des péri-pathies). L'univers des passions ne se justifie pour Kant que dans la mesure où la passion s'appuie sur l'empathie. On verra comment la conception empathique des passions échappe à la mécanique gravitationnelle : elle présuppose plutôt un repli des passions sur elles-mêmes et donc un creux intérieur producteur. L'organisation éthique de la vie passionnelle chez Kant — et l'impératif catégorique qui en est la loi essentielle — se fait à partir de la faculté d'empathie des sujets. C'est précisément une certaine morale positiviste résultant du paradigme humien qui n'admet aucune subjectivité constitutive étant donné que la 'vie passionnelle' n'y peut être qu'une mécanique gravitationnelle entre des forces objectives.

L'opposition paradigmatique que l'on discute ici, celle de Hume versus Kant, couvre l'opposition *gravitation péripathique* versus *fondement empathique* des passions. Elle couvre également l'opposition entre deux conceptions, l'une niant la nécessité de l'intériorité pour aboutir à une qualification pertinente de l'univers pathique, l'autre prônant cette nécessité. EN- (*dans*), opposé à PÉRI- (*autour*), indique la possibilité d'une notion de subjectivité définie non plus sur le mode idéaliste, mais en tant que subjectivité sans contenu, aussi formelle que la « forme du langage » dont parlait Saussure. EN vs PÉRI est un point de départ *spatial* pour parler de la *compétence* passionnelle. Cette spatialisation de la vie passionnelle nous fait éviter toute substantialisation, et ainsi tout idéalisme, tout mentalisme concernant le concept adéquat d'une 'subjectivité' sous-jacente à l'univers pathique. Mais la distance entre l'option péri-pathique et l'option em-pathique est absolue et fort instructive non seulement pour la typologie des passions mais également pour la pertinence du concept d'une subjectivité qui-se-met-en-discours. Je discuterai d'abord la perspective em-pathique chez Kant, et ensuite le point de vue péri-pathique de Hume. Il est évident, et je l'ai déjà indiqué à plusieurs reprises, qu'il ne s'agit pas, dans ce contexte, de faire l'analyse philosophique et textuelle de deux grands philosophes, mais d'esquisser le contenu conceptuel de deux paradigmes qui sillonnent toute l'histoire des idées dans le domaine de la 'vie passionnelle'.

L'anthropologie des passions « du point de vue pragmatique »

Kant discute explicitement les passions non pas tellement dans les trois *Critiques* mais plutôt dans son *Anthropologie*, œuvre périphérique et d'importance secondaire. Ces remarques sont reprises dans la partie *Didactique anthropologique*, section qui traite « de la manière de connaître l'homme intérieur aussi bien que l'homme extérieur », et les chapitres où sont réunies les considérations concernant les passions s'intitulent : *Le sentiment de plaisir et de déplaisir*, et *De la faculté de désirer*. Les passions peuvent être étudiées, selon Kant, « du point de vue pragmatique ». On sait que pour Kant *pragmatisch* est nécessairement lié à ce qui est déterminable à partir des motivations, des besoins et des buts de l'homme réel. L'anthropologique et le pragmatique sont bien éloignés de ce que Kant considère comme le noyau de la philosophie, à savoir l'épistémologie à base éthique. Les passions donc, en tant que thème explicite de réflexion, n'ont pas une importance ultime dans l'architecture kantienne. C'est plutôt sa pensée implicite du passionnel — là où le passionnel est mis en rapport intrinsèque avec le *goût* et le *sens commun* — dans la *Critique de la Faculté de Juger*, qui constitue une contribution importante à la théorie des passions.

Kant distingue entre la *passion* et l'*émotion*. La passion est « l'inclination que la raison du sujet ne peut maîtriser ou n'y parvient qu'à peine », l'*inclination* étant le désir sensible habituel, et le *désir* « l'autodétermination du pouvoir d'un sujet par la représentation d'un fait futur qui serait l'effet de ce pouvoir ». L'émotion, par contre, est « le sentiment d'un plaisir ou d'un déplaisir actuel qui ne laisse pas le sujet parvenir à la réflexion »[65]. Différant en qualité, mais pas nécessairement en degré de violence, les passions, tout comme les émotions, sont des « maladies de l'âme », puisque « toutes deux excluent la maîtrise de la raison »[65]. L'émotion doit être envisagée comme une ivresse, comme une attaque d'apoplexie, « comme une eau qui rompt la digue », et la passion, comme un délire, comme une phtisie, « comme un courant qui creuse toujours plus profondément son lit », ou encore « comme un poison avalé ou une infirmité contractée ».[66]. La métaphorologie utilisée par Kant pour parler des passions est nettement dysphorisante. C'est ainsi que « les passions sont une gangrène pour la raison pure pratique, qu'elles sont la plupart du temps inguérissables, ... comme des maladies qui exècrent toute médiation »[67]. Toujours est-il que l'émotion est intrinsèquement liée au sentiment de plaisir et de déplaisir actuel, tandis que la passion est une disposition de l'esprit relevant de la faculté de désirer qui présuppose un sujet dont le pouvoir est autodéterminant, s'imaginant au futur un fait dont la réalisation dépendrait de ce pouvoir. Les typologies des émotions et des passions se révèlent peu importantes, et c'est seulement le principe d'organisation qui mérite d'être mentionné ici. Il est déconcertant de constater que la *joie* et la *tristesse*, tout comme l'*anxiété*, le *courage*, la *honte*, la *colère*, et même l'*étonnement*, sont classés parmi les émotions, à l'encontre de toute la tradition moderne depuis Descartes. Plus déroutante encore me paraît la division des passions. Kant distingue parmi les passions « relevant des tendances *naturelles* (innées) », la tendance à la liberté et la tendance à la reproduction, et parmi les passions « relevant des tendances nées de la culture humaine (acquises) », la manie de l'honneur, du pouvoir et de la possession[68]. C'est bien le « point de vue pragmatique » qui commande cette taxinomie des passions, et ni la symptomatologie ni la mise en rapport avec des types de « biens physiques » parmi lesquels la santé, n'en sont absentes. Un héritage de la morale kantienne est le privilège de la « tendance à la liberté comme passion », la plus violente de toutes : « le concept de liberté, entre toutes les lois morales, éveille... l'enthousiasme »[69], c'est le mode le plus actif de la faculté de désirer.

C'est bien dans le *goût* « comportant une tendance à la promotion extérieure de la moralité »[70] qu'est fondée la faculté de désirer : sans (bon) goût, il n'y a ni passion ni désir. Si l'on parle du goût dans la mode ou dans l'art, on se réfère toujours à « une faculté sensible de juger non pas seulement d'après la sensation qui vaut pour moi-même, mais aussi selon certaines règles de choix qu'*on se représente comme valable pour chacun* »[71], et, en plus, « il y a un goût dont la règle doit être fondée *a priori* parce qu'elle proclame une *nécessité*, par conséquent une validité pour chacun, dans le jugement qu'il faut porter sur la représentation d'un objet dans son rapport... au désir ; ... se présenter soi-même ou présenter ce qu'on a fait *avec goût* présuppose un état de société (de communication)... ; le goût est... la faculté de porter un jugement *social* sur les objets externes ; ... le goût... tend à faire partager aux autres le sentiment de plaisir ou de déplaisir, et comporte une prédisposition... à éprouver une satisfaction en commun avec autrui »[71]. Ainsi, les véritables passions ne sont en fait pas celles que l'on découvre «du point de vue pragmatique». Il faut plutôt recourir au «point de vue *esthétique*», celui du bon goût, celui qui ne dépend plus des motivations individuelles mais d'une nécessité fondée sur la faculté de désirer. L'originalité de la théorie kantienne des passions réside dans le fait qu'elle est une esthétique plutôt qu'une pragmatique.

L'empathie et la compétence passionnelle

Il convient de considérer maintenant la notion d'*empathie*, que l'on retient du paradigme kantien, et d'en exploiter certains aspects en vue de la construction d'une théorie de la compétence passionnelle. On évitera donc une optique mécanique et gravitationnelle, en soumettant le système global des passions à sa condition de possibilité qui est, en effet, la passion du sujet à l'égard de lui-même. Il ne s'agit pas ici du sujet empirique (individuel ou collectif), mais d'une *subjectivité-finalité*[72], projetée toujours en avant et, en fin de compte, reconstruite. L'empathie, passion de cette subjectivité-finalité, est une *phorie*, une sensibilité, radicalement distinguée par Kant du plaisir de jouissance, qui est, en fait, le plaisir posé par Hume comme la *cause* (empirique) de la passion. Le plaisir phorique de la subjectivité-finalité est le plaisir de l'universalité de ce plaisir. L'empathie est la passion-désir par excellence en ce qu'elle combine le subjectif et l'universel. Si l'on admet que l'univers des passions présuppose l'empathie de la compétence passionnelle, on introduit d'emblée la dimension de la généralité ou de l'universalité de l'univers des passions. Le moins qu'on puisse dire est que cette universalité implique la *communicabilité* de l'univers des passions. Il ne s'agit pas évidemment, d'une communicabilité sur le mode d'un transfert d'information vu qu'il n'y a aucun contenu à transmettre. Kant souligne que l'empathie est communicable «sans médiation de concepts»: ce qui est communicable n'est ni une existence ni une pensée, mais une *qualité*. En utilisant la terminologie du néo-kantien Peirce, on pourrait dire que l'empathie est de l'ordre de la Priméité («Firstness», ordre de la qualité), opposée à la Secondéité, ordre de l'existence, et à la Tiercéité, ordre de la pensée. Pour continuer dans les termes de Peirce, on pourrait dire que, puisque l'empathie est de l'ordre de la Priméité, elle procèdera par *abduction* (ou par intuition; abduction s'oppose ici à induction et à déduction). C'est qu'elle est la passion de la généralité du possible ou de la généralité formelle qu'est la subjectivité-finalité.

Il se peut que ce vocabulaire philosophique effraie par son degré d'abstraction. Mais ce développement était nécessaire pour montrer que ce n'est qu'en explorant le paradigme kantien (où l'univers des passions repose essentiellement sur la faculté d'empathie) que l'on peut justifier l'idée d'une *compétence passionnelle*. Si je m'oppose au projet (post)-humien d'une mécanique gravitationnelle des passions, c'est qu'il se révèle impossible d'y donner une place à l'idée d'une compétence passionnelle. C'est seulement à condition de poser l'empathie, ou cet éternel retour de la passion sur elle-même, comme condition de possibilité pour l'univers des passions, que l'idée de *compétence* est mise en valeur. Pour remplir la notion 'spatiale' de compétence passionnelle, il faut trois composantes : virtualité active, sensibilité, intériorité. Il convient évidemment de formaliser à l'extrême (ou de spatialiser) la compétence passionnelle. La conception corrompue et psychologisante de la compétence chez Chomsky a précisément l'inconvénient de «dénaturer» la notion 'spatiale' de compétence puisque, dans le cadre de référence chomskyen, le support de la compétence est immédiatement identifié à une entité substantielle («l'esprit», «la conscience»). Dans le paradigme kantien auquel j'adhère, le support de la compétence — l'empathie — n'implique aucune subjectivité ontologiquement indépendante et séparée de l'univers pathique produit : la production n'est que dans le produit ou dans la manifestation. Il devrait être clair que la notion de 'sensibilité', si l'on poursuit la pensée kantienne, est formelle, tout comme la composante 'virtualité active'. En combinant les deux composantes, on pourrait dire que la compétence passionnelle est une *puissance d'action*. La composante 'intériorité' est sans doute la plus difficile à dé-psychologiser ou à spatialiser. En effet, on ne peut plus se soustraire à l'enseignement wittgensteinien : l'intériorité est un mythe[73]. Loin de moi de penser à une intériorité séparable de son programme ou de son «texte passionnel». *Intériorité* versus *extériorité* n'est pas un découpage ontologique mais un axe d'organisation conceptuelle. 'Intérioriser' signifie tout simplement 'reconstruire'. Et si intérioriser équivaut à reconstruire, on pourrait dire aussi qu'inversement une *reconstruction* équivaut à une *intériorisation*, celle effectuée par l'épistémologue. Le cadre de l'épistémologie kantienne nous aide beaucoup à comprendre comment on peut formaliser ou spatialiser des notions fondamentales comme celles d''intériorité', de 'faculté', de 'puissance d'action', de 'sensibilité', et de 'compétence '.

L'architecture des trois *Critiques* (*Raison Pure, Raison Pratique* et *Critique du Jugement*) suggère que toute compétence (Kant parle de 'faculté', terme que j'évite afin de neutraliser toutes les connotations que ce terme revêt en psychologie philosophique) fonctionne comme un système de conditions de possibilité à deux niveaux : en tant que *condition* de possibilité de tout événement théorique et de toute action pratique (c'est de ce premier niveau de fonctionnement que nous parlent la *Critique de la Raison Pure* et *La Critique de la Raison Pratique*), et en tant que *pré-condition* de possibilité (ou si l'on veut: 'métacondition') de ces conditions (c'est de ce second niveau que la *Critique du Jugement* nous montre la structure). Le fait de fonder l'univers pathique dans l'empathie est motivé par la nécessité de prendre en considération ce second niveau de fonctionnement: celui des pré-conditions de possibilité. Le repli de la passion sur elle-même, en tant que pré-condition, rend possible toute 'vie passionnelle' théorique ou pratique. Tout comme la *Critique du Jugement* (esthétique) est en fait une métacritique de la *Critique de la Raison Pure* et de la *Critique de la Raison Pratique*, l'empathie est la condition préalable aux conditions de fonctionnement des 'passions théoriques' et 'pratiques'. Le paradigme kantien nous introduit admirablement à ce système de conditions de possibilité de la compétence passionnelle.

Il faut y ajouter immédiatement un autre avantage qui m'inspirera beaucoup au moment de m'engager dans une syntaxe systématique des passions. On dispose maintenant de la tripartition théorique/pratique/esthétique, hiérarchisée selon le double fonctionnement: compétence en tant que système de conditions de possibilité de la production (passionnelle) *théorique/pratique*; et compétence en tant que système de pré-conditions (*esthétiques*) de possibilité pour cette même production passionnelle. Pour conclure cet interlude kantien, il convient d'ajouter un mot d'explication concernant le fonctionnement esthétique de la compétence passionnelle. On a dit ci-dessus que la généralité ou l'universalité de l'univers pathique implique sa communicabilité. Cette communicabilité est précisément une 'affaire esthétique', et c'est au niveau du fonctionnement empathique des passions (le retour de la passion sur elle-même) que se situe la communicabilité des passions, parce que c'est à ce niveau-là que les passions sont en rapport avec ce qu'on pourrait appeler une 'communauté de connaissance'. Si les passions sont communicables, c'est que l'*empathie* est la *reconnaissance* de cette communauté de connaissance. En développant l'analyse de la conception empathique de l'univers des passions, on verra plus loin comment les 'passions esthétiques' s'identifient à l'exercice de la *fonction de reconnaissance*: reconnaître est un *jugement de (bon) goût*, un jugement fondé sur le *sensus communis*: « Sous l'expression de *sensus communis*, on doit comprendre l'idée d'un sens commun *à tous*, c'est-à-dire d'une faculté de juger, qui, dans sa réflexion, tient compte en pensant *a priori* du mode de représentation de tout autre homme, afin de rattacher pour ainsi dire son jugement à la raison humaine tout entière et d'échapper, ce faisant, à l'illusion, résultant de conditions subjectives et particulières pouvant aisément être tenues pour objectives»[74]. Ce *sensus communis* est esthétique, et non logique, dit Kant[75] : on se souviendra que l'*empathie* est une qualité et non pas une existence ou une pensée (pour utiliser une nouvelle fois la terminologie peircienne), et communicable *sans médiation de concepts*, et c'est ainsi qu'elle est 'commune' à tous les hommes non pas au plan logique mais au plan esthétique. La reconnaissance esthétique n'équivaut donc pas à la connaissance logique. Le *connaître* logique n'est pas une fonction de la compétence passionnelle (là encore, la notion de compétence passionnelle n'est pas du tout assimilable au point de vue chomskyen, qui fait précisément de la compétence la connaissance d'un système de règles syntactico-logiques). La reconnaissance, par contre, est la fonction passionnelle par excellence : on verra dans les sections suivantes — *Architectonique* et *Exemplifications* — que la reconnaissance est la première des passions, son fonctionnement étant le témoignage crucial du fait que l'univers des passions est ancré dans l'empathie.

La gravitation des passions selon Hume

Si l'univers pathique est selon Hume, un univers 'à fleur de peau', ne présupposant aucune intériorité, c'est que les passions émergent et disparaissent selon la mécanique de l'attraction et de la répulsion. Les êtres passionnels sont comme des astres se mouvant d'après les lois newtoniennes : la péripathie ne génère que des sympathies et des antipathies. Les *causes* des passions sont le *plaisir* et la *douleur*, bien distinguée de l'*objet* de la passion. Cette distinction de la *cause* et de l'*objet* est de première importance dans le système humien des passions. Certaines passions peuvent avoir le même objet — c'est le cas de l'*orgueil* et de l'*humilité* qui ont comme objet le Moi —, mais dans ce cas leur cause doit être différente, sinon les passions s'identifieraient. C'est, en effet, le plaisir qui cause l'orgueil, et la douleur l'humilité. Toutefois, il faut bien reconnaître que le Moi chez Hume n'est pas une intériorité réfléchissante et capable d'auto-affection : c'est un pôle d'attraction et de répulsion. Hume s'oppose vigoureusement à l'idée d'un Moi comme substance, comme faculté mentale cartésienne 'remplie' ou 'pleine'. L'identité personnelle d'un Moi dépend de la ressemblance et d'une causation comme relations *naturelles*. Et la théorie newtonienne affirme que toute relation naturelle est une relation d'*association*. Le concept spécifiquement humien de *vivacité* dépend évidemment de cette façon naturaliste selon laquelle les termes d'une ressemblance ou d'une causation sont produits par association[76].

On ne peut s'intéresser ici au soubassement philosophique du système humien des passions, ni à leur rapport avec les croyances et la volonté. On aura l'occasion de revenir sur certains points en parlant de l'investissement épistémique (2.1.) et de la sollicitude (en rapport avec le concept humien de sympathie, III.2). C'est bien la classification des passions qui nous intéresse ici. Le Livre I du *Traité* divise les impressions en deux classes, celles de la sensation et celles de la réflexion: les premières sont 'originales' (générées par des sources physiques directes sans aucun antécédent) tandis que les secondes sont 'secondaires' en ce qu'elles sont précédées par une impression originale ou par une idée qui en est dérivée. Parmi les impressions 'originales', Hume retient, entre autres, l'appétit corporel, la faim, l'amour de la vie et l'amour maternel, ce qui bannit ces phénomènes du domaine des passions. Les passions, en effet, sont des impressions secondaires, et même pas toutes, seulement celles qui sont violentes, excluant ainsi le sens moral (ou le sens de la vertu et du vice) et le sens esthétique (ou le sens du beau). Voici comment le système philosophique global chez Hume génère sa théorie des passions[77].

Schéma 6

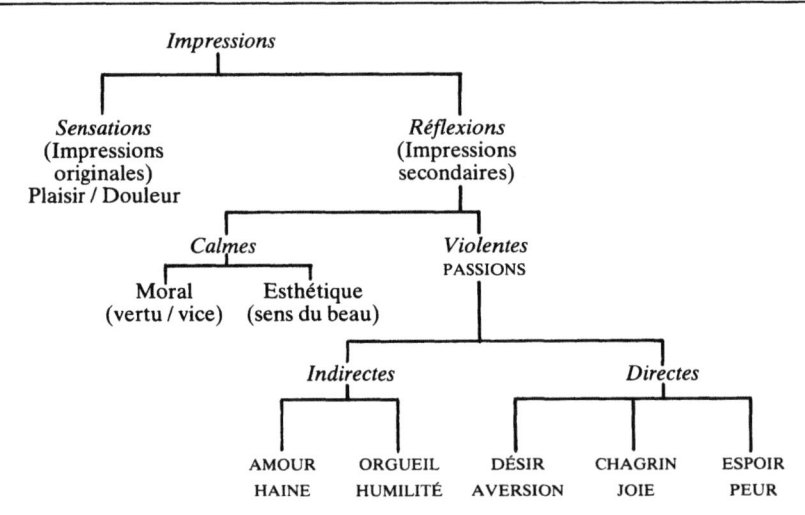

Les passions *directes*, dont Hume considère trois paires contrastées, dérivent immédiatement de la douleur et du plaisir. Mais Hume s'intéresse surtout aux passions *indirectes* dérivées également des impressions originales *en combinaison avec d'autres qualités*. Mais comment ces passions indirectes sont-elles liées entre elles?

Schéma 7

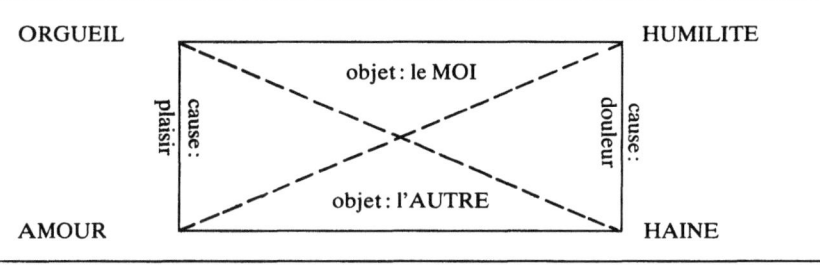

L'orgueil et l'humilité[78] sont en eux-mêmes des impressions de plaisir et de déplaisir, et ils produisent l'idée du Moi. L'objet de la passion est donc, en quelque sorte, ce qui suit d'une passion, tandis que la cause est ce qui la provoque. Mais les détails de la discussion chez Hume transcendent la perspective qui nous intéresse, à savoir l'opposition paradigmatique entre Hume et Kant. Le modèle newtonien ou gravitationnel, dans sa réaction contre le substantialisme de Descartes, ne voit d'autre solution que de 'vider' le sujet passionnel. Ce sujet est un réseau passif de plaisirs et de déplaisirs, et le Moi-objet n'est qu'un effet d'une passion qui ne se « syntagmatise » que par association, donc par contiguïté et ressemblance.

4. LA PASSION ET LA MISE EN DISCOURS DE LA SUBJECTIVITÉ

La reconstruction de la mise en discours des passions tiendra compte des oppositions paradigmatiques esquissées au cours de ce rappel de l'histoire des théories des passions. Mais un dernier problème préliminaire mérite notre attention. Comme la sémiotique des modalités nous servira de méthodologie, on pourrait nous objecter que l'objectivisme et le structuralisme ne sont pas par nature, en état d'analyser adéquatement les passions, vu que le passionnel est *subjectif*: le sujet n'est-il pas à l'antipode de l'attention sémiotique? Ainsi il semble impératif de justifier notre repli sur la sémiotique structurale, d'obédience helmslevienne[79], et surtout d'indiquer le lieu de la subjectivité dans cette axiomatique. Une *sémiotique de la subjectivité* — préliminaire à la reconstruction sémiotique des passions — acquiert sa consistance par deux mouvements stratégiques à l'égard du modèle standard de la sémiotique des modalités. C'est à ces deux retouches que je consacre cette section sur la subjectivité en tant que domaine possible de la sémiotique.

Une sémiotique de la subjectivité se fera d'abord par une réévaluation des propriétés du sujet *manifesté* dans et par son discours, ou par la réévaluation du palier 'superficiel' du modèle sémiotique. Mais cette réévaluation ne peut constituer l'essentiel d'une sémiotique de la subjectivité. Il faut ensuite reformuler la structure profonde elle-même et l'implanter dans un *espace subjectif* fondamental. On appellera 'subjectivation' la relation de cet espace subjectif fondamental à ses manifestations discursives: c'est ainsi que le discours est dit «subjectivé» à partir du *terminus ab quo* de tout le parcours de paliers sémiotiques. C'est donc par le renforcement théorique des termes *ab quo* (l'espace subjectif fondamental) et *ad quem* (la subjectivisation dans le discours) que l'on arrive à amender une sémiotique qui, admettons-le, n'a eu, par souci d'objectivisme structural, qu'un impact très réduit sur les phénomènes de subjectivité, comme le passionnel, le symbolique, la véridiction, etc.

La subjectivation ad quem

La sémiotique s'est toujours imposée des réserves à l'égard du linguisticisme : le discours n'est qu'un des effets possibles, parmi d'autres, du système énergétique sous-jacent. C'est ainsi qu'il ne faut pas confondre la passion et les indicateurs discursifs de cette passion. Il est évident que des séquences discursives peuvent *causer* des phénomènes subjectifs, et qu'elles *témoignent* de l'existence de toute une échelle d'états subjectifs. En outre, il est d'un grand intérêt que certaines stratégies subjectives aient le langage *comme objet*. Mais, nous disent les sémioticiens, il faut compter avec la distinction entre la mise en discours de la subjectivité et la systématique sous-jacente. En effet, la sémiotique dispose d'une méthodologie qui permet de déterminer les paliers du parcours génératif et d'identifier la syntaxe de base et sa manifestation dans le discours. Bien sûr, il reste de sérieux problèmes concernant la consistance d'un «modèle à paliers» et surtout concernant la *conversion* d'un niveau d'analyse en un autre. Cette «descente vers les profondeurs» est essentiellement motivée par un refus radical de tout psychologisme et de tout linguisticisme[80]. Mais cette mise entre parenthèses du discours en tant que manifestation de la subjectivité encourt le risque d'une réduction et d'une abstraction injustifiée. Les phénomènes de subjectivité pénètrent la rhétorique du discours et toute son inventivité figurative. On ne peut considérer la *discursivisation* comme non systématique, chaotique et théoriquement non intéressante. C'est bien par une certaine *pragmatisation* de la sémiotique que le discours et d'autres systèmes d'expression pourront être réévalués. Cette pragmatisation n'est pas nécessairement inductive et *ad hoc*. La subjectivisation à ce niveau dit 'superficiel' est dense et résistante, et aucune sémiotique de la subjectivité ne pourrait faire l'économie du figuratif, de l'anthropomorphique, du symbolique, du rhétorique au niveau du palier discursif.

On pourrait également penser, dans la même optique, à la théorie de la *performativité* spécifique du discours subjectivé, et utiliser à cet égard les acquis de la théorie des actes du langage. Une extension des conceptions de J.L. Austin et J. Searle consisterait à explorer les indicateurs performatifs correspondant aux différents 'états' subjectivés : ces indicateurs devraient être considérés comme des «intensificateurs» conventionnellement liés à des états subjectifs spécifiques. L'analyse pragmatique de l'acte de discours considère la subjectivité comme un *opérateur de force*. Cet opérateur de force ne concerne pas seulement l'intensité des prétendus états psychologiques, mais l'ensemble des conditions de satisfaction des actes de discours. On pourrait même penser à une échelle allant d'une performativité faiblement subjectivée à une performativité fortement subjectivée. Mais nous ne sommes pas spécialement intéressé ici par la subjectivation *ad quem*, i.e. la subjectivation en tant qu'elle se révèle par une pragmatique du discours, la discursivisation étant le palier de surface au cours du procès génératif des phénomènes subjectifs. Il sera sans doute plus difficile d'indiquer dans quelle mesure une sémiotique de la subjectivité s'occupe également du sujet *ad quo*, à l'origine du parcours génératif et subjectivant.

Le sujet ab quo

On a longtemps fait comme si les structures élémentaires de la signification étaient des combinatoires stabilisées et parfaitement 'objectives'. Le structuralisme, en sémiotique, a toujours eu cette démarche 'fixiste' où, en profondeur, les objets étaient présentés comme quasi éternels (universels) et platoniciens. Qu'on pense aussi au binarisme des catégories sémiques qui ne laissait aucune possibilité, dans le domaine de la signification, à un traitement de la «gradualité» et de la «tensivité». Le carré sémiotique, est un instrument méthodologique 'objectivant' et sa générativité est purement sémantique. Mais ni le carré sémiotique[81] ni la combinatoire de catégories sémiques appelée «structure élémentaire de la signification» ne sont de termes *ab quo* fondamentaux. Tentons une première évaluation de ce *terminus ab quo* en proposant la notion de *thymie*, «humeur, disposition affective de base» (Petit Robert), qui, selon Greimas, est liée directement à la «perception qu'a l'homme de son corps» (*intéroceptivité*); la catégorie thymique s'articule en *euphorie/dysphorie* (avec l'*aphorie* comme terme neutre) et «joue un rôle fondamental dans la transformation de micro-univers sémantiques en *axiologies*»[82]. L'instance *ab quo* est celle des «prégnances thymiques», pour utiliser un terme de René Thom, elle est pulsionnelle, vitale et existentielle. Cette donnée existentielle n'est pas encore convertie en une morphologie discrète où l'euphorie ou la dysphorie sont reconnaissables et identifiables. Cet espace *existentiel* est toujours asémantique, c'est l'*indicible*[83], l'abîme qui génère d'une part le procès de *subjectivisation* des paliers actualisé et réalisé, comme le discours dans son dynamisme et dans sa figurativité, d'autre part le procès de *morphologisation* des unités discrètes et ensuite la *mise en syntaxe* de ces unités morphologiques. Indicible et indéfinissable, on ne peut évoquer le terminus *ab quo* que par des rapprochements et des suggestions. C'est ainsi que Greimas écrit dans un article extrêmement important *De la modalisation de l'être*: «Il s'agit d'une catégorie 'primitive', dite aussi proprioceptive, à l'aide de laquelle on cherche à formuler, très sommairement, la manière dont tout être vivant, inscrit dans son milieu, 'se sent' lui-même et réagit à son environnement, un être vivant étant considéré comme 'un système d'attraction et de répulsions'»[84]. On pourrait débarrasser cette définition de ce qu'elle a d'idéologiquement humien (la conception gravitationnelle — l'attraction et la répulsion — de la subjectivité) et retenir seulement l'idée que l'espace thymique (ou existentiel) est «hétéromorphe par rapport à la totalité des articulations modales (...) régissant les relations entre les sujets et les objets» et qu'au niveau des structures abstraites il est «censé représenter les manifestations élémentaires de l'être vivant en relation avec son environnement (trouvant) sa correspondance au niveau plus superficiel, anthropomorphe, du parcours génératif, dans l'*espace modal* qui, tout en recouvrant le même lieu topique, se présente comme une excroissance et une surarticulation du premier»[85]. Cet 'existentiel', ce vital, indicible et pulsionnel, c'est l'avant-coup du sens, celui qui fait que tout phénomène sémantisé comporte un excédent de sens dû à son origine indicible. En effet, il est vrai que dans la manifestation (l'actualisation et la réalisation du *sujet ab quo* par des procédures de subjectivisation *ad quem*) l'avant-coup reste toujours présent comme un excédent non thématisable.

J'ajoute un mot concernant l'*axiologie* et la *valorisation*. Le statut de la *valeur*, dans sa connotation linguistique et saussurienne, est conféré à partir de déterminations qui ne peuvent être appréhendées que comme des différences. Toutefois, ce n'est que par son axiologisation, et ensuite par son investissement dans la syntaxe des opérations, que la valeur se trouve mise en relation avec le sujet. Greimas écrit à ce propos: «Une définition (linguistique) de la valeur (...) n'est pas très éloignée de son interprétation *axiologique*, ne serait-ce que parce que, fixée en ce lieu-dit dénommé objet et présente pour le manifester, la valeur se trouve en relation avec le sujet... Le sujet se trouve déterminé dans son existence sémantique par sa relation à la valeur. Il suffira donc, dans une étape ultérieure, de doter le sujet d'un *vouloir-être* pour que la *valeur du sujet* au sens sémiotique, se change en *valeur pour le sujet*, au sens axiologique de ce terme»[86]. Nous retiendrons de cette description que la *valeur* est en réalité une *structure modale*: «V = me(s), où 's' désigne une grandeur sémique quelconque, sélectionnée lors de la conversion, et 'me' une structure modale dont le premier terme 'm' désigne une des modalités sélectionnées, et 'e' la relation *existentielle* modifiée par la modalisation»[87]. C'est donc bien l'investissement de la morphologie *par l'existentiel* (ou par le thymique) qui revalorise *axiologiquement* toute la déduction modale avant qu'elle ne soit mise en syntaxe. On appellera cet investissement, dans le *Schéma 8*, la 'conversion sémantique' de l'existentiel dans la morphologique. Mais c'est également *à partir de* cette morphologie fondamentale axiologisée que tous les paliers de manifestation seront infectés: l'axiologisation s'*actualise* au niveau de la contexturation anthropologico-épistémique, et elle se *réalise* au niveau de la rhétorico-discursivisation.

Le parcours ab quo - ad quem

Le modèle global que je propose, et qui me servira dans *Architectonique*, devrait montrer comment la subjectivité est mise en discours. Je distinguerai un *parcours génératif* (horizontal) sur lequel trois instances sont isolées: l'existentiel, le morphologique, et le syntaxique. Ce parcours génératif comporte deux types de conversion, apportant chaque fois un enrichissement et une augmentation du sens: la conversion sémantique, ou la mise-en-valeur de l'existentiel, et la conversion syntaxique, ou la mise-en-syntaxe du morphologique. En opposition avec cette 'génération' du morphologique valorisé à partir de l'existentiel, et de la syntaxe des opérations à partir du morphologique valorisé, je distingue des paliers de *manifestation* (verticaux) reliés entre eux par des types de *transformations*, l'une 'contexturante', l'autre 'rhétorico-discursive'. Il y a ainsi trois paliers, le premier étant *virtuel* (le palier de la grammaire profonde), le second étant *actualisé* (le palier de l'anthropologique et de l'épistémique), le troisième étant *réalisé* (le palier du rhétorique et du discursif; le figuratif est une composante de ce palier 'superficiel' réalisé). Il faut y ajouter encore que les trois

Schéma 8

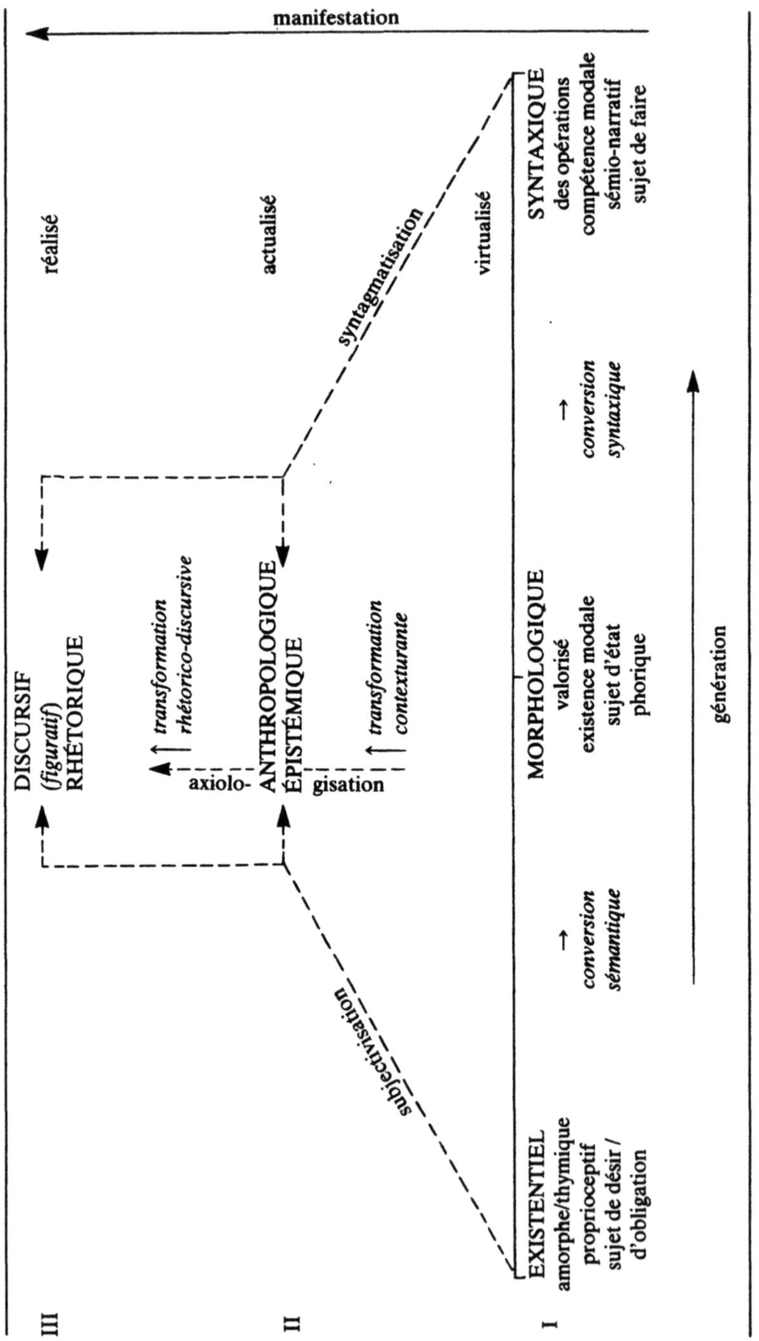

instances de la grammaire profonde se manifestent au niveau des paliers superposés, et sont même responsables du fait que la mise en discours aboutit à un résultat, le discours «figurativisé» et «rhétorisé» qui témoigne de *subjectivité* (manifestant l'instance *existentielle* de la grammaire profonde), de *valorisation* (manifestant l'instance *morphologique* de la grammaire profonde) et de *syntagmatisation* (manifestant l'instance *syntaxique* de la grammaire profonde). Cette terminologie et cette série de distinctions peuvent paraître rébarbatives, mais la sémiotique des passions exemplifie de la manière la plus explicite ce modèle global dont le *Schéma 8* indique les grandes lignes.

Ce schéma concis n'a qu'une valeur illustrative et sera justifié par ses applications. En quoi consiste donc la mise en discours de la subjectivité? Le terminus *ab quo* est le sujet de désir/d'obligation, substance amorphe, asémantique, marquée par la catégorie thymique. Par une conversion sémantique, cette subjectivité acquiert une existence modale et valorisée, qui, par une conversion syntaxique, acquiert sa compétence d'agir et d'opérer; c'est déjà l'instance sémio-narrative et interactantielle. Mais ce parcours génératif reste *virtuel* et se manifestera en deux étapes. D'abord par la transformation *contexturante*: la compétence modale s'actualise selon des paramètres *anthropologiques* (ou psycho-sociaux) et des paramètres *épistémiques* (les présomptions, opinions et croyances comme contextes des programmes d'action). Il y a ensuite la transformation rhétorico-discursive, la mise en discours finale proprement dite, là où la présence de la subjectivité sera fortement marquée par la «figurativité» et la «rhétorisation». Je parlerai de subjectivisation au sens strict quand l'instance existentielle proprement dite se manifeste au niveau des paliers actualisés et réalisés, d'*axiologisation* dans le cas de la manifestation de l'instance morphologique, et de *syntagmatisation* dans celui de la manifestation de l'instance syntaxique. Mais il est évident que le terme *ad quem* de la subjectivité dans le discours est la triade [subjectivisation, axiologisation, syntagmatisation], toutes les trois étant des fonctions du sujet *ab quo* se générant, par conversion, et se manifestant, par transformation, jusque dans le discours même.

NOTES

[1] Voir P. Chantraine, *Dictionnaire étymologique de la langue grecque*, Paris: Klincksieck, 1968, 862.
[2] «Passion», dans *Dictionnaire des sciences médicales, par une société de médecins et de chirurgiens*, Paris: Panckoucke, 1819, 419-420.
[3] «Passion», dans *Dictionnaire encyclopédique des sciences médicales*, Paris: Masson/Asselin, 1885, t. 21, 507.
[4] Voir H. Estienne, *Thesaurus Graecae Linguae* (1572), Paris: Didot, 1842-47, Vol. 6, 20-24 et 585-591.
[5] Voir P. Robert, *Dictionnaire alphabétique et analogique de la langue française*, Paris: Hachette, s.v. «Passion».
[6] Voir P. Foulquié et R. Saint-Jean, *Dictionnaire de la langue philosophique*, Paris, P.U.F., 1969, 517 sv.
[7] Voir la note 4.
[8] Voir la note 1.
[9] Thomas d'Aquin consacre une longue section aux «Passions de l'âme» dans la *Somme théologique* (t. 1.: 1^a-2^{ae}, quaestiones 22-30), commentée par J.-L. Vivès en 1538 dans *De anima et Vita* (in *Opera Omnia*, Valence, 1787, t. 3, 300 ss.). P. Charron consacre une section importante de son traité *De la sagesse* (Paris, 1601) aux passions. Il est le précurseur direct de Descartes dans le domaine de la théorie des passions.
[10] J.-F. Senault, *De l'usage des passions*, Paris, Chr. Tournel, s.d. (Leyde, 1658). L'ouvrage a été publié pour la première fois en 1643, quelques années avant *Les Passions de l'âme* de Descartes (1649).
[11] M.-A. Franck (éd.), *Dictionnaire des sciences philosophiques*, Paris: Hachette, 1875, 1269.
[12] Voir L. Dugas, *Les passions*, dans le *Nouveau Traité de Psychologie*, par G. Dumas, Paris: Alcan, t. 6, 20.
[13] Traduction française avec commentaire, introduction, notes et lexique, par R. Vander Elst, (Thèse Université de Paris), Paris: Delagrave, 1914).
[14] *Dictionnaire des sciences médicales* (voir note 2), 436.
[15] Voir la note 14, 411.
[16] Voir sur ce point l'article «Passion» dans l'*Enciclopedia Filosofica*, Firenze: Sansoni, 1967, 1384-1392; sur le point qui nous occupe ici, 1387-1388.
[17] Je cite *Les passions de l'âme* de Descartes (1649) dans l'édition de la Bibliothèque de la Pléiade: Descartes, *Œuvres et Lettres* (textes présentés par André Bridoux), Paris: Gallimard, 1953, 691-802. Le principe de la double causation est développé aux pp. 722-723.
[18] Je cite J. Locke, *Essai philosophique concernant l'entendement humain*, dans la traduction bien connue de M. Coste (1785). L'édition moderne de cette traduction est de E. Naert, Paris, Vrin, 1972, livre II, chap. XX, § 3 (p. 176).
[19] Voir aussi L. Dugas (note 12), 25 ss.
[19bis] Descartes, *op. cit.*, § 47, 718.
[20] Descartes, *op. cit.*, § 1, 695. Les *Traités des passions*, très nombreux au XVIIe siècle, conservent tous la dualité du *concupiscible* et de l'*irascible*, qui figure au premier plan dans la philosophie scolastique (entre autres chez Thomas d'Aquin) jusqu'à Senault et Cureau de la Chambre dont les traités ne précèdent l'œuvre de Descartes que de quelques années. Voir G. Rodis-Lewis, *Introduction* à Descartes, *Les passions de l'âme*, Paris: Vrin, 1970, e.a. 21-24.
[21] Voir G. Rodis-Lewis, *art. cit.*, 24 ss.
[22] Voir également W. Dilthey, «Die Funktion der Anthropologie in der Kultur des 16.

und 17. Jahrhunderts», in *Weltanschauung und Analyse des Menschen seit Renaissance und Reformation* (Band II: *Gesammelte Schriften*, Stuttgart/Göttingen: Tübner, 1960, 488-492).

[23] Descartes, *op. cit.*, § 210, 793.

[24] Descartes, *op. cit.*, § 161, 774.

[25] Malebranche, *Recherches de la vérité où l'on traite de la nature de l'esprit de l'homme et de l'usage qu'il doit en faire pour éviter l'erreur dans les sciences. Œuvres complètes*, éd. par G. Rodis-Lewis. Pris: Vrin, 1959, 3 vol. Le *Traité des Passions*, t. 2. Citation V, III, 142-146; voir aussi 187.

[26] Malebranche, *op. cit.*, V, I, 128.

[27] On trouve tous les éléments de la combinatoire de Malebranche dans V, VII à X, XII (184-242), et dans le *XIVe Éclaircissement (Œuvres complètes*, t. 3, 197-202).

[28] Malebranche, *op. cit.*, V, VII, 190.

[29] Malebranche, *op. cit.*, V, VIII, 206.

[30] Malebranche, *op. cit.*, V, X, 224-227.

[31] Malebranche, *op. cit.*, V, X, 223.

[32] Malebranche, *op. cit.*, V, IX, 215.

[33] Malebranche, *op. cit.*, V, X, 222.

[34] Malebranche, *op. cit.*, V, X, 224.

[35] J. Locke, *Essai philosophique concernant l'entendement humain*. Traduit de l'anglais par M. Coste (1689; 1700). Edité par E. Naert. Paris: Vrin, 1972. Locke, *op. cit.*, II, XXI, § 30 (Coste, 193).

[36] Locke, *op. cit.*, II, XXI, § 32 (Coste, 195), et la réaction de Condillac: «Locke est le premier qui ait remarqué que l'inquiétude causée par la privation d'un objet, est le principe de nos déterminations. Mais il fait naître l'*inquiétude* du *désir*; et c'est précisément le contraire: il met d'ailleurs entre le désir et la volonté plus de différence qu'il y en a en effet» (Condillac, *Traité des sensations, Extrait raisonné*, dans *Œuvres philosophiques*. Texte établi et commenté par G. Le Roy. Paris: P.U.F., 1947, t. I, 325).

[37] Condillac, *Traité des sensations*, I, III, § 2 (*op. cit.*, 232).

[38] Voir *op. cit.*, I, III, § 1 - § 9, et le *Dictionnaire des Synonymes, Désir* (*op. cit.*, t. 1).

[39] *Op. cit.*, I, III, § 3, 232.

[40] Pour cette suite de types de «besoins», dans la génération des passions de la Statue, voir le *Traité des Animaux*, II, VIII (*op. cit.*, t. 1, 372).

[41] L'article *Passion* dans l'*Encyclopédie ou Dictionnaire Raisonné des Sciences, des Arts et des Métiers* (Diderot/d'Alembert), 1765, t. XII, 431-444, est très proche de l'esprit des définitions de Condillac. Son importance réside surtout dans l'étude «séméiologique» des passions (les traits expressifs du corps, surtout du visage) effectuée d'après le modèle des dessins de Le Brun. Toutefois, une divergence intéressante est à noter: l'*Encyclopédie* insiste sur le fait que toute passion *est un jugement* de l'âme. «Toute passion est un jugement de l'âme sur le bien et le mal qui peut résulter de l'état où nous sommes, ou de l'action de l'objet dont nous avons l'idée; mais tout jugement n'est pas une passion, celle-ci suppose que l'âme voit, dans le rapport de ce dont elle juge avec elle, une source de bien et de mal, une influence favorable ou défavorable qui intéresse son bonheur» (431). Cette qualification n'est mentionnée par Condillac que dans le cas de *l'espérance* et de la *crainte*: «l'espérance est un jugement se joignant à l'amour d'une sensation qui me plaît; la crainte est un jugement se joignant à la haine d'une sensation qui déplaît» (*Traités des sensations*, I, III, § 8, 233).

[42] Descartes, *op. cit.*, § 80, 81, 86 (732-33, 735).

[43] *Ibidem*, § 90, 737-38.

[44] Malebranche, *Œuvres complètes*, t. 3: *XIV Éclaircissement*, 197.

[45] *Ibidem*, V, IX, 219.

[46] *Ibidem*, V, IX, 216.

[47] *Ibidem*, V, XI, 229.
[48] P. Coste, traduction de Locke, *Essai*, II, XX, § 6, 177 et II, XXI, § 39, 199 ss.
[49] Locke, *Essai*, traduction par Pierre Coste, II, XXI, § 35, 196.
[50] Locke, *Essai*, II, XXI, § 37, 197.
[51] *Ibidem*, II, XXI, § 41 ss., 200 ss., et encore § 71 ss., 219 ss.
[52] Spinoza, *Ethique* (1977), cité dans la traduction de Ch. Appuhn, Paris: Vrin, 1977. Citation, III, Déf. I, 365.
[53] *Ibidem*, III, Prop. IX, 263.
[54] *Ibidem*, III, Scolie de la Prop. IX, 265.
[55] Spinoza, *Éthique*, III, Déf. I, Explication, 367.
[56] C'est bien la thèse centrale du très beau livre de R. Misrahi, *Le désir et la réflexion dans la philosophie de Spinoza*, Paris/Londres/New York, Gordon and Breach, 1972; voir, par exemple, la Première Partie.
[57] Cette interprétation est confirmée par L.C. Rice, «Emotion, Appetition and Conatus in Spinoza», *Revue internationale de philosophie*, 119-120 (1977), 101-116, et par H. De Dijn, «Inleiding tot de affektleer van Spinoza», *Tijdschrift voor Filosofie*, 39 (1977), 399-408.
[58] R. Misrahi, *op. cit.*, 27.
[59] *Ibidem*, 28.
[60] R. Misrahi, *op. cit.*, 54-55. Cette 'interprétation érotétique' du spinozisme, que je partage avec R. Misrahi, n'est pas celle de tous les commentateurs. Pour une approche plus intellectualiste (et plus cartésienne) de la doctrine des passions chez Spinoza, voir G. Jung, «Die Affektenlehre Spinozas», *Kantstudien*, 31 (Heft 1), 1927, 85-150.
[61] Spinoza, *op. cit.*, Déf. générale des Affections, III, 401.
[62] Spinoza, *op. cit.*, III, Prop. XXXIX, Scolie, 361.
[63] Un rapprochement de la doctrine des passions chez Spinoza et Hume est tenté par G. Boss, *La différence des philosophies de Hume et Spinoza*, 1982, chap. «La nature des passions», 642-659. Boss découvre plus de similarités que d'oppositions; ce qui ne s'accorde pas avec mon évaluation intuitive.
[64] Cité par J. Laird, *Hume's Philosophy of Human Nature*, London, Methuen, 1931, 188.
[65] I. Kant, *Anthropologie du point de vue pragmatique* (1798), traduction de Michel Foucault, Paris: Vrin, 1965, 109.
[66] Kant, *op. cit.*, 110.
[67] *Ibidem*, 119-120.
[68] *Ibidem*, 121.
[69] *Ibidem*, 122.
[70] *Ibidem*, 103.
[71] *Ibidem*, 100-103.
[72] I. Kant, *Critique de la faculté de juger* (1790), cité dans la traduction de A. Philonenko, Paris: Vrin, 1965, Surtout § 39-40, 125-129. Voir mon article «Common Sense and Basic Beliefs: From Certainty to Happiness», in H. Parret (ed.), *On Believing/De la croyance*, Berlin/New York, 1983, 216-228.
[73] Voir le livre de J. Bouveresse, *Le mythe de l'intériorité: expérience, signification et langage privé chez Wittgenstein*, Paris: Minuit, 1976.
[74] I. Kant, *op. cit.*, § 40, 127.
[75] Voir mon article mentionné dans la note 72.
[76] Voir, sur tous ces points N. Capaldi, *David Hume. The Newtonian Philosopher*, Boston: Twayne Publishers, 1975, ch. 6: *The Passions*; et John Laird, *Hume's Philosophy of Human Nature*, London: Methuen, 1932 (nouvelle édition de 1967), ch. 7: *The Passions*.
[77] Voir le *Traité de la Nature Humaine. Essai pour introduire la méthode expérimentale dans les sujets moraux*. Trad. de A. Leroy. Paris: Aubier, 1946, surtout pp. 373-375.

[78] Voir deux articles en philosophie analytique, qui réévaluent le statut de l'*orgueil* chez Hume: Donald Davidson, «Hume's Cognitive Theory of Pride», *Journal of Philosophy*, 83 (1976), 744-757, et Annette Baier, «Hume's Analysis of Pride», *Journal of Philosophy*, 75 (1978), 27-40.

[79] Voir surtout la sémiotique des modalités élaborée par A.J. Greimas dans *Du sens II. Essais sémiotiques*. Paris: Seuil, 1983.

[80] Pour la problématique de la *conversion*, voir ma monographie *Semiotics and Pragmatics. An Evaluative Comparison of Conceptual Frameworks*. Amsterdam: Benjamins, 1983, Ch. «Depth and Generativity», 81 ss. Voir également *Actes Sémiotiques-Bulletin*, V, 32, 1982, «La conversion».

[81] Pour tous les problèmes concernant les limitations de ce carré, voir *Actes Sémiotiques - Bulletin*, IV (17), 1981, «Le carré sémiotique».

[82] A.J. Greimas et J. Courtés, *Dictionnaire raisonné de la théorie du langage*, Paris: Hachette, 1979, 396.

[83] Je renvoie ici à un article utile de J. Petitot, «Les deux indicibles, ou la sémiotique face à l'imaginaire comme chair», dans H. Parret et H. G. Ruprecht (éds.), *Exigences et perspectives de la sémiotique* (Recueil d'hommages pour A.J. Greimas). Amsterdam: Benjamins, 1985, 283-308.

[84] *Du Sens II. Essais sémiotiques*. Paris: Seuil, 1983, 93.

[85] *Ibidem*, 95.

[86] *Ibidem*, p. 23.

[87] *Ibidem*, p. 100.

2. Architectonique

La conception de la subjectivité, de sa génération et de sa manifestation, prescrit l'architectonique de la théorie des passions. Cette architectonique n'est pas une herméneutique : ce n'est pas l'*Einfühlung* des passions qui nous intéresse dans ce chapitre. Vivre et revivre les passions dans et par l'écriture est l'acte du poète et de l'artiste, et non du sémioticien. Le point de vue adopté ici est bien celui de la *reconstruction* théorique du pathique aux différents paliers de sa génération et de sa manifestation. L'*Architectonique* comporte ainsi trois sections correspondant aux stades de la *virtualisation*, de l'*actualisation* et de la *réalisation* du pathique. (3) La *mise en discours* des passions constitue la réalisation des passions : le discursif, le rhétorique, le figuratif sont bien le terme *ad quem* de la manifestation passionnelle. C'est le palier le plus palpable, le plus « observable », le plus « empirique », et la *performativisation* tout comme la *figurativisation* des passions est constituée par un réseau de stratégies dont la systématicité a été largement exploitée en philosophie du langage (voir, par exemple, la pragmatique des « actes de langage ») et en rhétorique classique et contemporaine. (2) Plus enfoui, moins « visible » est la *contexturation des passions*. La transformation contexturante actualise le pathique, en transformant le palier virtuel (morphologico-syntaxique) en états passionnels anthropologico-épistémiques. C'est le niveau de la vie passionnelle mise en émotion par des paramètres psycho-sociaux d'une part, et mise en croyance par l'idéologisation due aux individus, aux micro-sociétés et à la communauté entière, de l'autre. Une certaine psychologie (la «psychologie affective») et un certain type de critique des idéologies ont apporté des éléments d'analyse importants dans ce domaine de la contexturation des passions. (1) Il est évident que le sémioticien considère le *texte des passions* comme le domaine privilégié de son effort de reconstruction. Le «texte des passions» constitue précisément ce parcours génératif achevant la double conversion : la conversion sémantique de l'existentiel en morphologique, et la conversion syntaxique du morphologique en syntaxique. Le terme *ab quo* même, l'existentiel, que j'ai évoqué dans les pages précédentes, n'est pas un objet de reconstruction puisque c'est l'indicible, l'elliptique *présupposé* par la double conversion. Pour cette raison la section concernant le texte des passions comporte un paragraphe consacré à la *morphologie des passions* (et de ses surdéterminations) et un autre paragraphe sur la *syntaxe des passions*, les suites de passions provoquant toujours de nouvelles passions dans le même individu ou dans d'autres sujets. *Texte, contexturation* (mise en contexte) et *discursivisation* (mise en discours), voilà les trois paliers architectoniques de la théorie des passions.

1. LE TEXTE DES PASSIONS

1.1. La grille des concepts et des distinctions opératoires

Modalités, modalisations, métamodalisations

L'analyse morphologique et syntaxique présentée ici repose entièrement sur le système des modalités. La compétence passionnelle est en effet une compétence de modalisation passionnelle. J'insiste de nouveau sur le fait que mon effort de description de cette modalisation passionnelle ne recherche pas l'évocation (par *Einfühlung*, par exemple) *de l'existence* de l'univers pathique : seul un modèle de reconstruction sera présenté ici. Je ne propose que quelques correctifs mineurs à la terminologie courante de la théorie sémiotique des modalités[1]. L'approche inductive des modalités à partir, par exemple, des formes verbales, est peu solide, et c'est la raison pour laquelle le système des modalités est posé axiomatiquement comme point de départ des calculs et des déductions. Le système des modalités développé en théorie des passions se présente ainsi :

Schéma 9

	Métamodalisations	Modalisations		Modalités
		virtualisantes	actualisantes	réalisantes
théorique	vouloir$_2$	vouloir$_1$	savoir	être/paraître
(cognitif)				véridictoires
pratique	devoir$_2$	devoir$_2$	pouvoir	faire-être /
(pragmatique)				faire-faire
				factitives

Les correctifs proposés dans le Schéma 9 par rapport au tableau «orthodoxe» des modalités (voir Note 1) sont : (1) on a fréquemment opposé les soi-disant modalités de l'énoncé (être/paraître/faire) aux modalités de l'énonciation : la triade savoir/vouloir/pouvoir complétée par la quatrième modalité, le devoir[2]. Je préfère une terminologie légèrement déviante : on appellera les 'modalités de l'énonciation' tout simplement les *modalisations* en les opposant aux *modalités*; (2) on fera l'économie de l'opposition 'cognitif' vs 'pragmatique' : *cognitif* et *pragmatique* ont une longue pré-histoire dans d'autres disciplines (psychologie cognitive, philosophie du langage) et revêtent trop de connotations extra-sémiotiques. On retourne à l'opposition archi-classique 'théorique' vs 'pratique'; (3) on introduira la notion de *métamodalisation* qui caractérise la compétence passionnelle au niveau des préconditions de possibilité de l'univers pathique : le vouloir$_2$ est le vouloir du vouloir$_1$, le devoir$_2$ est le devoir du devoir $_1$. Pour indiquer le caractère métamodalisateur du vouloir$_2$ et du devoir$_2$, on dira que la métamodalisation est *instauratrice*, en l'opposant à la modalisation qui est soit *virtualisante* soit *actualisante*. En utilisant la terminologie du Schéma 10, on posera donc que le désir et l'obligation instaurent le programme modal, tandis que l'intention et la nécessité virtualisent ce programme (le programme modal étant actualisé par le savoir et/ou le pouvoir). On accordera la plus grande importance à la distinction entre un vouloir$_1$-intention et un vouloir$_2$-désir, tout comme à celle entre un devoir$_1$-nécessité et un devoir$_2$-obligation : les prédicats modaux marqués par un 2 souscrit, relèvent évidemment de la métamodalisation.

Schéma 10

Métamodalisations	Modalisations		Modalités
instauratrices	*virtualisantes*	*actualisantes*	*réalisantes*
vouloir$_2$-désir	vouloir$_1$-intention	savoir	être/paraître
devoir$_2$-obligation	devoir$_1$-nécessité	pouvoir	faire (être/faire)

Le sujet de la passion, l'objet de valeur et l'autre sujet

Ajoutons tout de suite quelques notions complémentaires qui s'avéreront indispensables ultérieurement. Une première mise au point concerne la *nature des termes* de la relation sémiotique. La relation canonique en sémiotique narrative est la relation d'un sujet à un objet (de valeur). Selon Greimas[3], « deux sortes de logiques peuvent être dérivées de cette relation : logiques *subjectives*, décrivant et réglementant les modalisations des sujets, et logiques *objectives*, traitant des modes d'existence des 'objets-énoncés' ». Toutefois, je me range résolument du côté de ceux qui pensent que la relation sémiotique est en fait une relation *à trois termes* : $S(ujet)_1 - O(bjet) - S(ujet)_2$. Le rapport binaire sujet-objet, en sémiotique classique, est constitutif d'une structure actantielle primaire : le sujet, quelle que soit sa motivation modale, est toujours en quête d'un objet. Seule 'l'autorité sociale' se constitue, en narratologie, comme un second actant, chargeant le $sujet_1$ d'une mission de salut ou sanctionnant ce même sujet au cours du développement de son programme modal. Il convient de généraliser l'idée d'un *rapport ternaire* où s'installe, à côté du sujet et de l'objet, un $sujet_2$, point de départ d'un programme modal alternatif mais intervenant constamment dans l'action modalisée du $sujet_1$. Diverses hiérarchisations sont possibles à l'intérieur de cette relation à trois termes.

(1) Vu la perspective dynamique adoptée (on parle de *modalisation* et de *programme modal*, et non plus de modalité), certains types de modalisations seront *objectivants* (plutôt qu'objectifs) ; d'autres seront *subjectivants* (plutôt que subjectifs).

MO $\quad\quad \underline{S_1 - O} - S_2 \quad\quad$ (modalisation objectivante)

$\quad\quad\quad\quad\quad\quad R$

MS $\quad\quad S_1 - \underline{O - S_2} \quad\quad$ (modalisation subjectivante)

$\quad\quad\quad\quad\quad\quad R$

Une compétence modale marquée par une modalisation théorique (le sujet en tant que vouloir-savoir, par exemple) se trouve en relation avec un objet qui, au cours du déroulement du programme modal, deviendra de plus en plus 'objet' : l'activité théorique (ou cognitive) est objectivante. Être/paraître est le prédicat s'appliquant à l'objet du savoir qui se trouve, et continue à se trouver davantage en relation dynamique avec S_1 objectivant. Par contre, une compétence modale marquée par une modalisation pratique (le $sujet_1$ en tant que pouvoir ou puissance, par exemple) se trouve en relation avec un sujet qui devient de plus en plus 'sujet' au cours du déroulement du programme modal: l'activité pratique (ou, comme le dit Greimas, pragmatique) est subjectivante. Faire-(être/faire) est le prédicat s'appliquant au sujet du pouvoir qui se trouve ainsi de plus en plus en relation dynamique avec S_1 subjectivant. Une caractéristique intrinsèque du savoir est de libérer progressivement son objet de toute empreinte de subjectivité, tandis que le contraire est vrai du pouvoir qui se trouve en relation avec un terme qui perd toute objectivité en devenant de plus en plus subjectivisé.

(2) On pourrait introduire une seconde caractéristique typologique de la relation ternaire S_1-O-S_2. Il y a des concaténations modales qui sont *transitives*, et d'autres qui sont *intransitives*. La concaténation théorique vouloir-savoir-être/paraître entraîne une modalisation non transitive: la compétence de S_1 reste identique au cours du programme modal (le vouloir-savoir est donné d'emblée et le programme modal ne consiste que dans l'épanouissement d'une compétence autosuffisante). En d'autres termes, il n'y a pas de réponse de l'objet du vouloir-savoir et il n'y a pas de programme modal alternatif à celui de S_1. La concaténation pratique devoir-pouvoir-faire, par contre, provoque une modalisation transitive: les compétences de S_1 et S_2 sont en interaction et se modifient constamment et réciproquement au cours du programme modal. La subjectivité de S_2 développe son propre programme modal et interfère transitivement avec le programme modal de S_1.

(3) On dira, en plus, en ajoutant une autre caractérisation typologique, que certaines relations, à l'intérieur de la structure à trois termes S_1 - O - S_2, sont *descriptives* et d'autres *prescriptives*. Dans le cas S_1 - R - O (le programme modal de S_1 concerne un objet), S_2 est « mis entre parenthèses » en tant qu'observateur refoulé dont le jugement et la sanction ne sont pas admis dans le développement du récit modalisé. Une telle relation entre S_1 et O est purement descriptive. Si, par contre, S_1 se trouve en relation directe avec S_2 (donc: S_1 - R - S_2), le va-et-vient possible entre deux programmes modaux rend cette relation prescriptive: l'objet est « mis entre parenthèses », et il y a une réelle résistance de la part d'une subjectivité concurrente, ce qui implique un degré de prescriptivité ou encore, une coloration éthico-déontique de cette relation entre subjectivités. Certes, cette coloration n'est pas absente d'une classsse importante de passions où la relation entre les subjectivités est prescriptive.

Coupure paratactique et domination fonctionnelle

Une dernière distinction opératoire à introduire pour la construction de la morphologie et de la syntaxe des passions concerne la *nature des concaténations modales*. Je distingue deux types de relations internes aux concaténations : le premier sera appelé *paratactique*, et le second *fonctionnel*. S'il y a *coupure paratactique* (symbolisée par //) à l'intérieur d'une concaténation de prédicats modaux, il y a pure et simple juxtaposition : on *affirme* l'existence du dernier prédicat ou de la dernière séquence modale et on y juxtapose le premier prédicat ou la première séquence modale : X // Y = {Y, X}. S'il y a, par contre, *domination fonctionnelle* (symbolisée par -) à l'intérieur d'une concaténation de prédicats modaux, il y a modification du second terme ou de la seconde séquence par le premier terme ou par la première séquence : X - Y = X[Y] (telle est l'interprétation d'un foncteur comme modificateur). Cette opposition de la coupure paratactique à la domination fonctionnelle, est d'une grande force explicative, d'abord pour la détermination des classes de passions : on constate en effet que le lieu où, dans la concaténation, on trouve rupture paratactique ou domination fonctionnelle est totalement différent d'après les classes inventoriées. Ensuite, l'investissement épistémique dans des positions précises (termes ou séquences) de la concaténation modale sera différent d'après la même opposition. Prenons comme exemple la concaténation modale caractérisant la modalisation théorique vouloir-savoir-être/paraître. Nous dirons qu'il y a coupure paratactique comme suit : vouloir-savoir//être/paraître (ce qui se traduit approximativement comme : « Il y a être d'un objet (être + paraître : 'vérité') *et* il y a un vouloir-savoir concernant l'être/paraître »). L'investissement épistémique affecte tel ou tel segment de la concaténation selon le lieu de la coupure paratactique : c'est bien le segment isolé dont on affirme l'existence, qui subit l'investissement épistémique et qui peut devenir aussi l'objet d'une croyance. En reprenant le même exemple de la modalisation théorique, l'investissement épistémique se réalise comme suit : vouloir-savoir // (croire-) être (ce qui se traduit approximativement comme : « être d'un objet (être-paraître, 'vérité') *est certain, et il y a un vouloir-savoir concernant l'être* »).

Ces distinctions opératoires, en partie empruntées à la sémiotique modale d'A.J. Greimas, et en partie nouvelles, n'ont rien d'artificiel, nonobstant leur aridité et leur apparente gratuité. Elles nous permettent, d'abord, de déduire les différentes classes de passions dans une morphologie exhaustive, et, ensuite, de déterminer les caractéristiques fondamentales de chaque concaténation spécifique ; chaque passion, en effet, témoigne d'une temporalité particulière, se laisse investir par des modifications épistémiques, et comporte, virtuellement, une possibilité de jonction avec d'autres modalités provoquant ainsi des transformations et des surdéterminations. Mais entreprenons d'abord la déduction morphologique des passions en tant que concaténations modales.

1.2. La morphologie des passions

Je distingue trois classes de passions dont la concaténation sera spécifique. Cette classification correspond à la tripartition kantienne rappelée dans *Positions*: théorique/pratique/esthétique. Les modalisations *théoriques* combinent des modalités virtualisantes et actualisantes faisant abstraction de toute métamodalisation; en termes plus explicites, aucun vouloir-désir ni aucun devoir-obligation n'entre dans la concaténation des modalisations théoriques. Les modalisations *pratiques* ont la même structure, ce qui exclut toute métamodalisation, donc tout vouloir-désir ou tout devoir-obligation. Les passions *esthétiques*, par contre, combinent des modalités virtualisantes et actualisantes avec des métamodalisations instauratrices. C'est ainsi que les passions esthétiques, si l'on veut construire une hiérarchie, sont les passions les plus complexes, les plus «riches» en modalisations, et qu'elles couronnent l'univers des passions, tout comme la *Critique du Jugement* chez Kant fonctionne comme clé de voûte pour les deux autres *Critiques*.

Les trois classes de passions seront qualifiées par trois adjectifs dont l'arbitrarité est moins grande qu'on pourrait penser à première vue: on parlera de *passions chiasmiques*, de *passions orgasmiques*, et de *passions enthousiasmiques*. Cette terminologie est un peu rébarbative; elle est plutôt suggestive que proprement définitionnelle. Ces qualifications ont en commun le suffixe *-asmos*. Ce suffixe indique le caractère «actionnel» de l'univers pathique, ou l'aspect de «virtualité active» propre à la compétence passionnelle. Si on a remplacé 'modalité' par 'modalisation', c'est pour la même raison: l'univers des passions est un univers tumultueux de forces et de tendances, de tensions et de programmes dynamiques. C'est ce que suggère le suffixe *-asmos*. J'avoue que la terminologie introduite n'est pas essentielle et n'est utilisée que pour sa force suggestive. CHIASMOS signifie «arrangement diagonal», et au sens large «structuration», «mise en relation», propriétés qui sont intrinsèques à la modalisation théorique. ORGASMOS, avant d'acquérir un sens purement sexuel, signifiait «disposition sociale» ou «passion communautaire», ce qui correspond à l'idée intuitive de la modalisation pratique. ENTHOUSIASMOS signifie l'action résultant d'une inspiration divine: l'enthousiaste apparaît comme un vide rempli par les dieux ou par l'Autre[4]. Il est intéressant de noter que *enthousiasmos*, tout comme *empathie*, contient le préfixe *en-*, ce qui ne saurait nous étonner, vu que les passions enthousiasmiques comportent précisément des métamodalisations qui sont, par essence, profondément empathiques.

1.2.1 Les passions chiasmiques

Le vouloir et le savoir

Les *passions chiasmiques* sont des modalisations théoriques combinant, dans la concaténation modale, le *vouloir* et le *savoir*: le *vouloir*, terme virtualisant, est directement dominé par S_1 ou par la compétence passionnelle, tandis que le *savoir*, terme actualisant, domine directement O ou l'objet de valeur (l'objet de la «quête»). Puisque O est un objet et non un sujet (contrairement à l'actant objet du pouvoir dans le cas de la modalisation pratique), le sujet du vouloir est en relation descriptive avec l'objet du savoir. En plus, cette relation descriptive est *objectivante*. La compétence minimale de S_1 est d'instaurer la relation avec O; sa compétente effective, toutefois, est plus dynamique puisque l'objectivation de O rend nécessaire tout un programme de 'description' (de là, la qualité dite 'descriptive' de la relation). Puisque *être/paraître* est un prédicat qui caractérise l'objet du savoir, il faudra introduire également la *catégorie véridictoire*. On connaît le carré dont les définitions ont été consacrées par la théorie sémiotique:

Schéma 11

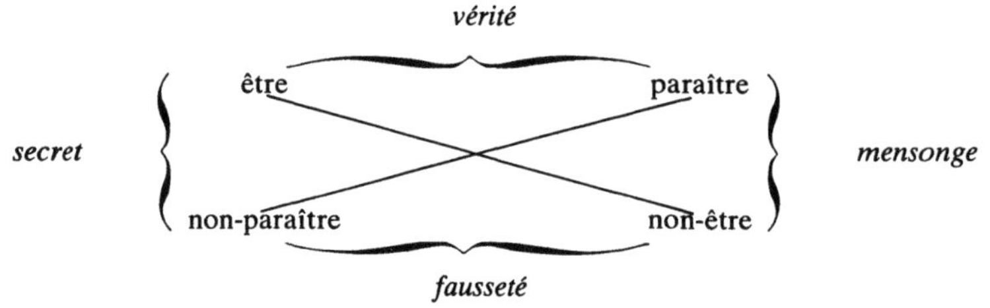

```
                        vérité
              être              paraître
    secret  {        ×                   }  mensonge
              non-paraître     non-être
                       fausseté
```

L'objet du *savoir* sera donc recherché par S_1, en tant que «vérité» (être paraître), «secret» (être + non-paraître), «mensonge» (paraître + non-être), «fausseté» (non-être + non-paraître).

On dira donc que les passions chiasmiques sont les passions caractérisées par ce qui semble paradigmatiquement «théorique», à savoir la structuration et la mise-en-relation. La *curiosité*, qui est la passion chiasmique par excellence, reflète ces connotations dans son étymologie: le champ sémantique de *cura* comporte d'une part le sens de «soin», «censure» et «distinction», et d'autre part celui de «vision». On pourrait même proposer que les connotations structurale et visionnaire de *curiosité* rapprochent cette passion de la position théorique 'idéale', celle qui affirme d'abord l'existence d'un objet du savoir en tant que vérité, et qui déploie ensuite son vouloir-intention de connaître cette vérité. Le parcours chiasmique exploite donc essentiellement la compétence structurante et visionnaire du sujet du vouloir-savoir.

On peut maintenant dériver toutes les concaténations possibles des modalisations du *savoir* et du *vouloir*. On les met en relation avec les prédicats véridictoires *être* et *paraître*. En plus, l'opération de la *négation* des deux modalisations est effectuée dans certaines combinaisons afin d'arriver à un « tableau de Mendeleïev » exhaustif des passions chiasmiques. On aboutit à une taxinomie de seize concaténations qui sont toutes des modalisations théoriques. Les *lexèmes*, évoquant approximativement et intuitivement les positions passionnelles, sont en fait dénués d'importance; ce serait une grave erreur de faire dépendre la déduction, de l'existence d'une *terminologie* des passions. Cette terminologie est fluctuante et incertaine, surtout dans les *Traités* des XVIIe et XVIIIe siècles. Une taxinomie comprenant au moins cent termes indiquant des positions passionnelles y fonctionne, dont beaucoup sont des parasynonymes. Comme la déduction n'est pas dépendante d'intuitions lexicologiques, je suis prêt à admettre que mes intuitions sont idiosyncratiques. Par conséquent, l'importance de la liste ci-dessous ne réside pas dans la terminologie mais dans le principe même d'une déduction des concaténations modales.

1. *Curiosité*	VOULOIR-SAVOIR // ê. + p.	(«vérité»)	temporalité
2. Importunité		// ê. + n.p. («secret»)	*prospective*
3. Endurance		// n.ê. + p. («mensonge»)	ouverture maximale
4. Lucidité		// n.ê. + n.p. («fausseté»)	à l'érotétisation
5. Ignorance	VOULOIR-NE PAS SAVOIR // ê. + p.		temporalité
6. Crainte		// ê. + n.p.	*prospective*
7. Crédulité		// n.ê. + p.	fermeture maximale
8. Illusion		// n.ê. + n.p.	à l'érotétisation
9. Fuite	NE PAS VOULOIR-SAVOIR // ê. + p.		temporalité
10. Angoisse		// ê. + n.p.	*rétrospective*
11. Insouciance		// n.ê. + p.	fermeture minimale
12. Inconséquence		// n.ê. + n.p.	à l'érotétisation
13. Ennui	NE PAS VOULOIR-NE PAS SAVOIR // ê. + p.		temporalité
14. Anxiété		// ê. + p.	*rétrospective*
15. Aversion		// n.ê. + p.	ouverture minimale
16. Indécision		// n.ê. + n.p.	à l'érotétisation

Il convient maintenant de présenter certaines caractéristiques des concaténations modales en ce qui concerne l'investissement épistémique des seize passions spécifiques, leur temporalité et leur ouverture (sensibilité) ou fermeture aux différents types de surdétermination et de transformation.

Investissement épistémique

Quels sont les différents *actes épistémiques* dont on peut investir les passions particulières ? Le carré épistémique contient les quatre positions suivantes[5] :

Schéma 12

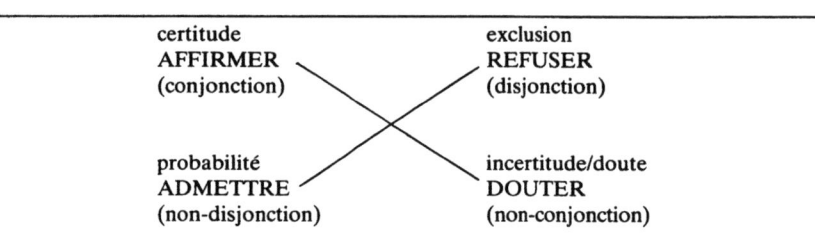

L'acte épistémique est avant tout une *affirmation* ou un *refus*. Le prédicat soumis à l'appréciation épistémique d'un sujet jugeant peut avoir comme résultat la *conjonction*, en cas de réussite, ou la *disjonction*, en cas d'échec. Il est important de noter que l'investissement épistémique est *graduel* de sorte que l'on doit considérer /affirmer/ ou /refuser/ comme des polarisations extrêmes de l'opération jonctive (conjonction, disjonction). En effet, « on peut /douter/ plus ou moins, /admettre/ plus ou moins, mais on ne peut /affirmer/ ou /refuser/ plus ou moins »[5]. En substantivant les quatre actes épistémiques, on parvient à inventorier quatre « couleurs » épistémiques marquant modalement l'objet soumis à l'appréciation du sujet : certitude, exclusion, probabilité, incertitude/doute. Le rapprochement de ces quatre couleurs épistémiques avec les actes épistémiques correspondants et avec le type d'opération jonctive ne présente aucune difficulté. Ainsi, la compétence modale du sujet passionnel sera investie nécessairement par une des quatre positions marquées. C'est au niveau de la *contexturation* épistémique (voir 2.1. de cette section) que l'on reconnaîtra des rôles pathémiques stéréotypés traduisant un investissement épistémique spécifique : les compétences passionnelles en contexte manifestent des caractéristiques stéréotypées comme celles du « crédule », du « fanatique », du « sceptique ».

Un autre élément structural important pourrait être ajouté en ce lieu. Il y a coupure paratactique dans la chaîne modalisatrice des passions chiasmiques à une place bien précise. Pour la *curiosité*, par exemple, la coupure se réalise ainsi : vouloir-savoir // être + paraître. La modalité réalisante être+paraître est ainsi isolée, et la modalisation vouloir-savoir se trouve juxtaposée à cette modalité réalisante: l'être-paraître («vérité») est, en effet, affirmé, refusé, admis ou mis en doute, et c'est cet ensemble «que l'on veut savoir». L'être de l'objet du savoir est soumis à l'investissement épistémique, et cet investissement parcourt l'axe allant de la certitude au doute. Le prédicat épistémique investit nécessairement la position véridictoire, jamais la modalisation (le vouloir-savoir) elle-même: si on doute de quelque chose, on doute de la vérité (et d'autres positions véridictoires) et non pas de sa propre intention de savoir. Cette même structure, qui correspond d'ailleurs à l'intuition que l'on a du rôle des croyances dans le domaine passionnel du vouloir-savoir, est identique pour les seize variantes de passions chiasmiques. Prenons, par exemple, le cas de la *crainte* (6), de l'*angoisse* (10) et de l'*anxiété* (14). La croissance en «tensivité pathémique» de ces trois passions provient de la complication de leur chaîne modale (sans négation, avec négation, avec double négation), mais elles ont en commun que l'objet du (non-)savoir dans les trois cas est le *secret*, investi par la couleur épistémique; on peut affirmer, refuser, admettre le secret ou en douter, et il y a beaucoup de positions intermédiaires possibles (comme l'attestent les dizaines de verbes épistémiques tels que *prétendre, présumer, supposer, soupçonner, conjecturer,* etc.). Mais cet investissement épistémique dans l'objet du savoir ne change rien à la «tensitivité» des chaînes modales. La différence entre la *crainte*, l'*angoisse* et l'*anxiété* ne dépend pas des qualités épistémiques de l'objet du savoir, mais du fait que, dans le cas de la crainte, on veut savoir le secret, et le progrès éventuel de ce savoir peut mener à la désintégration de la crainte. Ceci ne vaut pas pour l'angoisse qui tend à la permanence par le fait qu'on veut explicitement *ne pas* savoir le secret: cette volonté de non-connaissance fait de l'angoisse une passion paralysante, une motivation tendue et défensive. L'anxiété présupposant le non-vouloir/non-savoir nous place dans un vide existentiel dû à la suppression de toute volonté explicite: on affirme (refuse, admet, met en doute) le secret et on ne veut rien à son égard, ce qui confère à l'anxiété ce caractère fatal et irréversible.

Temporalité et ouverture/fermeture à l'érotisation

L'attitude modale, dont je viens de donner quelques exemples, comporte bien sûr une composante *temporalisante*. Je n'indique ici qu'un seul axe de la temporalisation: celui de la *prospection* et de la *rétrospection*. Ces modalités de la temporalisation dépendent de la positivité ou de la négativité du prédicat modal vouloir$_1$-intention. Dans le cas d'un vouloir positif, on dira que la passion est prospective, dans le cas d'un vouloir négatif (i.e. d'un non-vouloir), on dira que la passion est rétrospective. Comme la *curiosité* (tout comme les passions des deux premiers groupes) est dépendante d'un vouloir positif, elle 'ouvre' le temps, elle projette une temporalité dont elle a besoin pour progresser; même la *crainte* a une temporalité prospective étant donné que, comme je l'ai remarqué plus haut, celui qui craint 'veut savoir' le secret. Au contraire, l'*angoisse* et l'*anxiété*, sur le fond d'un vouloir négatif, ne projettent aucune temporalité; l'avenir est fermé, et le sujet passionné ne fait aucune prospection. Tout au contraire, c'est vers le passé que l'attention est focalisée. C'est par rétrospection que le sujet passionné se remplit de contenus pathémiques. Ceci est le cas de toutes les passions dont la concaténation modale comporte un vouloir négatif, i.e. l'absence d'une intentionnalité. En effet, l'intentionnalité est responsable de la projection d'une temporalité vers l'avenir.

Il convient de mentionner une autre propriété des passions chiasmiques particulières. La modalisation théorique vouloir-savoir peut être surdéterminée par un prédicat modal qui appartient à la concaténation pratique, à savoir le pouvoir et le devoir. Le cas le mieux connu est celui du *technicien*: le curieux se transforme en technicien si le vouloir-savoir est surdéterminé par un pouvoir-faire. On appellera ce type de surdétermination l'*érotétisation* de la modalisation théorique, et certaines concaténations sont plus ouvertes à une telle érotétisation que d'autres. On suppose que l'ouverture à l'érotisation est *maximale* dans le cas d'un vouloir-savoir, et *minimale* dans le cas d'un non-vouloir/non-savoir. Par contre, le vouloir/ne pas savoir témoigne d'une fermeture maximale à toute érotétisation, et le non-vouloir/savoir d'une fermeture minimale à l'érotétisation. Considérons de plus près quelques exemples. La curiosité, tout comme l'importunité, l'endurance et la lucidité, prédispose au pouvoir, et donc à l'érotétisation. C'est déjà moins le cas de l'ennui, de l'anxiété, de l'aversion et de l'indécision, où l'érotétisation n'est toutefois pas exclue: ce sont en effet des positions passionnelles qui témoignent d'un certain suspens, d'un état de non-lieu où tout est possible, même l'acquisition d'un certain pouvoir d'action dans le monde. Ces quatre positions passionnelles sont les plus aptes non seulement à une transformation syntaxique (provoquant ainsi dans le sujet passionnel d'autres passions) mais également à l'érotétisation, exception faite pour la curiosité, l'importunité, l'endurance et la lucidité, qui, par elles-mêmes et par nature, prédisposent au pouvoir d'action intersubjective ou mondaine. L'ignorance, la crainte, la crédulité et l'illusion paralysent: aucun pouvoir-faire ne peut en résulter. C'est la fermeture maximale à l'érotétisation. Mon intuition me dit que ces quatre positions sont statiques et n'admettent aucune transformation syntaxique: celui qui est ignorant *par passion* ne sera jamais muni d'un pouvoir actionnel ou intersubjectif, et de son ignorance ne découle aucune autre passion. Le cas de la fuite, de l'angoisse, de l'insouciance et de l'inconséquence est moins 'incurable' du point de vue de la possibilité d'érotétisation: dans ces cas-ci, il reste toujours une possibilité minimale d'acquérir un pouvoir actionnel et/ou intersubjectif. C'est ainsi que l'angoisse, par exemple, est moins paralysante que la crainte, bien que l'angoisse, à la différence de la crainte, ne projette aucune temporalité en avant. Je n'insisterai pas ici sur cette capacité de *transformation* et de *surdétermination* que je voudrais présenter plus systématiquement dans 1.3. et 1.4. Je rappelle une nouvelle fois que la terminologie des passions — les lexèmes marquant les positions passionnelles — n'a qu'une importance secondaire, et qu'elle est évidemment idéosyncratique, et donc remplaçable.

1.2.2. *Les passions orgasmiques*

Le devoir et le pouvoir

Les *passions orgasmiques* sont des modalisations pratiques combinant, dans la concaténation modale, le *devoir* et le *pouvoir*: le devoir, terme virtualisant, est directement dominé par S_1, tandis que le pouvoir, terme actualisant, domine directement S_2. Le sujet du devoir est dans une relation «prescriptive» avec le sujet du pouvoir. Comme S_2 est un sujet et non un objet (contrairement à l'actant objet de savoir dans le cas de la modalisation théorique), la relation sera *subjectivante*. La relation subjectivante entre les sujets-actants n'entraîne pas nécessairement la non-existence d'un objet de valeur: les deux sujets peuvent poursuivre ensemble la quête d'un objet de valeur, mais le devoir, terme virtualisant, au lieu de concerner le statut de cet objet, vise la réalisation de l'*intersubjectivité* (ou la relation «prescriptive» S_1-S_2). Ce qui relève d'un devoir$_1$-nécessité, c'est la réalisation, non pas d'un objet, mais d'un co-sujet. La nécessité ne décrit pas la relation intersubjective, elle la prescrit. On économise dans le domaine des passions orgasmiques la catégorie véridictoire, étant donné que le devoir-pouvoir déterminera le *faire* d'un sujet et non pas l'être d'un objet. Par contre, la taxinomie des concaténations devient plus complexe, parce que le pouvoir peut être aussi bien un pouvoir-faire qu'un pouvoir-ne pas faire, un ne pas pouvoir-faire, et un ne pas pouvoir-ne pas faire. Qu'en est-il de la valeur modale du *pouvoir*? Puisque seules les structures comportant un énoncé de faire, le *pouvoir-faire*, doivent être prises en considération, on aura les quatre positions suivantes dès qu'elles sont projetées sur le carré sémiotique:

Schéma 13

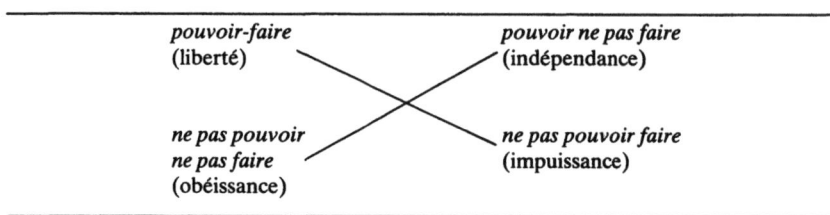

Les appellations sont intuitives et arbitraires par définition; elles peuvent donc être remplacées par des catégories plus adéquates. Le *devoir* constitue une sorte de préalable, et il exprime, tout comme le vouloir au registre théorique, le moment de la *motivation*. En effet, les quatre modalités se structurent ainsi[6]:

Schéma 14

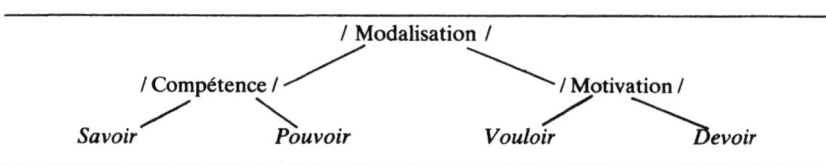

On tient compte, de nouveau, du fait que les termes modalisateurs sont capables d'englober leurs contradictoires, et on catégorisera donc la structure modale du *devoir* dont l'objet est un énoncé d'état, à savoir le *vouloir-faire* en tant qu'être, de la manière suivante (comparable avec le dispositif des modalités aléthiques de la logique):

Schéma 15

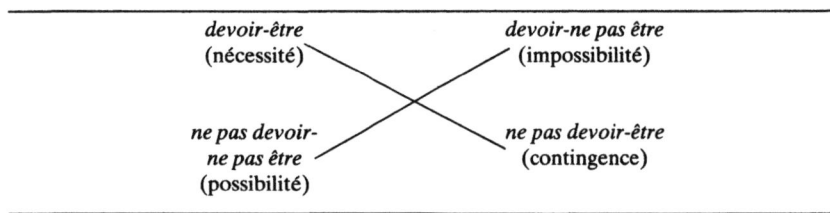

En combinant maintenant les carrés du *pouvoir* (dominant un énoncé de faire) et du *devoir* (dominant, en tant que motivation, un énoncé d'état, à savoir l'état spécifique dans lequel se trouve le *pouvoir*), on aboutit à la taxinomie suivante, dont les dénominations passionnelles sont toutefois difficilement représentables.

17. *Sollicitude*	DEVOIR // POUVOIR-FAIRE néc. de lib.
18. Confiance	DEVOIR // POUVOIR-NE PAS FAIRE néc. d'indép.
19a.	DEVOIR // NE PAS POUVOIR-FAIRE néc. d'impuiss.
20a.	DEVOIR // NE PAS POUVOIR-NE PAS FAIRE néc. d'obéiss.
19. Haine	DEVOIR // NE PAS [POUVOIR-FAIRE] imposs. de lib.
20. Méfiance	DEVOIR // NE PAS [POUVOIR-NE PAS FAIRE] imposs. d'indép.
21. Amitié	DEVOIR // NE PAS [NE PAS POUVOIR-FAIRE] imposs. d'impuiss.
22. Amour	DEVOIR // NE PAS [NE PAS POUVOIR-NE PAS FAIRE] imposs. d'obéiss.
23. Indifférence	NE PAS DEVOIR // POUVOIR-FAIRE conting. de lib.
24. Mépris	NE PAS DEVOIR // POUVOIR-NE PAS FAIRE conting. d'indép.
25a.	NE PAS DEVOIR // NE PAS POUVOIR-FAIRE conting. d'impuiss.
26a.	NE PAS DEVOIR // NE PAS POUVOIR-NE PAS FAIRE cont. d'obéiss.
25. Affection	NE PAS DEVOIR // NE PAS [POUVOIR-FAIRE] possib. de lib.
26. Estime	NE PAS DEVOIR // NE PAS [POUVOIR-NE PAS FAIRE] poss. d'indép.
27. Mésestime	NE PAS DEVOIR // NE PAS [NE PAS POUVOIR-FAIRE] poss. d'impuiss.
28. Dédain	NE PAS DEVOIR // NE PAS [NE PAS POUVOIR-NE PAS FAIRE] possib. d'obéiss.

Pour rendre ces concaténations quelque peu compréhensibles nous remplacerons, par exemple, la formule 17 par: «la passion de la nécessité de liberté»; la formule 19 par: «la passion de l'impossibilité de liberté»; la formule 21 par: «la passion de l'impossibilité d'impuissance»; la formule très complexe 28 par: «la passion de la possibilité d'obéissance». «Mais les dénominations attribuées aux termes de chacune des catégories modales, bien qu'intuitivement motivées sur le plan sémantique, sont toutefois arbitraires par définition et peuvent être sans difficultés remplacées par d'autres, jugées plus appropriées»[7]. Comme les passions orgasmiques sont *intersubjectivantes*, la propriété modale concernera la relation entre deux sujets: la «liberté», l'«indépendance», l'«impuissance» et l'«obéissance», dans toutes les connotations de ces termes, marque donc la qualité d'une relation et non l'état d'âme du sujet virtuel ou actuel, ou de son co-sujet. Ainsi, la *sollicitude* se caractérise comme une mise en relation nécessairement libre, ou en d'autres mots, instaurant des compétences qui disposent nécessairement de leur vouloir-faire. La «liberté», dans ce contexte, n'indique donc que la possibilité de déploiement d'une compétence relationnelle. Je ne prête donc aucun sens substantiel ou anthropologique aux propriétés modales de «liberté», «indépendance», «impuissance» et «obéissance». Dans le cas, par exemple, de l'«obéissance», il s'agit tout simplement de la propriété d'une compétence de *ne pas pouvoir-ne pas faire*. C'est ainsi que la «nécessité d'obéissance», équivalant à l'«impossibilité d'indépendance» (20a et 20), qualifie la relation de *méfiance* au sens fort que l'on retrouve dans les dictionnaires («disposition à soupçonner le mal dans les autres» — voir Larousse); ce «mal» dans l'autre est bien la compétence qui se neutralise elle-même et qui n'est pas capable d'intersubjectivation positive. Même si les formules de concaténation modale sont assez éloignées des intuitions lexicologiques et de la compréhension directe des termes passionnels suggérés (et peut-être peu adéquats, il faut admettre qu'elles en sont les conditions «logiques» ou, si l'on veut, «sémiotiques». Il faut évidemment enrichir ces formules par des suppléments psychologiques (ou anthropologiques) et discursifs au cours de leur itinéraire génératif vers la surface et la manifestation, pour qu'elles acquièrent leur sens intuitif. Revenons un instant à la *sollicitude*. Les passions orgasmiques sont les passions qui «codifient» l'intersubjectivité. C'est ainsi que l'on retient la *sollicitude* comme la passion orgasmique par excellence. *Sollicitare* (de *sollus*, «tout», et *ciere*, «mouvoir») signifie «avoir une attention soutenue, à la fois soucieuse et affectueuse»; c'est une disposition fondamentalement «socialisante». La connotation prescriptive fait de la sollicitude la passion la plus proche de la position pratique idéale, celle qui affirme la compétence intersubjectivante (le pouvoir faire) et affirme la nécessité de cette puissance (le devoir$_1$-nécessité). Le schéma orgasmique exploite donc essentiellement la compétence intersubjectivante du sujet et introduit déjà la dimension déontique (qui s'élargira évidemment si l'on superpose à la concaténation un devoir$_2$-obligation, comme ce sera le cas pour les passions enthousiasmiques).

J'indique ici trois autres caractéristiques de la taxinomie 17-28 présentée ci-dessus. Certaines concaténations du schéma exhaustif peuvent être identifiées sans que la théorie en souffre: 19 et 19a, 20 et 20a, 25 et 25a, 26 et 26a. Bien que la domination de la négation ne soit pas exactement de la même nature, je ne veux pas distinguer entre «la nécessité d'impuissance» et «l'impossibilité de liberté» que je considère comme modalement identiques et que je 'lexématise' sous *haine*; il en est de même pour «l'impossibilité d'indépendance» et «la nécessité d'obéissance», classées sous *méfiance*; ou pour «la possibilité de liberté» et «la contingence d'impuissance», réunies sous *affection*; et pour «la possibilité d'indépendance» et «contingence d'obéissance», rangées sous *estime*. On notera également que les connotations des termes couvrant un *pouvoir-faire* comme objet du (non-)devoir (donc «liberté») et couvrant un *pouvoir-ne pas faire* (donc «indépendance») sont légèrement, mais systématiquement, déviantes: *sollicitude, haine, indifférence, affection* s'opposent ainsi à *confiance, méfiance, mépris, estime* en ce que la première série exige un investissement 'pratique' augmenté et moins 'intellectuel' que la seconde série. Pour adopter la terminologie de la sémiotique orthodoxe, on dira que les premiers termes sont plus 'pragmatiques', les seconds plus 'cognitifs'. La négation dans le pouvoir-*ne pas* faire semble présupposer un acte intellectuel qui reste absent de tout «(non-)devoir de liberté». Enfin une autre gradation ascendante est à découvrir entre les positions d'«impuissance» et d'«obéissance»: *amitié* (21) allant vers *amour* (22), *mésestime* (27) vers *dédain* (28). Les positions 22 et 28 comportent une négation de plus (trois au lieu de deux), ce qui augmente l'intensité de la concaténation passionnelle; c'est ainsi que *amour* est défini sémiotiquement comme un devoir-(ne pas) (ne pas pouvoir-ne pas faire), une «impossibilité d'obéissance», c'est-à-dire l'exigence positive de n'accepter aucune possibilité (*devoir-ne pas être*) que l'action intersubjectivante ne peut pas ne pas se réaliser.

Investissement épistémique

La coupure paratactique se situe, dans le cas des modalisations pratiques, entre la section modale du *devoir* et celle du *pouvoir*. Autrement dit, la concaténation du *devoir* et du *pouvoir* n'est pas fonctionnelle: le *devoir* ne modifie pas le *pouvoir*. Ceci implique que ce n'est pas le *faire* du vouloir-faire que l'on isole en y juxtaposant un devoir-pouvoir. C'est le *pouvoir-faire* qui est déclaré nécessaire, impossible, contingent ou possible, non pas le faire. L'investissement épistémique portera donc sur le pouvoir-faire et non sur le faire lui-même. Les positions épistémiques de la *certitude* et du *doute* transformeront le segment *pouvoir-faire* en «énoncé d'état de la croyance». C'est du pouvoir-faire que l'on est certain ou incertain, et il est d'une grande importance de distinguer nettement entre la certitude/incertitude du pouvoir-faire, et la nécessité/contingence du devoir//pouvoir-faire. On isole ainsi le segment du pouvoir-faire, ou la «liberté», «l'indépendance», l'«impuissance», ou l'«obéissance» de la relation, et c'est ce segment qui est *affirmé* («certitude»), *refusé* («exclusion»), *admis* («probabilité») ou mis en *doute* («incertitude»); on ajoute sans modification épistémique le segment *devoir* de la modalité devoir-être. L'idée de la coupure paratactique n'est pas très évidente intuitivement, mais un exemple peut la rendre claire. La contexturation épistémique dans le cas de la *haine*, par exemple, investit le *pouvoir-faire* ou la «liberté» de la relation: cette «liberté» devient le sujet de toute sorte d'idéologisation et peut devenir la source d'innombrables croyances et présomptions. Mais il n'y a pas de *haine* aussi longtemps que la relation elle-même n'est pas nécessairement impossible (devoir-ne pas être). Si l'on considère le cas de l'*estime*, l'«indépendance» de la relation peut être sujette à toutes sortes d'épistémisations, tandis que la relation en elle-même *est* nécessairement possible (ne pas devoir-ne pas être). On ne voit pas comment on peut définir sémiotiquement la valeur spécifique d'une concaténation modale dans conserver au moins un segment de cette concaténation de la coloration épistémique. Cette constatation sera d'un intérêt capital une fois que le problème de la mise en croyance ou de la contexturation épistémique sera à l'ordre du jour (voir 2.1. de cette section).

Temporalité et ouverture/fermeture à l'aléthisation

On sera bref, dans ce contexte, à propos de la temporalité spécifique des concaténations modales des passions orgasmiques. Il est d'emblée évident que dans le cas d'un devoir positif (17 à 22), la passion est *prospective*; dans le cas d'un devoir négatif (23 à 28), on dira que la passion est *rétrospective*. La *sollicitude*, tout comme la *confiance*, la *haine*, la *méfiance*, l'*amitié* et l'*amour*, s'ouvre dans le temps; ils projettent tous une temporalité dont ils ont besoin pour se réaliser. Ce sont des passions qui «ont un avenir», tout comme l'*indifférence*, le *mépris*, l'*affection*, l'*estime*, la *mésestime* et le *dédain* sont des passions «sans avenir»: ainsi, l'*affection*, par exemple, reste constante et ne cherche pas à se diffuser, elle est rétrospective puisqu'elle existe uniquement sur le fond d'un acquis. Je suppose que cette typologie des temporalités des passions orgasmiques est intuitivement évidente.

Il en est de même de l'ouverture ou de la fermeture à l'aléthisation. On a déjà signalé que certaines concaténations modales sont plus 'intellectuelles' que d'autres. Il convient maintenant de généraliser cette idée. La distribution des passions selon leur ouverture/fermeture minimale/maximale est indiquée dans le schéma suivant:

Schéma 16

17. *Sollicitude*	fermeture maximale		INDÉP.			LIB.
18. Confiance	ouverture maximale	⌐	INDÉP.			
19. Haine	fermeture maximale					LIB.
20. Méfiance	ouverture minimale	⌐	INDÉP.			
21. Amitié	fermeture minimale				IMPUISS.	
22. Amour	fermeture minimale				OBÉISS.	
23. Indifférence	fermeture maximale					LIB.
24. Mépris	ouverture minimale	⌐	INDÉP.			
25. Affection	fermeture maximale					LIB.
26. Estime	ouverture maximale	⌐	INDÉP.			
27. Mésestime	fermeture minimale				IMPUISS.	
28. Dédain	fermeture minimale				OBÉISS.	
			Néc./Poss. (1) max.	Imposs./Conting. (2) min.	(3) min.	(4) max.
			Ouverture		Fermeture	

La modalisation pratique peut être surdéterminée par un prédicat modal appartenant aux modalisations théoriques, à savoir, à l'aide du *savoir* et du *vouloir*. Le cas le plus simple est celui d'un devoir-pouvoir surmodalisé par un savoir-faire (cf. le libertin, qui est une transformation de l'amoureux). On appellera cette surmodalisation l'*aléthisation* de la modalisation pratique. La systématique sous-jacente à la distribution indiquée dans le schéma 16, se construit ainsi. (1) Les passions dont la concaténation comporte le prédicat «indépendance» sont ouvertes à l'aléthisation. Si ce prédicat est combiné avec «nécessité» ou avec «possibilité», l'ouverture est maximale, comme c'est le cas de la *confiance* et de l'*estime*. Ces deux passions orgasmiques ou intersubjectivantes, comme le confirme l'intuition, sont les plus ouvertes à la surmodalisation intellectuelle, 'théorique' ou 'cognitive'. (2) Si le prédicat «indépendance» est combiné avec les prédicats «impossibilité» et «contingence», comme c'est le cas de la *méfiance* et du *mépris*, l'ouverture à l'aléthisation est minimale. (3) La fermeture est minimale quand les prédicats «impuissance» ou «obéissance» font partie des concaténations, comme c'est le cas de l'*amitié*, de l'*amour*, de la *mésestime* et du *dédain*. Qu'on remarque la position différente quant à l'ouverture/fermeture à l'aléthisation, de l'*estime* et de la *mésestime*, ce qui correspond de nouveau à notre intuition : l'estime provoque la curiosité, ce que la mésestime ne fait guère. (4) La fermeture est maximale quand le prédicat «liberté» fait partie de la concaténation, comme dans la *sollicitude*, la *haine*, l'*indifférence* et l'*affection*. Ce sont, dans un certain sens, les passions «pratiques» ou orgasmiques les plus pures ou les moins empreintes, par définition, de motivation cognitive ou intellectuelle. Si la distribution esquissée est intuitive et systématique selon le jeu des prédicats, l'explication en est loin d'être transparente. On comprend aisément pourquoi les concaténations comportant «liberté» sont maximalement fermées à l'aléthisation : ce sont, en effet, les prototypes des passions orgasmiques, c'est-à-dire les concaténations les moins complexes comprenant le moins de négations. La raison pour laquelle les passions sont ouvertes à la surmodalisation théorique ou intellectuelle, est moins claire : les concaténations comportent dans tous les cas le prédicat «indépendance», donc un *pouvoir-ne pas faire*, mais en quoi ces concaténations sont-elles prédestinées à l'aléthisation ? Il faudra y revenir dans la section 1.3. de cette *Architectonique*.

1.2.3. Les passions enthousiasmiques

Le vouloir$_2$ et le devoir$_2$

La classe des passions enthousiasmiques constitue le couronnement de l'univers pathique. Ce sont en effet des *modalisations esthétiques*, et ces passions ne sont pas analogues aux passions énumérées sous les appellations de passions 'chiasmiques' et 'orgasmiques'. Comme il s'agit en fait de *métamodalisations*, les passions enthousiasmiques sont les passions de la passion. Le vouloir$_2$-désir et le devoir$_2$-obligation sont un méta-vouloir et un méta-devoir. Vu que le sens de ces deux termes change dès qu'ils fonctionnent au niveau de la métamodalisation, il faudrait dire que le vouloir$_2$ est le *désir de l'intention de savoir*, et le devoir$_2$ l'*obligation de la nécessité de pouvoir*. Le sujet de ce désir et de cette obligation n'est plus le sujet virtuel ou actualisé (comme le 'sujet' du vouloir$_1$ et du devoir$_1$) mais le *sujet instaurateur*. Il suffira de parcourir la taxinomie des concaténations possibles pour se rendre compte que les passions enthousiasmiques fonctionnent au niveau des pré-conditions de possibilité de l'univers pathique. Ainsi, l'*enthousiasme* est une pré-condition de toute concaténation de modalisation théorique, tandis que la *reconnaissance* est une pré-condition de toute concaténation pratique. L'*enthousiasme* et la *reconnaissance* sont en fait les passions les plus «nobles», les plus «élevées» puisque l'objet de ces passions est la passion même, dans le premier cas la passion chiasmique à modalisation théorique, et dans le second, la passion orgasmique à modalisation pratique. Je me permets de renvoyer aux schémas 9 et 10 où est esquissée la relation entre la modalisation *théorique* et *pratique* d'une part et de la métamodalisation *esthétique* de l'autre.

Le développement philosophique concernant le paradigme kantien (voir la section 3.2. de *Positions*) et la centralité de l'*empathie* était nécessaire pour justifier la troisième classe de passions que je présente maintenant. L'idée qu'il s'agit de modalisations soi-disant «esthétiques» qui fonctionnent au niveau des *pré-conditions* de possibilité de l'univers pathique, nous est inspirée par le système des passions de Kant. Que toute 'pathie' réalisée par le déploiement passionnel ne soit possible que sur le fond d'*empathie* est une idée essentielle pour la justification de la classe des passions enthousiasmiques. On a dit que le déploiement passionnel présuppose chez Kant un repli des passions sur elles-mêmes et donc un «creux intérieur producteur» (voir la section 3.2. de *Positions*). C'est à partir de la faculté d'empathie que la vie passionnelle est organisée. On a insisté sur le fait — et j'y reviendrai dans un instant — que cette intériorité n'est pas une subjectivité définie de façon idéaliste, mais bien plutôt une subjectivité sans contenu, 'spatiale', formelle en tant qu'ensemble de conditions de possibilité de la vie passionnelle. Cette subjectivité est une *compétence passionnelle*, et la philosophie de Kant nous permet de concevoir cette notion adéquatement. L'idée d'une compétence passionnelle n'est mise en valeur que si l'on pose l'*empathie*, cet éternel retour de la passion sur elle-même, comme la condition de possibilité de la vie pathique. Et, comme on l'a dit dans 3.2. de *Positions*, l'architecture des trois *Critiques* suggère que toute compétence (Kant parle plutôt de 'faculté') fonctionne comme un système de conditions de possibilité à deux niveaux : en tant que *conditions* de possibilité de toute manifestation passionnelle 'théorique' (cognitive) et 'pratique' (pragmatique) (voir les *Critiques de la Raison Pure* et *de la Raison Pratique*), et en tant que *pré-conditions* (ou si l'on veut, méta-conditions) de ces conditions (voir la *Critique du Jugement* ou la «Critique Esthétique»). C'est bien le retour de la passion sur elle-même ou la faculté d'empathie, engendrant donc ce que j'appelle dans ce contexte la classe des passions esthétiques ou enthousiasmiques, qui rend possible la vie pathique.

L'*enthousiasme* est — nous apprend le Dictionnaire — «un état d'exaltation de l'esprit, d'ébranlement profond de la *sensibilité* de celui qui se trouve possédé par la Divinité dont il reçoit l'inspiration; (par extension) état d'exaltation de l'âme chez le poète en proie à l'inspiration; mouvement violent et profond de la sensibilité portant à aimer quelque chose avec passion »[8]. Etymologiquement, l'*enthousiaste* apparaît comme un sujet vidé de lui-même : c'est l'Autre qui est Je (cf. les mystiques et les romantiques, comme Schelling et Nietzsche, à propos de l'enthousiasme). Kant fait observer que «l'enthousiasme est une force de la sensibilité au-delà des pulsions par représentation sensorielle »[9]. De plus, les passions enthousiasmiques sont détachées de tout objet : ce sont des passions *sans cause*, «sans comment ni pourquoi »[10]. Elles témoignent d'un excès modalisateur qui a comme conséquence l'abandon des rôles actantiels et des sujets syntaxiques. On verra également que l'*enthousiasme*, ce vide subjectif, s'identifie avec la *reconnaissance*, la 'présentification' de l'Autre. C'est bien ce caractère anonyme du sujet *instaurateur*, le sujet de l'enthousiasme et de la reconnaissance, qui rend adéquate l'appellation de 'passions enthousiasmiques' pour cette classe de passions dérivant du système des préconditions esthétiques.

La taxinomie du domaine esthétique

Le problème de la taxinomie et de la classification des passions enthousiasmiques se pose maintenant. Les concaténations se présentent évidemment comme très complexes par le fait qu'elles comportent un métamodalisateur (le vouloir$_2$ et/ou le devoir$_2$), un ensemble de modalisateurs (le vouloir$_1$-savoir et le devoir$_1$-pouvoir) et une ou des modalités (véridictoires ou factitives). Comme cette dimension esthétique «couronne» les dimensions théorique et pratique, il faut prévoir les combinaisons des deux prédicats modalisateurs (avec la négation) marquant les deux types, théorique (cognitif) et pratique (pragmatique). Je propose ainsi la liste suivante des passions enthousiasmiques:

29. *Enthousiasme*   VOULOIR$_2$ // VOULOIR$_1$-SAVOIR
30. Extase   VOULOIR$_2$ // VOULOIR$_1$-NE PAS SAVOIR
31. Admiration   VOULOIR$_2$ // NE PAS VOULOIR$_1$-SAVOIR
32. Inquiétude   VOULOIR$_2$ // NE PAS VOULOIR$_1$-NE PAS SAVOIR
33. *Reconnaissance*   DEVOIR$_2$ // DEVOIR$_1$-POUVOIR
34. Désespoir   DEVOIR$_2$ // DEVOIR$_1$-NE PAS POUVOIR
35. Respect   DEVOIR$_2$ // NE PAS DEVOIR$_1$-POUVOIR
36. Espoir   DEVOIR$_2$ // NE PAS DEVOIR$_1$-NE PAS POUVOIR

Dans cette liste, je fais abstraction des concaténations esthétiques des modalités véridictoires qui devraient réapparaître comme prédicats des objets de savoir (29 à 32). J'ai fait abstraction également des modalités factitives qui devraient être insérées comme prédicats des objets de pouvoir (33 à 36). Mais elles n'ajoutent aucune caractéristique structurale et, en plus, la métamodalisation ne les affecte pas. Elles n'ont de l'importance que pour l'analyse de l'investissement épistémique qui, comme on le voit dans les concaténations de la taxinomie, se fait sur une large séquence, à savoir l'ensemble de la concaténation à l'exception du terme métamodalisateur.

Les appellations lexématiques des concaténations correspondent bien aux intuitions que l'on a du domaine esthétique des passions. L'*enthousiasme* est un vouloir-désir dont l'objet est le vouloir-intention de savoir; c'est la passion de la passion théorique par excellence. Dans cette conception, l'enthousiasme concerne donc toujours, bien qu'*indirectement*, un objet de savoir. L'objet de savoir n'est pas l'objet de la passion que l'on appelle «enthousiasme»; ce qui en est l'objet est le vouloir-savoir en tant que passion. Ainsi, l'enthousiasme ne présuppose pas seulement le 'creux' d'une intériorité où la passion se replie sur elle-même, et la faculté d'empathie qui en découle, mais elle fonctionne en plus au niveau des préconditions des manifestations passionnelles: le désir de l'enthousiaste est la condition de son vouloir-savoir, qui est lui-même condition modale des passions chiasmiques comme la curiosité, l'importunité, l'endurance, la lucidité (selon que la modalité véridictoire est la vérité, le secret, le mensonge ou la fausseté; voir 1.2.1. de cette section). L'*extase* est clairement un vouloir-désir dont l'objet est un vouloir-intention *de ne pas savoir*. L'être extatique est motivé par le désir d'une volonté positive de non-connaissance. Cette constatation correspond parfaitement à l'intuition lexématique qui distingue précisément l'*extase* de l'*enthousiasme*, et elle permet de comprendre pourquoi l'*extase* est intrinsèquement apparentée à l'*ignorance*, la *crainte*, la *crédulité* et l'*illusion*, passions chiasmiques dont la concaténation modale était précisément le *vouloir-non savoir* (voir encore 1.2.1.). L'*admiration* se distingue de l'extase en ce qu'elle présuppose un désir de n'avoir aucun vouloir-intention de savoir. Ici il n'y a aucune intention de *ne pas savoir* (comme c'est le cas avec l'extase) mais l'admirateur désire n'avoir pas l'intention de savoir; cette mise entre parenthèses de la possibilité même de l'objet du désir (à cause de la négation dominant le vouloir-intention) fait la grande différence entre l'enthousiaste et l'admirateur. Enfin, l'*inquiétude*, au sens lockien de *un-easiness, mal-aise*, constitue une radicalisation de cette mise entre parenthèses, à cause de la double négation marquant l'objet du désir. L'inquiétude, en tant que passion, est un piétinement, une hésitation continue, justement à cause du fait que le désir de l'inquiet est motivé par l'absence d'un objet, ce qui correspond d'ailleurs globalement à l'intuition de Locke. On ne doit pas s'étonner que les passions chiasmiques correspondantes soient l'*ennui*, l'*anxiété*, l'*aversion* et l'*indécision* (selon que la modalité véridictoire dominée par la concaténation est la vérité, le secret, le mensonge ou la fausseté).

J'ajoute quelques remarques sur les métamodalisations qui ont pour objet des modalisations 'pratiques'. La *reconnaissance*, au sens fort et déontiquement marqué, comporte un devoir$_2$-obligation qui a pour objet ce qui est accepté comme étant logiquement nécessaire, à savoir la nécessité d'un pouvoir d'action intersubjectivante. La «noble» passion de la reconnaissance est la passion de la passion communautaire; c'est la passion motivée par le caractère logiquement nécessaire d'intersubjectivité. La reconnaissance transcende ainsi la mise en valeur d'un co-sujet; elle instaure comme valeur non pas un sujet mais la passion intersubjectivante elle-même. Ainsi, elle devient un prototype de passion *esthétique*, au sens kantien de ce terme, et elle fonctionne prototypiquement comme pré-condition des manifestations passionnelles. J'inclus le *désespoir*, le *respect* et l'*espoir* dans la même sous-classe de passions enthousiasmiques, à savoir la sous-classe dominée par un devoir-obligation. Le cas du *respect* est différent de la *reconnaissance* en ce que l'objet de l'obligation, pour le *respect*, est un ne pas devoir$_1$-pouvoir (il faut noter l'affinité de l'admiration et du respect, témoignant tous les deux d'une concaténation modalisatrice similaire, la première passion étant nettement plus cognitive, et la seconde plus pragmatique); le *respect*, c'est l'obligation devant une non-nécessité ou devant la contingence d'action intersubjectivante. Le *désespoir* et surtout l'*espoir* sont des passions d'une extrême complexité modale. Le *désespoir* est causé par l'obligation de la nécessité de l'absence intersubjectivante; cette passion exprime une contradiction douloureuse, celle d'une motivation impérative devant l'absence nécessaire de relation intersubjective ou communautaire. L'*espoir*, dont la concaténation comporte *deux* négations, à savoir le ne pas devoir$_1$-ne pas pouvoir, manifeste un suspens, une «ouverture» possible, puisque l'absence d'action intersubjectivante *n'est pas nécessaire* mais contingente. L'espoir «naît» de cette confrontation d'une obligation impérative avec la *possibilité* de passion communautaire.

Investissement épistémique et temporalité

On a relevé un déplacement de la coupure paratactique selon que l'on a affaire aux passions chiasmiques, orgasmiques et enthousiasmiques. Je donne comme illustration les concaténations des passions 'primitives' ou prototypiques des trois catégories :

Curiosité	VOULOIR$_1$ -	SAVOIR // être-paraître
Sollicitude	DEVOIR$_1$ //	POUVOIR - faire
} *Enthousiasme*	VOULOIR$_2$ // VOULOIR$_1$ -	SAVOIR - ...
{ *Reconnaissance*	DEVOIR$_2$ // DEVOIR$_1$ -	POUVOIR - ...

On se rappellera les conséquences de la coupure paratactique à des lieux spécifiques de la concaténation modale. Le dernier segment est isolé et modifié, éventuellement, par un investissement épistémique, tandis que le premier segment est ajouté paratactiquement sans subir une modification épistémique. Pour les passions enthousiasmiques ceci revient à une possibilité d'investissement épistémique sur une portion très considérable de la concaténation : on peut affirmer avec certitude, refuser avec exclusion, admettre avec probabilité et douter avec incertitude de la passion-objet dans son intégralité ou d'une section particulière de la concaténation exprimant cette passion-objet, *sans* avoir toutefois le vouloir$_2$-désir ou le devoir$_2$-obligation. C'est qu'on n'est guère sûr de son vouloir-désir quand on est enthousiaste ou en extase, ni de son devoir-obligation quand on est reconnaissant ou quand on espère. Le désir et l'obligation ne sont même pas des prédicats *empiriques* : ils échappent à toute relativisation sur l'échelle certitude/incertitude. On peut très bien concevoir un enthousiaste qui doute de la vérité, objet de son vouloir-savoir, qui doute également de sa curiosité de cette vérité ou en est certain, mais qui ne peut pas douter ou être certain de son désir d'être curieux, importun, résistant ou lucide. Pour employer une terminologie quelque peu rébarbative, le *désir* et l'*obligation* sont des transcendantaux (ce ne sont pas des prédicats empiriques) que l'on ne met pas en question par une relativisation épistémique. Reconstruisant la formule pour la *reconnaissance*, par exemple, on arrive au résultat suivant : «Que le pouvoir-faire («liberté») soit nécessaire, est *certain*, et *il y a* l'obligation de ce pouvoir-faire» ou, en d'autres termes : «Que l'action intersubjectivante positive soit nécessaire, est certain (mais on peut être *plus ou moins* certain et on peut même exclure la nécessité de l'action intersubjectivante positive); et *il y a* l'obligation de cette nécessité (certaine ou pas)». Il apparaît ainsi que la passion-objet peut être épistémiquement très relative; chaque fois que la métamodalisation par le désir ou l'obligation est incorporée, *il y a* passion enthousiasmique. C'est comme si l'enthousiaste, le reconnaissant, le désespéré, était 'transcendantalement' frappé par le désir et l'obligation et que l'objet de ce désir et de cette obligation (la passion-objet) ne parvenait pas à mettre en question ce désir ou cette obligation. On reviendra sur le problème en traitant plus systématiquement la contexturation épistémique (voir 2.1. de cette section).

Ajoutons enfin quelques remarques concernant la temporalité spécifique des passions enthousiasmiques. Elle se structure ainsi:

enthousiasme	«prospectivité» maximale	} idéale	*reconnaissance*
extase	«rétrospectivité» maximale		désespoir
admiration	«rétrospectivité» minimale	} empirique	respect
inquiétude	«prospectivité» minimale		espoir

Cette distribution correspond aux intuitions profondes que l'on a de la temporalité de cette classe de passions. Celui qui est *enthousiaste* ou *reconnaissant* s'ouvre à un avenir de plus en plus étendu; il lui semble qu'aucune barrière temporelle n'interrompt le flux de sa passion. La prospectivité est maximale. A l'autre bout de l'échelle temporelle, on trouve l'*extatique* et le *désespéré* qui n'ont aucun avenir puisque la temporalité marquant ces passions est maximalement rétrospective. Les autres positions sont intermédiaires: l'*admiration* et le *respect* sont évidemment rétrospectifs mais à un degré minimal, ce qui veut dire que la rétrospectivité n'exclut pas une certaine projection vers l'avenir, bien qu'il s'agisse d'une projection qui ne change pas la nature rétrospective de cette passion: toute *admiration*, tout *respect*, a nécessairement une histoire marquant la possibilité même d'un avenir. La prospectivité est minime dans le cas de l'*inquiétude* et de l'*espoir*. Il est vrai qu'il n'y a pas d'inquiétude ni d'espoir sans une dimension s'ouvrant vers l'avenir (ce fait est même essentiel comme le montre le cas de l'*espoir*) mais cette prospectivité n'est pas 'idéale' comme dans l'enthousiasme et la reconnaissance; c'est une prospectivité bien relative, liée à des contraintes empiriques. Les concaténations modales nous présentent le *rationale* de cette distribution. C'est la présence/absence de négation des prédicats qui en est responsable. Bien sûr, le vouloir$_2$ et le devoir$_2$ sont, pour ainsi dire, a-temporels (car «transcendantaux»), et la temporalité est donc une caractéristique de la passion-objet. La prospectivité temporelle est tout simplement le résultat d'une positivité des prédicats (soit sans négation, comme pour l'*enthousiasme* et la *reconnaissance*, soit avec une double négation, comme pour l'*inquiétude* et l'*espoir*), tandis que la rétrospectivité temporelle semble être le résultat d'une négativité relative des prédicats (où la position forte présuppose la négativité du dernier prédicat, ce qui signifie que le *ne pas savoir* et le *ne pas pouvoir* sont respectivement *voulu* et *dû*, alors que la position faible — la rétrospectivité minimale — présuppose la négativité du premier prédicat de la passion-objet, à savoir le *non-vouloir* et le *non-devoir*). Cette distribution reflète certainement des intuitions que l'on a de la force ou de la faiblesse de la négation quand elle est appliquée à l'intérieur de la section «passion-objet» de la concaténation modale des passions enthousiasmiques.

Isomorphismes et homologations

Sans doute voit-on maintenant de quelle façon la présence des passions «nobles», que sont les passions enthousiasmiques, dans l'univers pathique, privilégie la conception empathique et dépasse largement l'organisation purement mécanique des passions, celle qui n'admet aucun «creux intérieur» ou aucune métamodalisation passionnelle. On voudrait relever une autre propriété structurale de la classe des passions enthousiasmiques, à savoir la possibilité d'une *homologation* des deux métamodalisateurs vouloir$_2$-désir et devoir$_2$-obligation. L'érotétique (*le désir de...*) et le déontique (*l'obligation de...*) peuvent se substituer l'un à l'autre, vu qu'il s'agit de l'*instauration* du même méta-sujet. Modalisation théorique et modalisation pratique se confondent au niveau de la métamodalisation esthétique. A ce niveau-là, c'est le *désir* qui définit l'obligation, et l'*obligation* qui définit le désir. Je poursuivrai cette perspective kantienne en disant que le prédicat qui définit l'intersection des deux séries de passions enthousiasmiques (l'une dépendant du métamodalisateur vouloir$_2$ et l'autre dépendant du métamodalisateur devoir$_2$) est le *(bon) goût*, notion kantienne, centrale dans l'*Esthétique* et la *Critique du Jugement*. Le méta-sujet est le *sujet-du-(bon)-goût*, et sa sensibilité est appelée le *sens commun*. Je rappelle donc, en renvoyant à la section 3.2. de *Positions*, que, pour Kant, il n'y a pas de passion sans goût, et qu'un jugement de bon goût est fondé sur le sens commun. Le sens commun est le sens *commun à tous*, et c'est en tant qu'*a priori* que ce sens est appelé esthétique. Si j'ai désigné ci-dessus le vouloir$_2$ et le devoir$_2$ comme des catégories transcendantales, c'est que je voulais faire allusion à la communauté d'une sensibilité où le désir et l'obligation sont homologables : ce qui est obligatoire, c'est le désir ; ce qui est désirable, c'est l'obligation. L'homologation des deux métamodalisateurs nous permet d'entrevoir les solidarités suivantes :

Schéma 17

	(BON) GOÛT			
VOULOIR	29 *Enthousiasme*	≃	33 *Reconnaissace*	DEVOIR
DEVOIR	30 Extase	≃	34 Désespoir	VOULOIR
	31 Admiration	≃	35 Respect	
	32 Inquiétude	≃	36 Espoir	
	SENS COMMUN			

Ce que l'*enthousiasme* est sur le registre érotétique, la *reconnaissance* l'est sur le registre déontique. Toutefois, les deux passions sont homologables: il n'y a pas d'enthousiasme sans reconnaissance, et il n'y a pas de reconnaissance sans enthousiasme. La même homologation est possible pour les autres passions de cette classe: dans tous les cas il y a isomorphisme et homologation d'une passion avec la passion correspondante du registre alternatif. L'homologation de l'*admiration* et du *respect* me semble intuitivement acquise, même si la première passion est essentiellement objectivante (et théorique), et la seconde intersubjectivante (et pratique). Il est sans doute conforme à nos intuitions d'homologuer l'*extase* et le *désespoir*, et l'*inquiétude* et l'*espoir*. Il y a des éléments dans le sémantisme de ces termes qui permettent de le faire. Il faut éviter de formuler l'homologation d'une manière trop simpliste: il n'y a pas d'*extase* sans *désespoir*, et il n'y a pas de *désespoir* sans *extase*. Mais une fois que le désir, marquant, de façon métamodale, l'*extase*, s'homologue avec l'obligation, marquant, de façon métamodale, le *désespoir*, ou en d'autres termes, une fois que l'*extase* en tant que passion 'théorique' (dominée par la combinaison de modalisations théoriques, le *vouloir* et le *savoir*) se «pragmatise» ou devient la motivation d'une action intersubjectivante, elle se transforme en *désespoir*. La même chose peut se dire du mouvement inverse: là où le *désespoir*, passion 'pratique' (dominée par la combinaison de modalisations pratiques, le *devoir* et le *pouvoir*) devient théorique et objectivant, il se transforme en *extase*. Toutefois, il ne s'agit pas d'une véritable 'transformation', ou d'une érotétisation ou aléthisation (voir la section 1.3.) au sens strict, étant donné que l'homologation dans ces cas concerne les deux *méta*-modalisateurs, le vouloir$_2$-désir et le devoir$_2$-obligation dont la relation est reconstruite comme une relation de *présupposition*: le $\frac{\text{VOULOIR}}{\text{DEVOIR}}$ et $\frac{\text{DEVOIR}}{\text{VOULOIR}}$ sont des relations de présupposition, et c'est ainsi que l'homologation des deux passions doit être appréciée. Il n'y a pas de transformation d'une passion dans une autre, il n'y a pas non plus identification, mais il y a présupposition mutuelle. Seul le point de vue, 'théorique' (cognitif) ou 'pratique' (pragmatique), permet de distinguer l'une ou l'autre passion, mais, en fait, ce sont les deux faces d'une même unité. Je répète que l'homologation de l'*extase* et du *désespoir* n'est sans doute pas intuitivement donnée; elle est en effet le résultat d'une déduction bien fondée. Il en est de même pour l'homologation de l'*inquiétude* et de l'*espoir*. Pour rendre la chose aussi transparente que possible, je dirai que l'*espoir* ('pratique') présuppose une *inquiétude* ('théorique', au sens de mal-aise), et que toute *inquiétude* ('théorique') présuppose un *espoir* ('pratique').

La mise en carré des couples homologués nous fait découvrir d'autres solidarités et oppositions.

Schéma 18

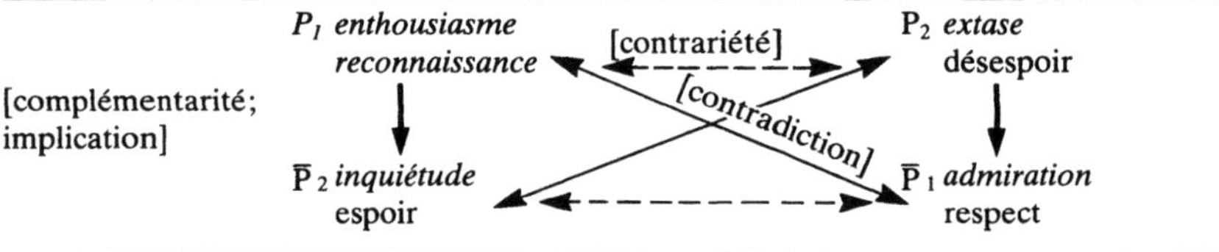

[complémentarité; implication]

P_1 enthousiasme reconnaissance — [contrariété] — P_2 extase désespoir

[contradiction]

$\overline{P}_2$ inquiétude espoir — — — — — — $\overline{P}_1$ admiration respect

La complication vers le terme à double négation $\overline{P}_2$ nous incite à penser que l'*inquiétude* et l'*espoir* sont des passions à structure modale extrêmement complexe. Les relations sémiotiques de contrariété, d'implication et de contradiction sont applicables à l'intérieur de ce carré. Avant de le démontrer, je rappelle encore que les passions enthousiasmiques n'ont pas de S_1 virtuel ni d'objet (que cet objet soit O ou S_2), étant donné que l'objet de la passion est le modalisateur théorique ou pratique lui-même, et que l'investissement épistémique n'affecte jamais le métamodalisateur (cet investissement concerne toujours le segment subordonné, c'est-à-dire la modalisation théorique ou pratique). Mais revenons aux relations intérieures du carré présenté ci-dessus. *Enthousiasme/reconnaissance* sont en contradiction avec *admiration/respect*, tout comme *extase/désespoir* se trouvent en contradiction avec *inquiétude/espoir*. C'est dire que *enthousiasme/reconnaissance* présuppose l'absence de *admiration/respect*, et vice-versa. L'*admiration* et le *respect* témoignent d'un non-engagement rétrospectif, dû à la présence de la négation dans la concaténation modalisatrice (le *ne pas vouloir*$_1$ d'une part, et le *ne pas devoir*$_1$ de l'autre), tandis que l'*enthousiasme*, sous l'angle théorique, tout comme la *reconnaissance*, sous l'angle pratique, témoignent d'un engagement prospectif (comme noté ci-dessus, la prospectivité y est même maximale). Il est intuitivement évident que le premier couple présuppose l'absence de l'autre; c'est clair pour l'opposition *espoir* vs *désespoir*, mais aussi pour *extase* vs *inquiétude*, *enthousiasme* vs *admiration*, et *reconnaissance* vs *respect*. Ensuite, les deux relations de contrariété sont les suivantes : *enthousiasme/reconnaissance* par rapport à *extase/désespoir*, et *inquiétude/espoir* par rapport à *admiration/respect*. Les termes d'une relation de contrariété peuvent être présents de façon concomitante, ce qui est le cas de toutes les solidarités entre les passions mentionnées ici. La relation de contrariété est celle qui est le plus facilement satisfaite : en effet, on ne voit pas pourquoi, par exemple, la *reconnaissance* et le *désespoir* ne pourraient pas coexister, comme l'*inquiétude* et l'*admiration*, ou l'*espoir* et le *respect*. Un autre type de relation, celui de la complémentarité, n'est satisfait que très difficilement. Une complémentarité se présente comme une relation orientée allant du terme impliquant P_1 et P_2 au terme impliqué $\overline{P}_1$ et $\overline{P}_2$.

$$\frac{\text{Enthousiasme}}{\text{Reconnaissance}} \text{ implique } \frac{\text{inquiétude}}{\text{espoir}}, \text{ et } \frac{\text{extase}}{\text{désespoir}} \text{ implique } \frac{\text{admiration}}{\text{respect}}.$$

Ces homologations ne sont pas confirmées immédiatement par l'intuition, et pourtant la déduction en est justifiable. Si l'on accepte le sens fort (et lockien) de la passion de l'*inquiétude*, on peut même considérer l'*inquiétude* comme l'origine de tout *enthousiasme*, tout comme l'*espoir* peut être considéré comme l'origine de toute *reconnaissance*. Une implication formellement identique concerne l'*admiration* comme l'impliqué de l'*extase*, et le *respect* comme l'impliqué du *désespoir*. C'est en tout cas dans ce sens que notre système des passions offre ses déductions.

Le sujet instaurateur

S'il n'y a pas de sujet virtuel de la métamodalisation, si les passions enthousiasmiques sont des «passions sans sujet», c'est que la concaténation métamodalisatrice *instaure* un méta-sujet. On assiste, en théorie sémiotique, à la naissance de certaines conceptions qui sont proches de ce point de vue. J'y reviendrai dans un instant. Mais ces conceptualisations ne vont jamais plus loin que la définition *dialogique* de la fonction de *reconnaissance*. Ma position consiste à opter pour une définition «communautaire» de la fonction de reconnaissance, vu que les métamodalisations dont l'*enthousiasme* et la *reconnaissance*, dans leur réversibilité, sont les prototypes, ont comme support une compétence dont la «sensibilité» — autre terme kantien que l'on retrouve jusque dans les définitions de l'enthousiasme dans les dictionnaires — est le *sens commun*, le sens commun à tous. C'est dire que le méta-sujet est un *Nous*. On ne retombe pas dans le moralisme avec cette conception du méta-sujet, parce que le Nous est, en fin de compte, la «sensibilité de l'Autre».

Je précise cette idée. On se rappellera que le *Je* du *savoir* et du *pouvoir* est un *sujet actuel*, tandis que le *Je* du *vouloir* et du *devoir* est un *sujet virtuel*. La nécessité sémiotique de la métamodalisation, créant la possibilité de concaténations esthétiques et donc d'une classe de passions enthousiasmiques, engendre un autre type de sujet, appelé le *sujet instaurateur*. C'est le sujet du désir et de l'obligation, que l'on ne peut penser que dans son universalité et sa non-empiricité. Le sujet du désir et de l'obligation n'est pas un sujet empirique et psychologique (intentionnel, par exemple, comme le sujet du *vouloir*$_1$), mais un méta-sujet, une subjectivité-finalité toujours projetée en avant et jamais réalisée par des contenus mentaux et psychologiques spécifiques. J.-Cl. Coquet distingue «un type de sujet que l'on peut définir en fonction de la quête que le vouloir implique: sujet de désir»[11], et il élabore une théorie du sujet énonçant présupposant l'exercice d'un méta-vouloir et la mise en place de la fonction de reconnaissance[12]. Je suis parfaitement d'accord avec cette ébauche sémiotique d'une théorie du sujet, mais des rectifications s'imposent. D'abord il faut accentuer, comme il a été suggéré ci-dessus, la conception «communautaire», et non pas dialogique, de la fonction de reconnaissance, et ensuite il faut introduire parmi les métamodalisateurs, à côté du *méta-vouloir*, le *méta-devoir* ou le devoir$_2$-obligation, renforçant ainsi la caractérisation déontique des préconditions de l'univers pathique. L'idée qui est à l'origine de cette complication est tout simplement que le sujet empirique (virtuel et actuel) des passions, c'est-à-dire le sujet des modalisations dont les concaténations sont formées à l'aide du *savoir*, du *pouvoir*, du *vouloir*$_1$ et du *devoir*$_1$, présuppose un *sujet instaurateur*, non empirique, fonctionnant au niveau des préconditions de possibilité. Ce sujet de désir et d'obligation est un méta-sujet, c'est la subjectivité motivée par elle-même, par son devenir-subjectivité, et, pour réaliser pleinement le projet kantien, il faut souligner la dimension communautaire: la «sensibilité» du sujet instaurateur est le *sensus communis* (le sens commun à tous) dont les passions enthousiasmiques sont tributaires. Les *passions du bon goût*, les passions esthétiques, dont l'enthousiasme et la reconnaissance sont les prototypes, acquièrent ainsi leur plus haute dignité dans l'architecture pathique.

Pour terminer cet essai de déduction des passions à l'aide du système des modalités, je présente ci-dessous un tableau de la taxinomie lexématique des trente-six passions, manifestant la morphologie textuelle des passions.

Schéma 19

	PASSIONS CHIASMIQUES		
1. *Curiosité*	9. Fuite		
2. Importunité	10. Angoisse	PASSIONS ENTHOUSIAS-	
3. Endurance	11. Insouciance	MIQUES	
4. Lucidité	12. Inconséquence	29. *Enthousiasme*	
5. Ignorance	13. Ennui	30. Extase	
6. Crainte	14. Anxiété	31. Admiration	
7. Crédulité	15. Aversion	32. Inquiétude	
8. Illusion	16. Indécision		
	PASSIONS ORGASMIQUES		
17. *Sollicitude*	23. Indifférence	33. *Reconnaissance*	
18. Confiance	24. Mépris	34. Désespoir	
19. Haine	25. Affection	35. Respect	
20. Méfiance	26. Estime	36. Espoir	
21. Amitié	27. Mésestime		
22. Amour	28. Dédain		

(La première colonne contient les passions dont le premier terme modalisateur est positif: *vouloir* et *devoir*, alors que la seconde colonne contient celles dont le premier terme modalisateur est négatif: *ne pas vouloir*, et *ne pas devoir*. La troisième colonne situe les deux groupes de passions enthousiasmiques du point de vue 'théorique' et 'pratique', à l'égard des deux autres classes de passions).

1.3. Les transformations morphologiques

Je considère la présentation de la morphologie textuelle des passions comme terminée. Toutefois, la structure profonde, le «texte des passions», manifeste d'autres propriétés que je me propose d'examiner dans les pages qui suivent. Avant d'aborder les problèmes de la *syntagmatique des passions*, c'est-à-dire les parcours systématiques de la génération des passions à partir d'autres passions, subjectivement et intersubjectivement, il faut s'arrêter un instant au phénomène des *transformations* morphologiques. Je reviens ici aux deux transformations relevées à l'occasion des taxinomies de trois classes de passions, notamment l'*aléthisation* et l'*érotétisation*. Je reprends les éléments prépondérants de ces deux transformations, en notant que leur distinction présuppose la dichotomie du *théorique* et du *pratique*, ou du *cognitif* et du *pragmatique*.

1.3.1. Le cognitif et le pragmatique

Dans les schémas 20 et 21, on constate que deux variables fondamentales apparaissent dans le jeu des modalités :

Schéma 20

relation à l'objet sujet virtuel ⟷ relation à l'objet sujet actuel
↑↓ ↑↓
relation à l'autre sujet virtuel ⟷ relation à l'autre sujet actuel

Le modèle modal se présente de la façon suivante :

Schéma 21

VOULOIR ← (relation à l'objet) → SAVOIR
↑ ↑
sujet sujet
virtuel actuel
↓ ↓
DEVOIR ← (relation à l'autre) → POUVOIR

La typologie morphologique développée dans les pages précédentes repose sur la possibilité d'indépendance des modalités objectivantes, le *vouloir* (dominé par le sujet virtuel) et le *savoir* (actualisant le sujet) d'une part, et les modalités (inter)subjectivantes, le *devoir* (dominé également par le sujet virtuel) et le *pouvoir* (actualisant le sujet) de l'autre. La distinction entre les deux «points de vue», théorique et pratique, ou cognitif et pragmatique, semble donc justifiée, et il convient d'en dire un mot avant d'aborder le problème de leurs transformations par *aléthisation* et *érotétisation*.

Il est dit, en théorie sémiotique orthodoxe [13], que la dimension *cognitive* du discours est hiérarchiquement supérieure à la dimension pragmatique qui lui sert de référent interne. Cette dimension cognitive, «se développant parallèlement avec l'augmentation du savoir (comme activité cognitive) attribué aux sujets installés dans le discours», est même définissable comme la prise en charge, par le savoir, des actions pragmatiques. On nous affirme qu'«à la limite, d'ailleurs, la dimension pragmatique peut n'être, dans un discours donné, que le *prétexte* d'activités cognitives», et les auteurs du *Dictionnaire raisonné* renvoient à la prolifération des «Que sais-je?», «Qui suis-je?», «Qu'ai-je fait?», «En quoi ai-je réussi?» dans les discours comme autant d'exemples de l'expansion de la dimension cognitive. Il y aurait en fait une asymétrie entre les dimensions cognitives et pragmatiques, et donc entre l'aléthisation et l'érotétisation. La dimension pragmatique, le «référent interne» de la dimension cognitive, correspond aux *descriptions* faites dans le discours (ou dans les récits) des comportements *somatiques* organisés en programmes et vécus comme des «évenements»; les «objets» pragmatiques sont des *valeurs descriptives* de données figuratives, et donc peu profondes. Cette hiérarchisation du *cognitif* et du *pragmatique* est une première prise de position que je me permets de discuter. Le second point concerne la conception selon laquelle «on pourra opposer, d'une certaine façon, le parcours du Destinateur, qui se déroule sur la dimension cognitive, à celui du Destinataire-sujet, qui s'effectue surtout sur la dimension pragmatique»[14]. La typologie des passions, par contre, suggère que cette distribution du cognitif et du pragmatique sur les deux Actants, le Destinateur et le Destinataire, n'est pas adéquate. Les passions orgasmiques ont comme sujet virtuel/actuel un sujet 'pragmatique', destinateur d'une action intersubjectivante. La transitivité des passions orgasmiques transforme souvent le destinataire en destinateur actualisant intersubjectivement une séquence du programme passionnel. La déviation que la typologie sémiotique des passions introduit dans la théorie classique, est sans doute la conséquence du fait que le *discours* n'y est plus régulateur. S'il est vrai que dans et par le discours la dimension pragmatique devient référent interne de la dimension cognitive et s'attache de préférence à la description de l'action d'un destinataire, il sera vrai aussi que dans la systématique de la vie pathique les symétries sont rétablies. La possibilité d'aléthisation et d'érotétisation, dans le cadre théorique que je défends, repose d'abord sur la parfaite symétrie du cognitif et du pragmatique, ou du théorique et du pratique, et ensuite sur l'interprétation de la fonction pragmatique et de la fonction cognitive, comme émanant du sujet virtuel/actuel d'un programme, avec, bien entendu, le correctif que tout sujet, à cause de la transitivité des passions orgasmiques, se transforme en co-sujet et inversement.

1.3.2. *L'aléthisation et l'érotétisation*

Il convient de distinguer les transformations morphologiques de l'*homologation* effectuée dans le domaine esthétique des passions enthousiasmiques. J'ai défendu l'idée que, dans ce domaine, les modalisations théorique et pratique se confondent: ainsi, le *désir* définit l'*obligation*, et l'*obligation* le *désir*. Si le désir est obligatoire et l'obligation désirable, l'homologation de l'*enthousiasme* et de la *reconnaissance*, ainsi que celle d'autres couples de passions enthousiasmiques, devient possible. L'homologation est une procédure d'analyse sémantique qui fait partie de l'opération générale de structuration. Postuler l'homologation des couples enthousiasmiques est un moyen de structurer le domaine esthétique des passions, et c'est donc une opération de première importance méthodologique. Cette structuration est motivée, comme je l'ai défendu avec insistance, par le point de vue kantien, où le *sens commun*, le sens commun à tous, est posé comme la sensibilité d'un sujet-de-bon-goût, fonctionnant comme (méta-)sujet instaurateur de l'univers pathique. Ce méta-sujet est en même temps un sujet de désir et d'obligation, ce qui rend possible l'homologation des deux registres (manifestés par les prédicats *vouloir-désir* et *devoir-obligation*) du domaine esthétique.

L'*aléthisation* et l'*érotétisation*, par contre, ne sont pas des homologations mais des *transformations* morphologiques. Il ne faut pas interpréter cette opération au sens logico-linguistique ou algorithmique, ni au sens sémiotique orthodoxe (où la transformation équivaut à la conversion de niveaux de profondeur): une transformation, dans le contexte de cette section, signifie tout simplement un enrichissement sémantique par 'complexification'. Il y a divers types de transformations. Qu'on considère par exemple, le cas de l'*hyper-savoir*. Une caractéristique essentielle du *savoir* est que l'énoncé théorique ou cognitif peut être pris comme objet d'un autre énoncé théorique d'un niveau supérieur, et ainsi de suite. C'est une potentialité importante du *savoir* (exemple: «Je sais que je sais mon rôle»), que ne possèdent pas les autres prédicats modaux (exemple: «Je peux que je peux exercer cette fonction» est inacceptable). Mais une transformation comme celle de l'hyper-savoir ne nous intéresse pas ici. Les transformations en question concernent des enrichissements sémantiques de concaténations modalisatrices par des prédicats d'un registre alternatif: 'pratique', dans le cas des passions chiasmiques, et 'théorique' dans les cas des passions orgasmiques. Je distingue ainsi deux éventualités sur chaque registre selon la *portée* du prédicat «emprunté» du domaine concurrent.

Erotétisation 1   Vouloir-savoir [+ pouvoir]
Erotétisation 2   Vouloir-savoir [+ devoir-pouvoir]
Aléthisation 1   Devoir-pouvoir [+ savoir]
Aléthisation 2   Devoir-pouvoir [+ vouloir-savoir]

Erotétisation 1. Rappelons d'abord l'échelle ouverture/fermeture à l'érotétisation des passions chiasmiques (voir 1.2.1.):

Ouverture maximale   1. Curiosité (vouloir-savoir ê.p.)
        ↑   13. Ennui (ne pas vouloir-ne pas savoir ê.p.)
        ↓   9. Fuite (ne pas vouloir-savoir ê.p.)
Fermeture maximale   5. Ignorance (vouloir-ne pas savoir ê.p.)

    Les passions chiasmiques les plus positives (i.e. dont la concaténation modale ne comporte aucune négation) s'investissent de préférence d'un pouvoir ou de la possibilité d'une action intersubjectivante. Le *curieux* est prédestiné à l'action, même si cette dimension pragmatique n'est pas une propriété de l'essence cognitive de la curiosité. Le *technicien* est le prototype de celui dont le savoir engendre un pouvoir dans le monde. Mais le vouloir-savoir du secret, du mensonge et de la fausseté, tout comme le vouloir-savoir de la vérité, confèrent autant de pouvoir et de possibilités pragmatiques. On a dit que l'*ennui* et les passions apparentées (*anxiété, aversion, indécision*) témoignent d'une ouverture minimale à l'érotétisation : l'ouverture est toujours réelle, parce que la double négation de la concaténation crée un certain suspens, et reflète une certaine neutralisation qui n'exclut pas la transformation pragmatique, même si elle ne la favorise pas vraiment. Les autres passions chiasmiques dont la concaténation comporte une négation (la série *fuite*, et surtout la série *ignorance*), sont fermées à l'érotétisation. On voit mal comment l'*ignorance* pourrait engendrer une action quelconque : l'*ignorance*, tout comme la *fuite*, est impuissante, et ne se transforme jamais en pouvoir.

    Erotétisation 2. Ce second type d'érotétisation, où le vouloir-savoir s'investit d'un *devoir-pouvoir*, ne se réalise qu'exceptionnellement. En fait, seules les passions chiasmiques à concaténation positive (sans aucune négation) se transforment à l'aide de concaténations modales pragmatiques. Je répète qu'il n'y a aucune nécessité essentielle à cette transformation, vu que les registres cognitifs et pragmatiques ne s'entremêlent pas canoniquement. Mais il est évident que la passion chiasmique de la *curiosité* (et de l'*importunité*, de l'*endurance*, et de la *lucidité*) se transforme de manière privilégiée en *sollicitude*. C'est donc la passion la plus 'théorique' qui est la plus ouverte à l'érotétisation, même si la concaténation pragmatique comporte deux prédicats modaux. Il convient d'ajouter immédiatement que non seulement la *sollicitude* mais également d'autres passions orgasmiques (comportant dans leur concaténation une ou plusieurs négations), comme la *haine*, l'*estime*, le *dédain*, etc., peuvent s'ajouter aux passions chiasmiques à concaténation positive. Que la *curiosité* provoque l'*estime*, et la *lucidité* la *haine*, n'a rien de contre-intuitif. Je considère ce deuxième type d'érotétisation comme le plus rare, plus difficilement réalisable que le premier type (par exemple, la série *ennui*, etc., ne se laisse pas «érotiser » selon ce second type, tandis qu'elle manifeste une ouverture minimale à l'érotétisation du premier type).

Aléthisation 1. On retrouve la même gradation en ce qui concerne l'aléthisation : l'aléthisation du premier type (où seul le prédicat du *savoir* est 'ajouté' à la concaténation orgasmique) est plus facilement réalisable que l'aléthisation du second type (puisque la portée de la séquence 'ajoutée' est plus considérable, en particulier les deux prédicats du *vouloir-savoir*). Seules les passions de la *sollicitude*, de la *haine*, de l'*indifférence* et de l'*affection* sont maximalement fermées à toute aléthisation (voir 1.2.2.). Il est tout à fait conforme à l'intuition que ces quatre passions orgasmiques comportent dans leur sémantisme une résistance à toute théorisation : elles n'admettent aucun supplément cognitif. Toutes les autres passions orgasmiques, même l'*amitié*, l'*amour*, la *mésestime* et le *dédain*, où la fermeture à l'aléthisation est soi-disant minimale, sont virtuellement « aléthisables ». Parmi les passions orgasmiques, il y aura, comme je l'ai suggéré dans 1.2.2., une gradation dans la possibilité d'aléthisation : il est vrai que la *confiance* et l'*estime* font plus facilement appel à la dimension théorique (cognitive) que la *méfiance* et le *mépris*, qui, cependant, sont quand même plus « aléthisables » que l'*amitié*, l'*amour*, la *mésestime* et le *dédain*. Cela tient à la structure et à la complexité de la concaténation modale, comme on le verra.

Aléthisation 2. Dans ce second type d'aléthisation, la concaténation modale de la passion orgasmique n'est pas seulement modifiée par un *savoir*, mais plutôt par un *vouloir-savoir* ou par une *intention* de savoir. Le domaine d'application est plus restreint puisque la portée de la séquence modale 'empruntée' est plus considérable. Je considère que, dans le cas de l'*amitié*, de l'*amour*, de la *mésestime* et du *dédain*, cette intention de savoir reste nécessairement absente : même si l'amoureux est doté d'un savoir (ce qui résulte plutôt de sa fermeture minimale à l'aléthisation), il n'est jamais modifié par une intention de savoir. Cette intention de savoir, par contre, peut modifier la *méfiance* et le *mépris* (ouverture minimale à l'aléthisation), mais surtout la *confiance* et l'*estime* (ouverture maximale à l'aléthisation), où la dimension cognitive (même intellectuelle) et donc la transformation aléthisante est presque une exigence. Cette distribution évidente des possibilités d'aléthisation doit avoir une raison profonde, qui n'est autre que la spécificité de la concaténation modale de la passion orgasmique concernée. On a déjà remarqué (voir 1.2.2.) que les passions dont les concaténations comportent le prédicat « Liberté », c'est-à-dire un *pouvoir-faire*, sont maximalement fermées à l'aléthisation, parce que ce sont les prototypes comportant les prédicats modaux les moins complexes avec le moins de négations. Toutes les autres concaténations sont plus complexes. Dans le cas de l'*amour* et du *dédain*, la double négation de *ne pas pouvoir-ne pas faire* («Obéissance») crée un suspens, une neutralisation, dominée toutefois par respectivement «Impossibilité» et «Possibilité», ou *devoir-ne pas être* et *ne pas devoir-ne pas être*, ce qui est à l'origine d'une éventuelle ouverture à l'aléthisation qui reste en tout cas 'ajoutée', et donc accessoire, au noyau modal pratique. Il est intéressant de constater que toutes les concaténations comportant le prédicat du *pouvoir-ne pas faire* («Indépendance») sont ouvertes à l'aléthisation, surtout si ce *pouvoir-ne pas faire* est dominé par un *devoir-être* («Nécessité») ou un *ne pas devoir-ne pas être* («Possibilité»). Dans cette constellation modale, la modification cognitive est privilégiée: affirmer la nécessité ou, au moins, la possibilité d'un *pouvoir-ne pas faire* se fait essentiellement *en fonction* d'un éclaircissement cognitif et d'un supplément d'information intellectuelle. C'est ainsi que la *confiance* et l'*estime* s'ouvrent presque automatiquement à l'activité cognitive, et dans une moindre mesure, la *méfiance* et le *mépris*. A mon avis la spécificité du prédicat modal «Indépendance» en est directement responsable.

1.4. Les surdéterminations morphologiques

Les *transformations* morphologiques, l'aléthisation et l'érotétisation, que je viens d'analyser, ne changent pas la structure interne des domaines théorique et pratique: des séquences théoriques se transforment, dans le cas de l'érotétisation, par la simple adjonction de prédicats modaux de la dimension alternative (pratique, dans ce cas), et inversement, dans les cas d'aléthisation. Il convient maintenant de distinguer les *surdéterminations* morphologiques qui sont d'une tout autre nature. Pour qu'il y ait surdétermination, il faut que la structure interne des domaines soit modifiée par une réorganisation à l'intérieur de la concaténation modale elle-même. Si de nouveaux prédicats sont introduits dans les séquences modales, il ne seront pas simplement «ajoutés», vu qu'ils modifient la concaténation modale canonique. Il ne s'agit donc jamais d'une simple parataxe ou juxtaposition de prédicats modaux, comme dans les cas de soi-disant transformations, mais d'une *modification* de la concaténation modale canonique par des prédicats modaux externes. On découvrira les aspects méthodiques de la modification fonctionnelle au cours de la présentation des deux types de surdéterminations étudiés, notamment la *manipulation* et la *séduction*.

On peut dire, sans entrer dans les détails, que la manipulation est le type de surdétermination du domaine pragmatique, tandis que la séduction est le type de surdétermination du domaine esthétique. Le sujet manipulateur est le sujet virtuel/actuel d'une séquence modale, tandis que le sujet séducteur est nécessairement le sujet instaurateur. Rappelons que la relation *objectivante* interne à toute concaténation théorique fait de toute passion chiasmique l'action d'un sujet sur un objet. Il en résulte, dans le domaine des surdéterminations, un type de manipulation peu intéressant, celui de l'*opération* objectivante. Avec ce type de manipulation, on affleure le sens quasi étymologique, là où la manipulation est une activité, de préférence manuelle, qui s'exerce sur des objets, éventuellement des objets de savoir. Mais on reste dans la tradition sémiotique en opposant *manipulation* à *opération*, et en admettant que la manipulation se présente comme une action de l'homme sur d'autres hommes, «visant à leur faire exécuter un programme donné »[15]. La manipulation apparaît ainsi comme une action intersubjectivante dont il faut analyser la structure modale. On fera même abstraction de toute manipulation de l'objet et donc de la dimension théorique, dans le domaine des surdéterminations. La manipulation est une affaire 'pratique', se situant pour une large part sur la dimension pragmatique. La *séduction*, par contre, nous ramène dans la sphère esthétique de la métamodalisation : ce qui séduit n'est jamais un sujet virtuel/actuel, mais un métasujet. On verra comment il faut formuler la modification du métamodalisateur pour qu'il ait séduction. La série *opération — manipulation — séduction* correspond donc à la série des concaténations théorique, pratique et esthétique, et on s'intéressera dorénavant à la structure modale des surdéterminations modifiant les concaténations sous-jacentes aux passions orgasmiques et enthousiasmiques, en faisant abstraction de la modification manipulatoire objectivante dans le domaine des concaténations sous-jacentes aux passions chiasmiques.

1.4.1. La manipulation

La phénoménologie de l'art de manipuler

A première vue, la manipulation peut être considérée comme une action provoquant une action de la part de l'autre. Toutefois, l'acte manipulatoire, qui est essentiellement discursif, n'est pas une unité d'*interaction*. La manipulation transforme l'agent-auditeur sans convertibilité, parce que l'agent-auditeur transformé ne cause pas, à la suite de sa propre transformation, la transformation de l'agent-locuteur. L'action manipulatoire, personne n'en doute, est une action *unilatérale*. Deux situations que je mentionne ici n'entament en rien cette constatation : le cas où l'agent-locuteur se manipule lui-même, et le cas où deux interlocuteurs se manipulent réciproquement. Dans le cas de l'automanipulation, il y a dédoublement d'un agent en deux actants et l'action reste unilatérale. Dans le cas de la manipulation réciproque, il y a deux manipulations parallèles. La manipulation n'est pas dialogique, il n'y a pas de méta-manipulation, même si, à première vue, le manipulateur est manipulé : ce n'est jamais *à cause* de sa propre transformation provoquée par la manipulation de l'agent-locuteur, que l'agent-auditeur manipule (éventuellement) l'agent-locuteur. La causalité unilatérale part toujours d'un agent-locuteur pour atteindre toujours l'autre. Il faut tout de suite ajouter une autre caractéristique essentielle. La manipulation est un *acte intentionnel* par excellence. C'est même un acte *nécessairement* intentionnel, et tous les modèles qui ne tiennent pas compte de cette propriété, par exemple en sémantique vérifonctionnelle où on décrit la manipulation comme une simple substitution de mondes possibles, ne parviennent pas à le reconstruire adéquatement. Si je renvoie ici à la phénoménologie de la manipulation, c'est pour insister sur la nécessité d'une analyse *intentionnelle* de la manipulation. Ce qui m'écarte toutefois de la phénoménologie classique est bien l'idée que seule une analyse des *actions* intentionnelles est sémiotiquement pertinente. En effet, la phénoménologie classique ne semble pas avoir prise sur le discours *comme action* dans le monde intersubjectif[16].

Reste à savoir comment il faut rendre compte de cette intentionnalité qui marque la manipulation. Le problème central concerne la *non-'avouabilité'* de l'acte de manipulation. En fait, l'acte discursif de manipulation est un acte discursif mutilé : l'intentionnalité est nécessairement couverte et 'non avouable'. La structure *être-paraître* de la manipulation ne peut être expliquée qu'en situant très précisément l'intention de manipuler par rapport à *l'intention de communiquer*. On dira que l'intention de manipuler est une intention de communication *partiellement neutralisée*. C'est donc à partir d'une définition de l'intention de communication que l'on aboutit à une reconstruction de l'intentionnalité manipulatrice. Ce n'est pas le lieu ici d'élaborer d'une théorie de la communication, et je ne fais que reproduire, sans la commenter, une définition de l'intention de communication qui me semble globalement pertinente[17] :

Intention de communication : A signifie (veut dire) p en produisant l'énoncé x, si A énonce x *avec l'intention*
1. de faire ainsi (de signifier p);
2. que x soit lié, conventionnellement ou d'une autre façon appropriée, à la proposition p;
3. que B reconnaisse les intentions 1 et 2 de A;
4. que le fait que A énonce x avec les intentions 1, 2 et 3 devrait, dans le contexte de l'énonciation que A croit appropriée à ce contexte, pourvoir B d'une raison suffisante pour croire que [A a l'intention de faire croire à B que p].

Je ne creuse pas cette définition, faite par analogie avec le fameux « mécanisme gricéen » (la définition intentionnelle que Grice donne de la signification[18]). Puisqu'il y a quatre sous-intentions, il y aura quatre types de neutralisation partielle de l'intention de communication, et donc quatre types de manipulation.

Type I: Manipulation du contenu: A produit l'énoncé manipulatoire x sans avoir l'intention de signifier p (de vouloir dire p);
Type II: Manipulation de la corrélation: A produit l'énoncé manipulatoire x sans avoir l'intention que x soit lié à la proposition que p;
Type III: Manipulation de la reconnaissance: A produit l'énoncé manipulatoire x sans avoir l'intention que B reconnaisse les intentions 1 et 2 de A;
Type IV: Manipulation de la neutralisation contextuelle: A produit l'énoncé manipulatoire x sans avoir l'intention de faire fonctionner le contexte comme raison suffisante du fait que x est énoncé avec les intentions 1, 2 et 3.

Terminons en résumant les composantes essentielles de cette conception de la manipulation. La manipulation est une action intersubjectivante *intentionnelle*, dont la signifiance est, en principe, *inexprimable* ou non avouable. Il y a l'étrange structure de l'*être-paraître* de l'art de manipuler qui trouve son explication dans la constatation que l'intention de manipulation n'est pas entièrement différente de l'intention de communication; elle n'est pas une intention supplémentaire à l'intention de communication, mais, bien au contraire, une communication mi-manquée, un *faire mutilé*. Les différents types de manipulation *neutralisent*, chacun à sa manière, une sous-intention de l'intention de communication. Mais comment faut-il envisager une sémantique, voire une sémiotique de la manipulation à partir de cette phénoménologie?

Le vouloir manipulatoire

La phénoménologie de la manipulation se « sémiotise » dès que l'on concentre son attention sur la façon dont cette intentionnalité spécifique se concrétise sous forme d'un parcours ou d'un programme narratif. L'intentionnalité manipulatrice n'est pas un contenu mental — ce serait l'interprétation 'mentaliste' ou 'psychologiste' de l'intentionnalité —, mais une action intersubjectivante dans le monde, repérable comme un parcours d'événements. Cette sémiotique de la manipulation, qui devra occuper une place importante dans toute analyse des relations humaines, est essentielle pour la reconstruction du « texte des passions ». Le domaine pratique (pragmatique) de l'univers pathique est travaillé, de fond en comble, par la manipulation, et il faut montrer maintenant où la manipulation s'insère dans les concaténations modalisatrices sous-jacentes aux passions orgasmiques.

La manipulation se caractérise donc comme une action de l'homme sur d'autres hommes, visant à leur faire exécuter un programme donné.

Projetée sur le carré sémiotique, la manipulation, en tant que *faire-faire*, donne lieu aux quatre possibilités suivantes [19] :

Schéma 22

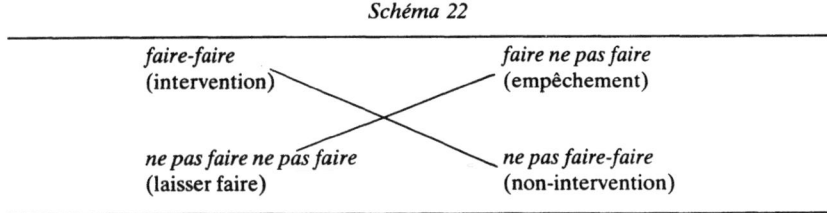

Cette structure modale est accompagnée d'une structure contractuelle qui reflète évidemment le statut phénoménologique de la manipulaton en tant que communication mutilée. Selon le type de 'communication' réalisée, le destinataire manipulé est forcé dans une position où sa compétence est transformée : il est conduit à une action « sans le savoir ». Il y a donc d'une part le *vouloir* (intention) d'un destinateur, et de l'autre la réalisation objective d'un programme ou d'un parcours actionnel, par le destinataire-manipulé. Le contrat consiste dans l'interaction d'un faire *persuasif* du destinateur et d'un faire *interprétatif* du destinataire. Le faire persuasif du destinateur s'appuie sur un *savoir* et un *pouvoir* : il propose des jugements positifs ou négatifs (selon le *savoir*) au destinataire, et il lui propose des objets de valeur (selon le *pouvoir*). En effet, on voit mal comment faire abstraction de la dimension cognitive pour la définition de la 'contractualité' spécifique de la manipulation. De même, du côté du destinataire-manipulé, le faire interprétatif se réalise selon une compétence marquée par un savoir (précisément, l'interprétation des jugements proposés par le destinateur). Mais le problème inéluctable de la sémiotique de la manipulation consiste à prédire les choix effectifs que le manipulé exerce parmi les jugements proposés en vue d'une action déterminée. On doit se tenir, en pratique, à la description de la compétence modale du destinataire sous-jacente à son *action* résultant de la manipulation. Puisqu'il s'agit d'une action dans le monde, il nous faudra une typologie de concaténations du *pouvoir-faire*. Dans leur projection sur le carré, on obtient les quatre possibilités suivantes (voir également le schéma 13) :

Schéma 13b

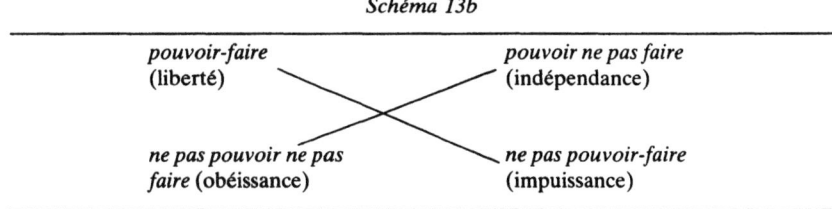

Contrairement à toutes les passions décrites et analysées dans la triple typologie des passions chiasmiques, orgasmiques et enthousiasmiques, il faudra reproduira dans les formules de concaténations modalisatrices la structure modale de la *compétence* du destinateur-manipulateur et la *performance* du destinataire-manipulé. La manipulation ne présuppose pas seulement une attitude intersubjectivante de la part du sujet$_1$, mais également une relation intersubjective *réalisée* (entre sujet$_1$ et co-sujet$_2$). Pour qu'il y ait manipulation, il faut que l'*action* du sujet$_2$ soit impliquée par le vouloir spécifique (ou la compétence modale) du sujet$_1$. C'est ainsi que le prototype d'une manipulation est exprimé dans la formule suivante (où M désigne le manipulateur, et m le manipulé) :

$$\text{vouloir [savoir, pouvoir]} \rightarrow \text{faire-faire}_M \subset \text{pouvoir-faire}_m$$

ou : la manipulation est une intention du manipulateur reposant sur sa compétence cognitive et pragmatique, et menant à son intervention (l'intention se traduit donc en faire persuasif), et impliquant une performance (une action) de la part du manipulé. La typologie de la manipulation dépendra de la variation des quatre positions du *faire-faire* du manipulateur, et des quatre positions de *pouvoir-faire* du manipulé; seize possibilités résultent ainsi de cette combinaison, dont les unes sont intuitivement plus évidentes que les autres. Toutefois, toutes les positions sont sémiotiquement possibles. Je ne donne ici que quatre exemples, pour ne pas alourdir cet exposé par des schémas exhaustifs. Il est évident que la séquence *vouloir [savoir, pouvoir]* reste stable, pour toutes les combinaisons. Les exemples sont les suivants : un *faire-faire* du manipulateur impliquant un *ne pas pouvoir-faire* du manipulé (une intervention positive de M qui résulte dans l'«impuissance» de m); un *ne pas faire ne pas faire* du manipulateur impliquant un *pouvoir-faire* du manipulé (un «laisser aller» de M résultant dans l'«obéissance» de m); un *ne pas faire-faire* du manipulateur impliquant un *pouvoir-faire* du manipulé (une non-intervention de M résultant dans l'«obéissance» de m); un *faire ne pas faire* du manipulateur impliquant un *ne pas pouvoir-faire* du manipulé (un empêchement de M résultant dans l'«impuissance» de m). On peut exploiter ainsi les seize possibilités de la structure modale de la manipulation.

Je termine cette section sur la manipulation en résumant les différentes prises de position sous-jacentes. (1) La manipulation est une *surdétermination* des passions orgasmiques. Elle ne concerne que les passions orgasmiques, étant donné qu'il faut au moins une relation intersubjectivante entre deux sujets, ce qui n'est le cas que dans le domaine soi-disant pratique. La manipulation ne *transforme* pas la passion orgasmique qu'elle accompagne et surdétermine. C'est bien la distinction entre une transformation et une surdétermination que j'avance. La manipulation surdétermine donc, en principe, *toutes* les passions orgasmiques, que celles-ci soient ressenties comme positives (comme la *sollicitude*, la *confiance*, l'*amitié*, l'*amour*, l'*affection*, l'*estime*) ou comme négatives (comme la *haine*, la *méfiance*, l'*indifférence*, le *mépris*, la *mésestime* et le *dédain*). Il y a donc de la manipulation qui se fait *avec amour*, voire *avec estime*, tout comme il y a de la manipulation qui s'effectue *par indifférence, mésestime*, etc. Il faut se garder de teinter d'emblée la manipulation de considérations éthiques et déontologiques. La manipulation est une propriété essentielle de toute structure *contractuelle* qui n'est jamais absente précisément quand il y a une relation intersubjectivante. C'est ainsi que la définition de la manipulation (ou d'un de ses sous-types) doit contenir des indices concernant la performance du manipulé. Cette performance, dans sa spécificité, est impliquée par la compétence du manipulateur. La structure contractuelle se manifeste donc au niveau de cette relation d'implication qui marque l'intersubjectivité spécifique de toute manipulation. (2) La contractualité est analysée, du côté phénoménologique et, dans un sens, 'pré-sémiotique', comme une *communication mutilée* puisque, dans tous les cas décrits, une sous-intention de l'intention globale de communication est neutralisée. L'approche phénoménologique et la reconstruction sémiotique en termes de modalités sont compatibles et complémentaires. La différence consiste dans le fait — essentiel pour la méthode sémiotique — que la typologie établie ne dépend d'aucune catégorie psychologique, mais de la spécificité des actions (l'action résultant de la compétence du manipulateur, le *faire-faire*, et l'action marquant la performance du manipulé, son *pouvoir-faire*). (3) Le psychologisme est évité une nouvelle fois, parce que la manipulation n'est pas considérée en tant qu'action d'un manipulateur résultant dans la création ou le changement d'un *état de croyances* du manipulé. Je ne nie pas que la manipulation a cet effet, mais je défends simplement l'idée que la reconstruction sémiotique s'intéresse, dans ses définitions et typologies, aux *actions* résultant de la création et du changement des états de croyances. Il est vrai que certains points de vue, entre autres la perspective vérifonctionnelle, qui prennent directement en considération l'état de croyances du manipulé, et même du manipulateur, ne sont pas incompatibles avec l'analyse sémiotique. Ils sont, en tant que phénoménologies, de première importance pour l'analyse du *mensonge*, tellement proche de la manipulation, mais quand même distinct, précisément en ce qui concerne la pertinence des croyances[20]. La mise en croyance, dans la perspective que je défends ici, est un effet de contexturation plutôt qu'un aspect du «texte des passions» et de leurs surdéterminations.

1.4.2. La séduction

La séduction n'est pas un sous-type de la manipulation, comme le suggèrent les auteurs du *Dictionnaire raisonné*[21], selon lesquels la manipulation est soit de la provocation ou de l'intimidation (dans le cas où la compétence du manipulé est jointe à un *devoir-faire*), soit de la séduction ou de la tentation (dans le cas où la compétence du manipulé est jointe à un *vouloir-faire*). Cette modalisation ne me satisfait pas, parce que je doute que le «séduit» développe un programme selon un *vouloir*-faire, selon une intention de faire. Si je n'entrevois aucune ressemblance entre la manipulation et la séduction, c'est que le critère *intentionnel*, aussi bien pour le sujet$_1$ que pour le co-sujet$_2$, n'est pas pertinent pour une définition de la séduction. La séduction ne concerne pas la compétence intentionnelle d'action, le vouloir manipulatoire du destinateur, tout comme elle ne concerne pas l'intentionnalité d'action dans le destinataire. La séduction n'est d'ailleurs pas une fonction du sujet virtuel/actuel d'un programme, qu'il soit sujet$_1$ ou co-sujet$_2$, vu qu'elle émane, comme on le constatera, du *sujet instaurateur* ou du méta-sujet.

La phénoménologie de l'art de séduire

Traditionnellement, la sémantique de la séduction est traitée dans deux perspectives. La première considère la séduction comme un mal et voit dans le séducteur un corrupteur. C'est le point de vue éthico-théologique. L'autre perspective, libertine, envisage la séduction comme l'affirmation d'une volonté d'un sujet qui se rend maître de la volonté d'un co-sujet par le biais de la tromperie. Les deux perspectives sont réductibles à un seul concept de séduction, selon lequel le désir subjectif impose sa souveraineté au moyen de manœuvres[22]. Séduire vient de *se-ducere*, où *se* signifiant «à part, à l'écart» prend le sens de séparation. La signification est donc: mener, conduire à l'écart. Le sens dérivé est celui de détourner, tirer à soi, comme le fait le *dux* qui s'attire ceux qui le suivront. D'où aussi le sens de corrompre, dévoyer[23]. En latin il y a aussi *sub-ducere*, «enlever secrètement». A cause de l'enlèvement, du rapt, du secret, de ce qui a lieu en dessous, d'une efficacité souterraine, *subductio* signifie *calcul* chez Cicéron, et *extase* chez Augustin (un glissement de sens du calcul au ravissement). En outre, l'*extase* figure parmi les passions orgasmiques dont la séduction est en fait une surdétermination. Détourner, ravir, calculer, sont donc autant de connotations de la sémantique de «séduction».

En plus, l'action de mener à l'écart évoque la communication furtive d'un *secret*: s'il arrive, dans le rapport à l'*écart*, qu'un secret soit communiqué, l'action de soustraire, qui est aussi celle de sauver, s'y accomplit également. Séparer, diviser, éloigner sont d'autres sens du verbe *se-ducere*. En visualisant l'action de séduire, on présuppose un étourdissement de la part du séducteur à l'égard du co-sujet qui sera l'«objet» de cette action. En éloignant le co-sujet du lieu qu'il occupait, en le détournant de sa voie, le séducteur attire le séduit: le séducteur devient ainsi l'agent du mal et de l'intrigue, et le séduit l'innocente victime. Pourtant, l'indice ultime de la séduction est le secret auquel fait allusion l'acte même de mener quelqu'un à l'écart: le lieu de la séduction se soustrait à la connaissance des autres. *Se-ducere* s'oppose sur plus d'un point de vue à *pro-ducere*, signifiant «porter à la lumière», «rendre visible». *Seducere* évoque le mouvement contraire: retirer de dessous, éloigner et soustraire. Le séducteur est tenu par l'engagement à garder le secret. Et le désir ainsi mis en scène par le séducteur est un désir à propos du désir de l'autre. Cette propriété de la séduction en tant que *désir du désir* nous conduit évidemment dans le domaine esthétique des passions où la métamodalisation est essentielle. Je reviendrai sur ce point. Mais je rappelle d'abord une autre propriété structurale du domaine esthétique de la séduction: la profonde ambiguïté dans le mouvement de se retirer (dans le secret) et de se produire (dans le visible). Il y a non seulement contraste entre *se-ducere* et *pro-ducere*, mais aussi complémentarité. C'est ainsi que ce que Don Juan a séduit, c'est-à-dire soustrait, subtilisé en cachette, sera par après produit sur la liste, pris en compte dans le catalogue[24]. Le plaisir de la liste, la *technè* du chiffre, le calcul, appartiennent au vocabulaire de la séduction en ce qu'ils rendent visibles le secret. Il est évident que, si l'acte de séduction évoque le secret, il stimule en même temps le regard sur une visibilité produite. Il y a donc un *circuit* de la séduction et de production. Le domaine esthétique est précisément le lieu dialectique de ce secret et de cette visibilité.

Je voudrais reprendre plus systématiquement trois aspects de la séduction qui sont d'une grande importance pour l'idée de la séduction *en tant que surdétermination* du domaine esthétique des passions. D'abord, on peut opposer à la perspective théologico-libertine, l'idée d'une *logique de la séduction*; ensuite, cette logique est intrinsèquement liée au fonctionnement du *secret* en tant que lieu sémiotique de la séduction; et enfin, du point de vue philosophique, cette prépondérance du secret, dans son ambiguïté, nous ramène à la «dramaturgie de l'Être et du Rien», là où se situe en fait le *topos* esthétique. Par «logique de la séduction», je veux dire que la séduction s'impose au séducteur et au séduit, qu'elle est indépendante et opposée à leur volonté intentionnelle et subjective. Les sophistes ont défendu l'idée, contre la perspective théologico-libertine qui caractérise le projet métaphysique occidental à partir de Platon, que le séducteur est en rapport avec le *kairos*, l'occasion. Le charme fascinateur de la séduction provient de ce que le *kairos* n'est pas une loi universelle, qu'il ne suit pas la logique de l'identité, mais qu'il est en constante contradiction avec lui-même. Il s'agit d'une logique qui abolit l'identité du séducteur, étant donné qu'il est toujours différent occupant de nombreux endroits. Le séducteur n'est marqué par aucune subjectivité et aucune localisation spatio-temporelle identifiable : la séduction n'émane de Personne. Cette sophistique résonne dans la sémantique de la séduction, tant dans sa signification de mise à l'écart, détournement, enlèvement que dans sa signification de calcul et d'extase. Le séducteur ne peut être ce qu'il est, qu'à condition de n'être *personne*, «un pur espace vide occupé par les dieux et par les noms des séduits»[25]. Il y a donc une indétermination totale des qualités du séducteur, et le charme de celui-ci est un effet de cette ouverture, de cette liberté, de ce vide, de cette façon de faire place aux particularités du *kairos*, l'occasion. En parlant d'une «logique» de la séduction, je voudrais suggérer que la séduction fonctionne autant comme «déréalisation» que comme «désubjectivisation» : *rien* ne se passe, puisque *personne* n'agit. Mais cette «présence» du *rien* et de *personne* nous mène nécessairement au simulacre et à la simulation, et en fin de compte au secret.

Ce n'est pas un hasard si Baudrillard nous parle si brillamment à la fois des simulacres et simulations, et de la séduction. Il écrit : «Je préfère la forme de la séduction, qui maintient l'hypothèse d'un duel énigmatique, d'une sollicitation ou d'une attraction violente, qui n'est pas la forme d'une réponse, mais celle d'un défi, d'une distance secrète et d'un antagonisme perpétuel...»[26]; ce défi n'est pas celui d'un sujet (comme nous l'avons dit : la séduction dé-subjectivise) : «Le sujet ne peut que désirer, seul l'*objet* peut séduire», «l'*objet* est ce qui a disparu du sujet et c'est du fond de cette disparition qu'il enveloppe le sujet dans sa stratégie fatale»[27]. Cette phénoménologie des apparences, celle qui transcende la vérité et le mensonge, et aussi la manipulation, aboutit tout naturellement au secret et à l'esthétique : «La séduction n'est pas mystérieuse, elle est énigmatique. L'énigme, comme le secret, n'est pas l'inintelligible. Elle est au contraire pleinement intelligible, mais elle ne peut être dite ou révélée. Telle est la séduction, évidence inexplicable»; «la séduction est l'ère d'une différence esthétique»[28]. Ainsi le lieu séducteur, *paratopique* et *parodique* — parados, le parcours dans un espace paradoxal[29] — est celui du secret. Mais, comme Baudrillard le rappelle, le secret n'est pas l'intelligible. Le secret circule à la façon des propositions et de tout savoir modalisé. Il y a des parcours syntaxiques marqués par une constellation véridictoire où, en partant du *vrai* et en niant le *paraître* de cette vérité, on obtient un objet qui sera, mais qui n'apparaît pas. C'est le secret (voir le schéma 11). Mais cette non-apparence n'est pas inintelligible puisque celle-ci peut apparaître ou non, avec la possibilité des non-apparences qui paraissent enfin... Il peut y avoir secret du secret, ou bien attente que le secret se dévoile, ou bien secret découvert en tant que secret et donc «présence» du secret. Il en va précisément ainsi de la séduction. Son alliance avec le secret exclut qu'elle s'identifie avec le mensonge et avec la manipulation. Si elle est intelligible mais ne peut être dite ou révélée, c'est que le mode de présence de la séduction est celui du simulacre, du paratopique — le simulacre, toutefois, n'est pas le néant globalement opaque, et le paratopique n'est pas un non-lieu ou une absence de lieu.

En tout cas, ce paradoxe nous ramène au philosophème de la dramaturgie de l'Être et du Rien[30]. Il est vrai que le séducteur, ou plutôt l'objet séducteur, *joue* sur le Rien. «Il machine, il esquisse, il esquive, il feint, il feint, il aguiche, il se dérobe, il s'avance jusqu'à devenir insaisissable»[31]. L'illusion qu'évoque en nous l'objet séducteur est de faire passer le rien pour le tout. Il le fait en s'engageant dans une visée théâtrale, dans une mise en scène, amplifiant les simulacres et les stratagèmes. C'est ainsi que le séducteur s'incarne de manière privilégiée dans le charmeur, le malin, voir dans le Mal. Il provoque une indétermination absolue en nous, et la fascination qu'il exerce, dépend du fait que notre imagination ne parvient pas à assumer, à contrôler ce qui la surplombe. Ontologiquement, on a donc affaire à la mise en scène du combat de l'être et du rien. S'il ne s'agit pas d'une véritable dialectique de l'être et du rien — il n'y a pas de synthèse, pas de transcendance de l'opposition —, c'est que, dans ce jeu de miroirs, il n'y a pas de *fondement* — le réel, la subjectivité, le raisonnement, la praxis —, il n'y a que des apparences, et c'est là, sans doute, que la beauté s'épanouit.

L'objet séducteur

Pourquoi cette longue phénoménologie de la séduction? Pourquoi insister sur l'évocation de la *marge*, du *vide*, du *rien*? Cette phénoménologie que l'on peut considérer comme des prolégomènes à la reconstruction sémiotique, constitue un point de départ valable pour la déduction et pour la typologie des passions. Elle nous montre que c'est toujours un *objet* qui séduit, et non pas le sujet virtuel/actuel/réalisé. On constate enfin que, si la séduction «désubjectivise», c'est en faveur d'un *objet* que j'ai appelé de façon conséquente, le *sujet instaurateur*, ou le *méta-sujet*. La phénoménologie esquissée nous montre également que la séduction est essentiellement différente de la manipulation en ce qu'elle n'a aucun lien intrinsèque avec une intentionnalité (il n'y a pas de vouloir$_1$-intention ni de conscience dans la séduction) et en ce qu'on ne parvient pas à l'identifier avec l'action intersubjectivante (la séduction n'est donc pas une passion orgasmique). Finalement, la phénoménologie développée dans les pages précédentes, indique la relation essentielle entre la séduction et l'*esthétique*, opposé au théorique et au pratique, les deux types de «raisons» ouvertement intrasubjectives.

Ce sont donc avant tout l'*enthousiaste* et le *reconnaissant* qui séduisent. L'*extatique* séduit, comme l'affirmait déjà saint Augustin. Les passions enthousiasmiques, dont l'enthousiasme et la reconnaissance sont les prototypes, sont par nature prédestinées à devenir la base de la séduction surdéterminante. Mais en quoi la concaténation modale des passions enthousiasmiques est-elle *modifiée* par la séduction? La séduction, dans sa complémentarité avec la production, se manifeste et se cache dans un mouvement qui se joue entre le vide et le plein, le rien et l'être. Et c'est en supprimant le subjectivité virtualisée/actualisée qu'elle parvient à manifester/cacher le sujet instaurateur. C'est donc par la suppression de la séquence théorique et pratique que comportent les concaténations enthousiasmiques que le prédicat métamodalisateur se manifeste, le $\dfrac{\text{vouloir}}{\text{devoir}}$ ou le $\dfrac{\text{devoir}}{\text{vouloir}}$, le désir «obligatoire» et l'obligation «désirée». La séduction est la manifestation du désir et de l'obligation dans toute leur nudité, c'est-à-dire détachés de la séquence théorique et pratique qui est l'objet de la méta-modalisation. Ce retranchement ou cette suppression du plein est en même temps manifestation du vide et du rien comme «présences» énigmatiques mais intelligibles. La surdétermination séductrice consiste donc dans le mouvement de suppression des séquences théoriques (suppression de l'intentionnalité de savoir) et pratique (suppression de la nécessité de pouvoir), et dans le mouvement d'hypostase du prédicat métamodalisateur, vidé de son contenu, n'ayant plus de séquence modalisatrice comme objet. L'*enthousiaste*, en tant qu'il désire le désir, est séducteur, tout comme le *reconnaissant*, en tant qu'il est tenu par l'obligation, par un impératif catégorique. Avec la séduction, on se trouve en effet dans le domaine du *bon goût* pur, de la *sensibilité* commune à tous, donc de l'universalité du sens commun, d'une «présence» qui, dans sa trans-subjectivité et son «objectalité», est *vide*. La surdétermination de la séduction consiste dans cette «dé-subjectivation» et «dé-modalisation» des passions enthousiasmiques et dans l'hypostase du méta-modalisateur, le *désir-obligation*, qui n'est, dans sa pureté fascinante, que l'*objet* séducteur.

1.5. La syntagmatique passionnelle

La morphologie des passions esquissée dans les pages précédentes a sans doute pu éviter des pièges de tout genre. Son avantage le plus important est que la classification et la typologie des passions ne repose pas sur des lexicalisations. On l'a répété souvent: se fier aux taxinomies lexicologiques existantes, entre autres celles fournies par les *Traités des passions* des XVIIe et XVIIIe siècles, aurait été un acte téméraire. La morphologie présentée est 'profonde': elle se situe au niveau du «texte des passions». Elle se situe, dans sa confrontation avec l'effort de la reconstruction sémiotique, *avant* toute lexicalisation, tout comme elle est génératrice de paliers plus 'superficiels' de l'architectonique, à savoir les paliers de la contexturation et de la mise en discours. Mais cette mise en garde ne nous a pas protégé contre une autre tendance dangereuse dans la «sémiotique des passions». Une morphologie, n'aboutissant qu'à la typologie des concaténations modales sous-jacentes aux classes des passions, n'explique pas à suffisance les phénomènes de société et de culture que sont les passions. Il ne faut pas oublier que la société en tant que macrocosme, le fait culturel et les interrelations humaines, se présentent comme des *récits*, comme des *programmes* déterminés. La description sémiotique doit donc aboutir à la reconstruction d'une *syntagmatique* passionnelle dont la force d'explication est de loin supérieure à celle de la simple morphologie des passions.

Ce qui devrait nous intéresser par conséquent, ce sont les «parcours passionnels»[32]. La syntagmatique, toutefois, n'est pas plus superficielle que la morphologie, et il ne convient pas d'inférer des propriétés de la contexturation ou de la mise en discours des passions à partir de cette syntagmatique. Le «texte des passions» est syntagmatique, et le développement du «récit passionnel», avec ses ruptures et avec ses transformations d'équilibre et de tension, est intrinsèque à la grammaire profonde des passions. Le terme de «parcours» est essentiel dans ce contexte: «*parcours* implique non seulement une disposition linéaire et ordonnée des éléments entre lesquels il s'effectue, mais aussi une perspective dynamique, suggérant une progression d'un point à l'autre, grâce à des instances intermédiaires»[33]. Les sujets peuvent être définis par la position qu'ils occupent, et Greimas insiste sur le fait que «la position du rôle actantiel dans le parcours n'est pas caractérisé seulement par le dernier programme narratif réalisé et par la dernière valeur acquise puisqu'il subsume l'ensemble du parcours déjà effectué, qu'il porte en lui l'augmentation (ou la déperdition) de son être; ce double caractère a ainsi pour effet de «dynamiser» les actants, et offre la possibilité de mesurer, à chaque instant, le *progrès narratif du discours*»[34]. Ce qui est vrai du rôle actantiel ou de l'actant, l'est aussi de la *compétence passionnelle* «dynamisée» si l'on accepte la prépondérance de la syntagmatique des passions. Cette syntagmatique se manifeste évidemment par le déploiement d'une compétence dans une performance (sujet de faire) mais également, même si c'est virtuel et non actualisé, en tant que compétence même (sujet d'état). La compétence se décompose en un ensemble d'«états passionnels», en une suite cumulative de «rôles passionnels» qui ont des affinités ou, au moins, des relations déterminables. On pourrait parler à leur propos de *configurations* ou de *micro-univers passionnels*. Il sera d'une grande importance méthodique d'envisager la compétence passionnelle comme un micro-récit dans lequel les passions, dans leur existence virtuelle, s'enchaînent et s'engendrent mutuellement. Il y a donc en fait deux portées de la «syntagmatique passionnelle», l'une '*performantielle*', et l'autre *configurative*. La syntagmatique performantielle concerne la suite des passions en tant qu'actions sur des objets, des sujets ou des co-sujets: les passions provoquent d'autres passions dans le sujet passionné ou, intersubjectivement, dans le co-sujet. C'est la conception la plus intuitive d'une syntagmatique passionnelle. La syntagmatique configurative, même si elle semble secondaire et dérivée, est pleine de renseignements à propos de la *co-existence* virtuelle des passions au niveau d'une compétence. Il ne s'agit pas moins de génération et d'enchaînement que de co-existence ou de configuration. J'admets volontiers que les deux types de syntagmatiques sont des points de vue abstraits et complémentaires, et qu'il est toujours possible de traduire l'un dans l'autre en changeant l'angle d'incidence.

Cette opposition entre les deux types de syntagmatiques deviendra plus recevable après la démonstration qui suit. Je me propose de présenter trois conceptions de la syntagmatique de la *colère*, dont les deux premières — celle d'Alain et de Thomas d'Aquin — sont, de toute évidence, des exemples de syntagmatique *performantielle*, la troisième — celle de Greimas — étant plutôt l'illustration parfaite d'une syntagmatique *configurative*. Il faut noter de prime abord que la *colère* n'est pas une véritable passion dans la typologie que j'ai proposée. Elle est tout au plus une émotion, tout comme la *joie* et la *tristesse*, ou éventuellement une configuration de passions, comme c'est le cas chez Greimas. Pourtant, la colère est une passion dans la plupart des taxinomies depuis l'Antiquité. Chez Platon et Aristote, et au cours du Moyen Âge, l'*irascible* occupe la partie inférieure de l'âme (voir 1. de *Positions*), et on verra pourquoi la colère occupe une position-clé dans la systématique de Thomas d'Aquin. L'exposé des trois conceptions de la *colère* démontrera pourquoi elle ne peut avoir de place dans la typologie morphologique que j'ai proposée.

La colère I: Alain

« La *colère* naît souvent de la *peur* »[35], ou les deux sont au moins mêlées. En même temps, étant donné que la colère nous affranchit, elle est *espoir* de soulagement. Et comme les effets de la colère supposent une clairvoyance et une maîtrise de soi, elle peut être au service du *courage*, comme le disait déjà Platon. Alain présume un lien intrinsèque entre la *peur* et la *colère*: « il y aurait donc un peu de colère toutes les fois que, sans prévoir assez, nous osons. Agir malgré la peur, c'est peut-être la colère même »[36]. Vouloir dire ce qu'on n'ose pas dire, et se mettre en colère, c'est tout un. Cette peur n'est pas la peur d'un mal bien défini, mais la peur de l'imprévu. De là, tant de colère dans l'*amour*. L'amour et la peur servent même de motifs explicites et directs à la colère. Mais absolument centrale reste l'idée que la colère est toujours peur de soi et de ce qu'on va faire. Alain ajoute que la *haine* est plutôt l'effet que la cause de la colère: « haïr, c'est prévoir qu'on s'irritera. C'est pourquoi souvent on n'arrive pas à avoir de la haine, quoiqu'on trouve des raisons d'en avoir »[37]. Alain conclut que le sage ne fait pas le saut de la *colère* à la *haine*. Qu'apprenons-nous de cette analyse d'Alain? Il y a une syntagmatique de la colère, dont la propriété la plus importante est la relation de la peur et de la colère, relation de cause à effet:

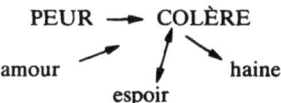

On peut considérer cette syntagmatique comme *performantielle*, vu que les passions se suivent dans la performance: la peur, par exemple, n'entre pas dans la définition de la colère, elle est une véritable passion performée au cours d'un programme, mais antérieure à la colère elle-même (puisque la colère en est l'effet). La conception d'une syntagmatique performantielle devient plus explicite avec l'étude fouillée que Thomas d'Aquin consacre à la colère.

La colère II: Thomas d'Aquin

Thomas, restant très proche d'Aristote, analyse les *passions de l'irascible*, la faculté de l'appétit sensitif de l'homme qui fait face aux difficultés : elle le rend en même temps capable de les surmonter et de réaliser son épanouissement vital. Les moyens de l'*irascible* sont les cinq passions d'*espoir* et de *désespoir*, de *crainte* et d'*audace*, de *colère* enfin. Ces passions sont liées entre elles, fondées sur l'*amour*, mouvement primordial du *concupiscible*. Comme elles sont au service de l'amour, elles se terminent dans la *joie* ou dans la *tristesse*. La syntagmatique de la *colère* dans l'optique de Thomas d'Aquin se joue donc entre toutes ces passions qui sont les termes d'un système que j'esquisse brièvement dans les pages qui suivent. Thomas note, dès le début de son analyse, que la *colère* n'a pas de contraire, et qu'en plus elle est produite par le concours de plusieurs passions. Toutes les passions se terminent dans la colère et en ce sens la colère est la dernière passion, le dernier mouvement de la puissance irascible. Thomas écrit que « la colère contient plusieurs passions, non à la manière dont un genre contient des espèces, mais plutôt selon l'inclusion de la cause dans ses effets »[38]; de cette façon la colère occupe une place privilégiée, « voyante », dans la syntagmatique des passions. Quand on dit que la *colère* s'amplifie jusqu'à la *haine*, on ne doit pas comprendre ceci comme s'il s'agissait de l'évolution d'une seule et même passion, comme si la haine était une espèce de colère rancie; il s'agit de la causalité d'une passion à l'autre. La colère qui persiste *engendre* la haine. Les composantes de *tristesse* et de *désir* dans la colère ne sont pas à concevoir comme des parties, mais comme des *causes* de cette passion. « Les passions du concupiscible... *engendrent* celles de l'*irascible* »[39]. C'est bien par cette relation d'*engendrement*, de cause à effet, que la syntagmatique performantielle se caractérise.

Thomas distingue entre les causes *physiques*, se rattachant au tempérament, les causes *morales* ou *prédisposantes* (par exemple, dans le cas des passions de l'irascible, le sentiment de sa propre supériorité et celui de l'infériorité de l'agresseur) et les causes *déterminantes* (toute l'échelle des passions qui sont à l'origine de la colère). Il définit la colère comme le désir de prendre une revanche justifiée en causant du mal à un autre, cette vengeance supposant une injure préalable qui nous concerne. Du point de vue de la *motivation* de la colère, on peut même dire que la première passion qui intervient dans la colère, c'est la *tristesse*. Pour s'irriter, il faut d'abord qu'on ait été contrarié. A l'origine de toute irritation il y a donc une souffrance. Cette souffrance doit être injustement causée, et la colère est l'éclatement d'une rancune contre l'auteur d'un mal immérité. Ce *désir* de vengeance, toutefois, n'est pas la passion du concupiscible, mais plutôt le mouvement dynamique de l'irascible sous-tendu intérieurement par le désir comme épanouissement de l'amour (donc le désir concupiscible). Mais à côté du désir de vengeance, il faut un autre motif à la colère. Si la colère ne dépendait que du *désir* et de la *tristesse*, on renoncerait sans doute à la lutte pour le rejet du mal. Pour se dresser contre les obstacles interposés, il faut avoir la conviction que l'on réussira, il faut donc un *espoir*, et l'espoir participe intrinsèquement à la colère. On pourrait sans doute parler aussi de l'*audace* que la colère implique ou présuppose. L'analyse des motifs devient plus compliquée en ce qui concerne la *crainte* et la *joie* comme motivant éventuellement la colère. Contrairement à Alain, Thomas n'estime pas que la crainte est un motif direct de la colère : c'est l'élément affligeant de la crainte, son aspect douloureux (*tristesse*) qui donne lieu, en tant que tristesse injustement subie, à la revanche de la colère[40]. Le *plaisir*, par contre, n'est pas une véritable cause de la colère, il en est l'effet ou le terme. Si la vengeance s'accomplit réellement, il y a plaisir parfait, excluant tout à fait la tristesse et apaisant ainsi le mouvement de la colère.

Cette analyse de la colère permet d'entrevoir une classification « logique » des passions. Il faut d'ailleurs distinguer entre *ordo intentionis* (dans le cas des passions du concupiscible : joie → désir → amour) et *ordo consecutionis* (pour les mêmes passions : amour → désir → joie) ; Thomas considère la motivation ou les relations de *cause* à *effet* plutôt comme fonctionnant selon l'*ordo consecutionis*. Cet enchaînement concerne l'aspectualité des passions et leur temporalité spatialisée ; c'est ainsi que les rapports *ab quo - ad quem* (comme, par exemple, entre la *peur* et l'*audace*) sont compris comme des relations spatio-temporellement orientées. C'est sur ce type de relations que la classification de « l'ordre des passions » (*Quaestio 25*) chez Thomas repose. Je schématise ci-dessous l'organisation qu'on y trouve.

Schéma 23

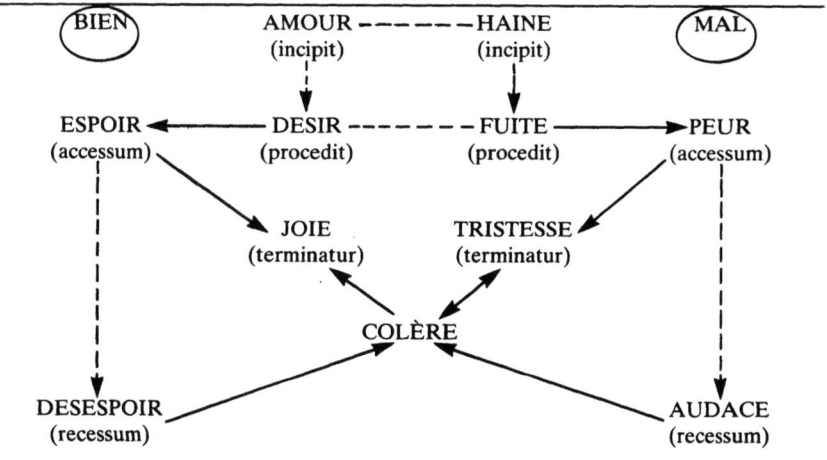

Cette classification est faite *secundum viam generationis*[41], et il y a trois phases: *incipit, procedit,* et *terminatur*. Mais la fonction capitale de la colère — la seule passion sans contraire — consiste dans sa possibilité de «régénérer» les passions: la colère nous met en état de recommencer des cycles passionnels, elle cause la complication de la syntagmatique passionnelle. Elle confère la mobilité à un système que l'on ne peut plus considérer comme une simple taxinomie. Thomas affirme qu'il y a quatre passions premières — Descartes dirait «primitives» —: la *joie* et la *tristesse*, qui sont les positions finales des cycles, et l'*espoir* et la *peur*, à cause de leur fonction de déviation par rapport aux étapes ultérieures du cycle (c'est ainsi que la *peur* peut amener à la *tristesse* directement ou par le «détour» de l'*audace* et de la *colère*). Il n'y a qu'une seule asymétrie dans l'organisation proposée par Thomas. Si la *tristesse* et la *colère* peuvent s'engendrer réciproquement, il n'en est pas de même pour la *joie* et la *colère*. La *joie* est toujours effet, et jamais cause, de la colère. On se rappellera que la *colère* peut engendrer la *haine*; voilà comment le cycle peut recommencer. L'idée d'une «régénération» du mouvement cyclique est typique pour la systématique de Thomas d'Aquin, et Descartes n'a jamais repris l'idée. Il faut noter, en effet, que la classification de Descartes est purement taxinomique, et ceci constitue un pas en arrière par rapport aux auteurs médiévaux, en particulier Thomas d'Aquin, chez qui s'élaborait déjà une conception de la *syntagmatique des passions*[42].

La colère III: Greimas

L'analyse de la colère chez A.J. Greimas met en place une *syntagmatique configurative*. Selon la définition classique, «les *configurations* discursives apparaissent comme des sortes de micro-récits ayant une organisation syntactico-sémantique autonome et susceptibles de s'intégrer dans des unités discursives plus larges»[43]. Greimas rappelle, dès les premières pages de son analyse, que les lexèmes (comme «colère») se présentent comme «des condensations recouvrant, pour peu qu'on les explicite, des structures discursives et narratives fort complexes. L'existence, à l'intérieur de l'énoncé-discours, des expansions qui reproduisent les mêmes structures de manière plus ou moins étalée et diffuse, ne doit pas nous gêner, bien au contraire: puisqu'il ne s'agit que d'une différence de dimensions, et *non de nature*, les descriptions lexématiques peuvent constituer, de façon économique, des modèles de prévisibilité pour des analyses discursives ultérieures»[44]. La démarche de Greimas est «franchement syntagmatique», et l'analyse de la *colère* démontre que «avec une passion 'complexe', on a affaire à une séquence discursive constituée d'une imbrication d'états et de faits qu'il s'agit de décomposer, pour y reconnaître des unités syntagmatiques autonomes, et de recomposer en une *configuration passionnelle* que l'on peut considérer comme sa définition »[44]. « Les configurations passionnelles apparaissent donc comme des micro-récits; ces configurations ne sont pas dépendantes du contexte... et elles se manifestent comme des discours autosuffisants (...). Ces configurations peuvent être inventoriées comme des stéréotypes représentant des structures *modales canoniques* dont on pourrait entreprendre la typologie »[45].

Quels sont donc les éléments constitutifs de cette configuration passionnelle que l'on peut lexicaliser par « colère »? Si la colère est « un violent *mécontentement* accompagné d'*agressivité* » (définition du *Petit Robert*), on distinguera la séquence « frustration » — « mécontentement » — « agressivité », l'état *ab quo* de la passion étant l'état de non-frustration antérieure que l'on pourrait appeler l'*attente*. ATTENTE ET FRUSTRATION. Cette attente du sujet$_1$ est double: elle est « *simple* », établissant une relation entre S_1 et l'objet de valeur 0; et elle est « *fiduciaire* », supposant une relation de S_1 avec le co-sujet S_2. L'attente simple est un vouloir-être conjoint, et elle se caractérise par une disjonction, au niveau sémio-narratif, et une tension, au niveau discursif. L'attente fiduciaire est de loin la plus importante: le stade antérieur à l'attente est la *confiance*, et le caractère *contractuel* de la relation intersubjective donne à S_1 le droit d'*espérer*: il y a un devoir-faire qui modalise le co-sujet. Toutefois ce devoir-faire n'est pas réel mais imaginaire, et la modalisation déontique de S_2 est plutôt l'effet d'une construction de simulacres de la part de S_1. La confiance en autrui repose sur une relation fiduciaire entre S_1 et le simulacre qu'il se construit. Une autre « passion » s'ajoute à cette première séquence (« attente ») de la configuration, celle de la *satisfaction*: là où il y avait tension et disjonction, il peut y avoir, comme aboutissement possible de l'attente, la « détente » due à la réalisation de la conjonction, qu'elle soit réelle ou projetée épistémiquement. Une autre possibilité est la surmodalisation du vouloir-être de l'attente par un *pouvoir*: c'est alors la patience qui domine l'attente, recherchant la permanence, la persévérance. *MÉCONTENTEMENT*. Deux formes de dysphorie peuvent découler de l'attente: le malaise, l'*insatisfaction* qui survient à la suite de la non-attribution de l'objet de valeur, et la *déception* résultant d'une crise de confiance dans le sujet d'attente fiduciaire. L'insatisfaction et la déception peuvent se transformer en *sentiment de manque*. L'état terminal, résultant de la non-conjonction du sujet avec l'objet de valeur, peut se confondre avec l'état initial: le parcours pourra se poursuivre alors comme la *liquidation du manque* et le rétablissement de la conjonction objectale et de la relation fiduciaire. Le sentiment de manque est une *rancune*: il est durable, et engendre l'hostilité et un désir de vengeance. La relation intersubjective contractuelle est remplacée par une relation *polémique* (l'hostilité ou l'animosité que l'on trouve dans la *rancune*, et donc dans le mécontentement qui marque la *colère*, est « un sentiment persistant de *malveillance* qui porte à nuire à quelqu'un », selon *Le Petit Robert*). Mais ces différentes catégories qui caractérisent le S_1 n'indiquent qu'une certaine direction actantielle, et la structure modale de S_1 reste virtuelle, aussi longtemps que « l'autre sujet », le co-sujet, n'est pas caractérisé. Le désir de vengeance, marquant le mécontentement de S_1, est un fait une « réponse à l'*offense* ». Que S_1 souffre, qu'il soit touché dans sa dignité, dans son honneur ou son amour-propre, introduit S_2 comme l'offenseur, comme un sujet de faire qui provoque une réponse, la malveillance et le désir de vengeance de S_1. Il faut remarquer que S_1 non seulement « blesse » effectivement l'offensé, mais qu'il « se blesse » lui-même, de sorte que le sujet de faire et le sujet d'état s'identifient dans un même acteur : ce syncrétisme atteint donc S_1 pour qui l'offense devient une « affaire intérieure » d'honneur blessé. L'honneur est bien « la représentation, cette 'image' de soi que l'homme s'est construite en fonction de sa participation dans la vie sociale, ... un noyau fragile, protégé et exposé à la fois, ce sentiment de mériter de la considération et de garder le droit à sa propre estime », en somme une « confiance en soi »[46]. Et l'offense est précisément la *confiance en soi* ébranlée par la négation de la confiance des autres se manifestant par la blessure. *AGRESSIVITÉ-VENGEANCE.* L'agressivité qui marque l'apparition dans S_1 d'une compétence de passer à l'acte, peut se traduire ou bien en *vengeance* ou bien en *colère*. La directionnalité de cette compétence est telle que le programme d'action concerne non pas un objet de valeur mais un S_2. La vengeance est une « action » de « dédommagement moral de l'offensé par punition de l'offenseur » : la vengeance cherche à rétablir entre le S_1 et le S_2 un équilibre rompu à la suite d'une offense. Le programme développé cherche une équivalence passionnelle, un équilibrage de souffrances tout comme un équilibre des déplaisirs et des plaisirs. Le phénomène de la *régulation* des passions semble déterminer un bon nombre de programmes narratifs déployés à partir d'une compétence passionnelle dans sa relation avec un sujet de faire, le S_2. Il est intéressant de constater que la vengeance parvient à cette régulation, entre autres par le fait qu'elle comporte une *sanction cognitive*, la reconnaissance de S_1 et la confusion de S_2, l'offenseur, qu'elle réinstalle la « vérité », qu'elle apporte une réparation morale. Il y a des formes déviantes de la vengeance. La « socialisation » de la vengeance signifie son « intellectualisation », son « dépassionnement ». L'installation ou la médiation du *savoir* dans la souffrance et le plaisir est un de ces mécanismes d'intellectualisation. La transformation de la vengeance en *justice* résulte de la création d'une distance entre S_1 et le Destinateur-judicateur à qui on *délègue* le pouvoir-faire; et cette distance peut être couverte par un savoir «dépassionnant» ou intellectualisant. Le comportement *sadique* est une autre transformation de la vengeance, et Greimas voit sa spécificité dans le «manque d'anaphorisation» de ses unités discursives, tout comme dans le manque de syncrétisme entre les actants de la relation sadique, le S_1 sadique et le S_2 frustrant. *AGRESSIVITÉ-COLÈRE*. La distinction entre la *vengeance* et la *colère* ne tient pas seulement à une intensité différente, mais surtout à la spécificité de leur parcours. «En cas de colère, le pouvoir-faire, exacerbé, domine entièrement le sujet et passe au *faire* avant qu'un programme d'action soit définitivement élaboré»[47], alors que dans le cas de la vengeance, la compétence modale de S_1 produit un parcours narratif appropriée. Le parcours narratif de la colère apparaît comme un programme *syncopé*.

« Ordo consecutionis »

J'ai présenté trois conceptions de la colère, non pas à cause de l'importance intrinsèque de cette 'passion', ou pour l'intérêt heuristique d'Alain, de Thomas d'Aquin et de Greimas, mais parce que le traitement de la colère chez ces trois auteurs permet de poser le problème fondamental de la *syntagmatique passionnelle*. Une taxinomie morphologique des passions doit être complétée par une syntagmatique: comment les passions sont-elles engendrées l'une par l'autre, subjectivement et intersubjectivement? Deux approches méthodiques sont possibles: celle d'une syntagmatique *performantielle* où les passions se suivent dans une performance, empirique et réelle comme chez Alain, ou 'idéale' et reconstruite, comme chez Thomas d'Aquin; et celle d'une syntagmatique *configurative*, celle de Greimas, où des configurations passionnelles sont analysées comme des micro-récits (ces micro-récits pouvant être manifestés par des lexèmes et leurs définitions dans les dictionnaires, ou par de véritables séquences discursives, comme c'est le cas dans les analyses greimassiennes de J. Fontanille et de F. Marsciani[47bis]). Le problème fondamental qui se pose pour ces deux types de syntagmatiques n'est pas celui de la *description* des suites passionnelles — que cette description soit empirique ou reconstructive — mais celui des *principes de l'engendrement* des passions. Si la sémiotique veut avoir une force explicative, il faut qu'elle soit capable de *prédire* les faits sémiotiques, et la prédictibilité des phénomènes dépend directement de la découverte des lois de l'engendrement de ces phénomènes. Malheureusement, on ne trouve dans la littérature sémiotique guère de considérations concernant les règles sous-jacentes aux régularités syntagmatiques de la «vie passionnelle». Greimas rappelle le parallélisme qu'il y a entre, d'une part, le déroulement de la séquence passionnelle et, de l'autre, les articulations fondamentales du schéma narratif général[48]. En effet, le syntagme passionnel de la *colère* est soumis à l'articulation narrative élémentaire où, par exemple, la liquidation du manque est la conséquence d'une épreuve décisive, où la sanction (par la médiation d'un savoir, entre autres) résout une crise de confiance de la relation intersubjective, où le héros et le maître, l'offensé et l'offenseur, sont donnés comme inséparables, «comme un couple uni et antagoniste»[48]. La syntagmatique passionnelle, chez Greimas, s'identifie en grande partie à la syntaxe narrative. Le problème des principes de l'engendrement des passions n'est pas pour autant résolu. Que la colère et la vengeance ne soient pas seulement des formes comparables d'une paradigmatique, mais des suites syntagmatiques, des parcours spécifiques qui sont 'choisis' par les sujets passionnés aux dépens des alternatives, fait naître la question des principes de ce 'choix'. Comment expliquer ce 'miracle'[49] qu'est l'émergence d'une passion dans une chaîne des passions?

Sans doute est-il vrai que toute explication *causale* est insatisfaisante: «Le syntagme passionnel ainsi construit est loin de se constituer comme un enchaînement causal. En effet, les éléments qui le composent ne se suivent pas nécessairement: bien au contraire, le déroulement syntagmatique de la séquence peut s'arrêter à tout moment, donnant lieu, à chaque arrêt, à un état passionnel prolongé; l'insatisfaction s'estompe ainsi en 'résignation', la malveillance peut persévérer comme une 'hostilité' et le désir de vengeance rester à l'état de rancune»[50]. Cette évocation de l'explication causale et de son insuffisance nous oblige à revenir pour un instant à Thomas d'Aquin chez qui la syntagmatique passionnelle semble gouvernée par des régularités causales. Thomas affirme ainsi que les composantes de *tristesse* et de *désir*, dans la *colère*, ne sont pas à concevoir comme des parties, mais comme des causes de cette passion (ira dicitur componi ex tristitia et desiderio, non sicut ex partibus, sed sicut *ex causis*[51]), tout comme, quand on dit que la *colère* s'amplifie jusqu'à la *haine*, on ne doit pas l'entendre de l'évolution d'une seule et même passion, «comme si la *haine* était une espèce de *colère* rancie; il s'agit de la *causalité* d'une passion sur l'autre. Colère qui dure *engendre* haine» (ira enim, per diuturnitatem, *causat* odium)[51]. La Question 47 traite explicitement *De causa effectiva irae...*, et la même terminologie est utilisée pour les *effets* de la colère: Utrum ira *causet* delectationem (Q. 48, art. 1). Engendrer et provoquer une passion sont des processus de causalité. Toutefois, Thomas distingue la *cause* et le *motif*. La portée différente des deux termes n'est pas toujours très nette, mais il semble que le motif est plus concret et plus direct (par exemple, quand saint Thomas se demande «si le *motif* de la colère est toujours une action faite contre celui qui s'irrite?», «utrum semper *motivum* irae sit aliquid factum contra eum qui irascetur», Q. 47, art. 1), tandis que la *cause* présuppose toute une syntagmatique des passions, un arbre généalogique dans lequel les lois de l'engendrement sont explicites. Cette opposition de *cause* à *motif* reste pourtant périphérique et sans grande importance théorique. Il semble plus important que la *causalité* repose principalement sur la *naturalité*, et, inversement: «On appelle naturel ce qui est *causé* par la nature, comme on le voit dans la *Physique*. De sorte qu'on ne peut savoir si une passion est plus ou moins naturelle qu'en considérant sa cause»[52]. Cette naturalité peut être considérée comme *objective* (les passions dépendant de l'instinct de conservation seront, dans ce cas, premières), ou *subjective* (vu sous l'angle proprement humain, la *colère* sera hiérarchiquement supérieure: elle implique en effet une intervention de la raison, ce que, par exemple, le désir en tant que tel ne requiert pas). Toutefois, cette classification des passions selon les critères d'une causalité naturelle est contrebalancée par un autre type de classification généalogique où la causalité de la vie pathique est plus 'logique' que 'naturelle'. Il y a en effet des relations causales entre les passions selon l'*ordo consecutionis*[53]. La causalité 'logique' sera régie par l'opposition entre le *bien* et le *mal* comme objets de passions, et par la distance qui sépare les passions spécifiques du bien et du mal. Mais cet ordre séquentiel est également un ordre *proto-temporel*. Il y a des *incipit*, *procedit* et *terminatur* (voir le schéma 23). Si la *colère* est «causée» par la *tristesse*, ou par le *désespoir* ou par l'*audace*, selon des parcours bien déterminés, c'est que leur succession est essentiellement temporelle. Causalité et temporalité, pour Thomas d'Aquin, sont «logiquement» interdépendantes. Et comme le temps des passions se mesure par leur distance du bien et du mal, on peut appliquer ici la remarque de Valéry: «Le temps est connu par une *tension*, non par un changement».

Que les principes de l'engendrement des passions soient naturels, qu'ils présupposent une «nature humaine», métaphysiquement spécifiable, c'est une solution spéculative que l'on voudrait éviter. Il en est de même du problème de l'innéité du parcours narratif et de la succession des passions. Que ces mêmes principes d'engendrement des passions soient dus au particularisme culturel est une autre option à laquelle le sémioticien doit renoncer. Il convient de reprendre la suggestion thomiste d'un *ordo consecutionis* 'logique', essentiellement temporel (il ne s'agit pas évidemment, du temps physique, mais du temps *tensitif* informé par des configurations passionnelles) et d'établir les critères de la généralisation des passions, à l'encontre de tout naturalisme et tout culturalisme. Comme il a été dit plus haut, peu de principes de ce genre ont été formulés, et les quelques suggestions relevées ci-dessous, doivent être considérées comme dotées de valeur stratégique (anti-naturaliste, anti-culturaliste), mais la recherche épistémologique définitive dans ce domaine reste à faire.

La 'logique' de l'engendrement des passions

1. Un premier principe de l'engendrement des passions — celui dont la portée est la plus large — pourrait être celui du *rééquilibrage* des valeurs pathémiques et de leur intensité. Il se peut que des parcours passionnels soient développés comme des programmes de *compensation*. Cette recherche de l'équilibre pourrait être intra-subjective et intersubjective. Surtout, si l'on prend au sérieux la *tensitivité* des concaténations modales sous-jacentes aux différents types et classes de passions, on pourrait admettre que les parcours s'effectuent comme des suites d'accroissement et de diminution de tension (sur l'axe tension-«laxité»). Il n'est pas difficile d'accepter cette suggestion si l'on postule l'équivalence de la syntagmatique passionnelle avec la structure prototypique du récit, comme le fait A.J. Greimas. Cet équilibrage a donc lieu à l'intérieur de la compétence passionnelle même, et les passions se suivent selon un ordre qui reflète la compensation des intensités et des tensitivités. Mais il est évident que l'équilibrage est avant tout un phénomène intersubjectif: l'équilibre intersubjectif est un motif pour toute régulation sociale des passions. Bien des aspects de cette constatation restent obscurs. Comment mesurer la tensitivité des passions? Une suggestion, entre autres, serait de mettre en relation *tensitivité* et *temporalité*, et de postuler qu'il faut une alternance et, en fin de compte, un équilibrage complet des passions à tendance rétrospective et celles à tendance prospective. L'intuition ici serait que les passions à caractère rétrospectif ont plutôt une intensité décroissante (descendant éventuellement à zéro), tandis que les passions à caractère prospectif témoignent plutôt d'une intensité croissante. L'équilibrage pourrait alors être réalisé à des intervalles ponctuels du parcours passionnel, ou bien tout à coup. Mais il faut prévoir que les cycles ne s'achèvent pas nécessairement. La *colère*, selon Thomas d'Aquin, est une passion-pivot puisqu'elle est en état de faire redémarrer le cycle: la *colère* engendre la *haine* et cette passion est l'*incipit* d'un nouveau cycle. Une situation rééquilibrée peut donc engendrer un déséquilibre qui doit être compensé de nouveau. Si la sémiotique a des ambitions d'exhaustivité et de prédictibilité, elle devrait être capable de reconstruire la «logique» intégrale de l'engendrement des passions. Un problème supplémentaire réside dans le fait qu'il faut refuser constamment toute interprétation métaphysique du principe d'équilibrage qui, comme on

l'a vu, devrait avoir cette valeur stratégique anti-naturaliste et anti-culturaliste. Affirmer que la syntagmatique passionnelle est régie par le principe de l'équilibre des souffrances, ou par le principe de l'équilibrage des déplaisirs et plaisirs[54], mène facilement à la reconnaissance de la conception humienne ou «gravitationnelle» des passions (voir 3.2. de *Positions*), que l'on a dû rejeter en faveur d'une alternative, la conception kantienne, qui nous a permis d'élaborer plus adéquatement une morphologie passionnelle. Il est vrai que le «plaisir» et le «déplaisir», en tant que catégories *thymiques* de base, peuvent être intégrés au système sémiotique, mais cette incorporation ne se fera que si la sémiotique s'efforce d'éliminer stratégiquement toute connotation naturaliste et culturaliste de sa position.

2. Une autre approche, complémentaire à la première, consiste à exploiter exhaustivement toutes les possibilités modales du *sujet* passionné[55]. Dans ce cas, le parcours passionnel n'est pas étudié 'objectivement' comme un micro-récit, mais plutôt comme émanant d'un sujet qui est en train de se réaliser. Qu'un tel sujet soit installé dans une structure polémique et contractuelle, implique l'apparition d'un *anti-sujet* qu'il doit affronter. Certains programmes passionnels présupposent simplement la rupture du contrat fiduciaire, précédée éventuellement d'une «prise de conscience», donc une transformation cognitive. Cette rupture peut être unilatérale, menant à la virtualisation du sujet du contrat, ou bilatérale, menant alors à l'actualisation d'un anti-sujet. Le *terminus ad quem* d'un parcours qui mène à une telle rupture bilatérale, investi épistémiquement par la certitude, est la *colère*, la *révolte*, l'*indignation*[56]. La syntagmatique des passions concerne donc le parcours (*ab quo-ad quem*) du sujet dans son faire en relation avec l'anti-sujet : le co-sujet$_2$ de la relation intersubjective, dans cette perspective, est un anti-sujet. «L'hypothèse... est que les passions interviennent dans l'articulation entre les différents rôles actantiels, garantissant la conversion d'un rôle dans l'autre »[57]. «On sait qu'un *rôle* actantiel est défini en fonction de la position de l'actant à l'intérieur du parcours narratif et de l'investissement modal particulier qu'il prend en charge »[58]. Si l'on accepte que le parcours syntaxique du sujet est constitué d'une suite de rôles actantiels, à trois paliers, *sujet virtuel* → *sujet actuel* → *sujet réel*, il y aura trois opérations possibles : la *réalisation* du sujet qui consiste dans sa conjonction avec l'objet de valeur; l'*actualisation* consistant dans la conjonction avec la structure modale de sa compétence; la *virtualisation* consistant dans la disjonction du sujet avec l'objet de valeur, garanti par l'anti-sujet. Une suite comme «mécontentement» → «désespoir» → «colère», ou «désolation» → «inquiétude» → «révolte» pourrait indiquer, de façon figurative, le

parcours du sujet passionné dont on reconnaît les trois rôles actantiels : le sujet virtualisé (perte de tout programme de faire), le sujet actualisé (acquisition d'une compétence essentiellement cognitive), et le sujet réel (performant un faire). Selon cette approche, la syntagmatique des passions n'est que l'histoire d'un sujet en train de se réaliser, intrasubjectivement et intersubjectivement.

3. On pourrait formuler les motifs de l'engendrement et de la transformation des passions, non pas au niveau du déroulement du parcours narratif avec ses techniques de rééquilibrage et de compensation, ni au niveau de l'autoréalisation du sujet passionnel, de sa compétence interne et interrelationnelle, mais au niveau du changement de la *structure modale* sous-jacente au parcours passionnel. La syntagmatique des passions ne pourrait être que la *modification* systématique et réglée de la concaténation modalisatrice de la passion spécifique en question. Il pourrait y avoir une certaine 'logique' des techniques de modification des structures originales, et c'est évidemment à cette logique que j'ai fait allusion en présentant extensivement les soi-disant «transformations» (aléthisation, érotétisation) et «surdéterminations» (manipulation, séduction) des passions. L'aléthisation et l'érotétisation modifient la passion originelle par *surmodalisation* (que je distingue donc de la surdétermination manipulatoire et séductrice). Greimas reconnaît la possibilité de surmodalisation quand il définit la *patience* comme une *attente* surmodalisée, c'est-à-dire le vouloir-être de l'attente est modifié par un pouvoir visant la permanence de l'attente et s'emparant de l'état durable de satisfaction[59]. Il en va de même de l'«intellectualisation» et de la «socialisation» des passions[60], procédures de «régulation des passions» qui surmodalisent cognitivement (par la conjonction d'un savoir) la passion originale. La modification menant à la *patience* ressemble beaucoup à l'érotétisation, et l'«intellectualisation» à l'aléthisation. J'ai indiqué pour les passions chiasmiques, orgasmiques et enthousiasmiques les «tendances» à ces modifications surmodalisantes. Il y a ainsi sûrement une 'logique' de l'engendrement des passions, et cette logique repose non pas sur la matérialité des phénomènes mais sur le jeu des oppositions et des solidarités internes au système des passions. Selon le vieux principe structural de la primauté du tout (l'ensemble des relations) sur les termes, on évitera de prendre les modalités à l'état isolé : aller du tout aux parties, c'est donner des privilèges à l'*intermodalisation* comme point de départ de l'analyse structurale de l'engendrement des passions. Une catégorisation typologique de toutes les surmodalisations et, plus généralement, de toutes les surdéterminations, donnerait à la théorie un grand pouvoir d'explication et de prédictibilité. Dans l'état actuel des recherches,

une telle catégorisation serait utopique, et il faut se contenter de l'acceptation même de l'intermodalisation et de la surmodalisation comme 'principes' de l'engendrement des passions, et donc de la *créativité* génératrice des parcours passionnels.

2. LA CONTEXTURATION DES PASSIONS

L'esquisse de la grammaire profonde des passions (le «texte des passions») que je viens de présenter, est partiale et fragmentaire à l'égard de la richesse et de la densité énergétique des passions en tant qu'elles se manifestent dans les comportements et dans les discours quotidiens. La grammaire profonde, il est vrai, ne reconstruit que les conditions de possibilité de la «vie pathique», et ces conditions de possibilité épistémologiques ne nous disent rien de la manière dont les passions sont *vécues* et *exprimées*. Si les passions, au niveau de la grammaire profonde, sont engendrées (l'existentiel converti en morphologique, le morphologique en syntaxique ou syntagmatique), elles ne sont pas pour autant *manifestées*. En d'autres mots, le «texte des passions» nous parle de passions *virtuelles*. Leur *actualisation* dans l'homme, leur contamination par les croyances, les présomptions et les idéologies, se fait à un autre niveau, celui de l'*anthropologique* et de l'*épistémique*. Comme je l'ai suggéré dans 4. de *Positions*, il faut ajouter au palier anthropologico-épistémique un autre niveau de manifestation, celui de la passion *réalisée* dans le discours passionnel avec sa coloration figurative et rhétorique spécifique. Qu'on se rappelle la distinction introduite entre 'conversion' et 'transformation'. La conversion (sémantique et syntaxique) concerne la modification de l'existentiel en morphologique, et du morphologique en syntaxique, au niveau de la passion virtuelle, celle reconstruite par la grammaire profonde. Une transformation, par contre, modifie les paliers de profondeur, celui de la grammaire profonde transformé en palier anthropologico-épistémique, et l'anthropologico-épistémique en palier rhétorico-discursif. Le premier type de transformation est appelé la «transformation *contexturante*», et c'est de cette «mise en contexte» ou *contexturation* des passions que ce chapitre traite. Il y a deux aspects de la contexturation des passions : les passions se contextualisent selon des paramètres anthropologiques ou psychologiques (2.1.) et selon des paramètres épistémiques (2.2.).

2.1. La mise en émotion ou la contexturation psychologique

Passion, émotion, sentiment, inclination

La terminologie relative à la vie affective et aux états de sensibilité est extrêmement confuse, et elle ne fournit pas de délimitations sémantiques sûres: tendance, affection, émotion, passion, sentiment, inclination sont autant de termes qui se font concurrence. Descartes, par exemple, dit: «la définition des *passions* de l'âme... on peut les nommer des *perceptions*... On les peut aussi nommer des *sentiments*...; mais on peut encore mieux les nommer des *émotions* de l'âme... pour ce que, de toutes les sortes de pensées qu'elle peut avoir, il n'y en a point d'autres qui l'agitent et l'ébranlent si fort que ne font ces passions»[61]. Un regard dans les dictionnaires ne donne guère de lumières à ce propos. Le sens vieilli d'*émotion* est celui d'«un mouvement (par opposition à l'état normal de calme) du corps, ou du corps collectif: 'l'émotion de Catilina'; un mouvement affectant un individu et ayant pour effet de le soustraire à l'état de repos et d'équilibre; ce mouvement considéré spécialement dans ses effets physiologiques»; en psychologie, l'émotion est «un état de conscience complexe, généralement brusque et momentané, accompagné de troubles physiologiques; par extension, *émotion* se dit de toutes les sensations considérées au point de vue affectif, agréables ou désagréables»[62]. Le même dictionnaire définit *sentiment* comme suit: «*Vieilli*. Le fait ou la possibilité de sentir, d'éprouver, de percevoir; par extension, activité psychique consciente. Conscience plus ou moins claire; connaissance relative à un objet complexe et abstrait (pour lequel les données sensorielles seraient insuffisantes) et qui comporte des éléments affectifs et intuitifs (par opposition à raisonnement). Capacité de sentir, d'apprécier un ordre des choses, une valeur morale, esthétique. *En psychologie*: tendance affective assez stable et durable, moins violente que l'émotion ou la passion»[62]. Mis à part les éléments qui s'interdéfinissent, on retient de ces déterminations surtout la connexion de l'émotion avec le *mouvement* (opposé à repos et à équilibre) et avec la «momentanéité», et du sentiment avec l'une ou l'autre forme de *connaissance* intuitive mais consciente.

On renvoie souvent à la distinction entre la *passion* et l'*émotion* de l'*Anthropologie* de Kant: «L'émotion agit comme une eau qui rompt sa digue, la passion comme un torrent qui creuse de plus en plus profondément son lit. L'émotion est comme une ivresse qu'on cuve; la passion, comme une maladie qui résulte d'une constitution viciée ou d'un poison absorbé»[63]. Théodore Ribot se rattache à cette métaphorique kantienne en écrivant: «Je distingue l'émotion de la passion, comme en pathologie on distingue la forme aiguë de la forme chronique. J'entends par *émotion* un choc brusque, souvent violent, intense, avec augmentation ou arrêt des mouvements: la *peur*, la *colère*, le coup de foudre en amour, etc. En cela, je me conforme à l'étymologie du mot émotion qui signifie surtout mouvement (*motus, Gemütsbewegung*, etc.). J'entends par *passion* une émotion devenue fixe et ayant de ce fait subi une métamorphose. Son caractère propre est l'obsession permanente ou intermittente et le travail d'imagination qui s'ensuit. Ainsi la *timidité* est une passion issue de la *peur*»[64]. Par conséquent, l'émotion commence par une rupture d'équilibre et elle consiste en mouvements ou en arrêts de mouvements. Ribot définit l'émotion par deux traits principaux: l'intensité et la brièveté, et il affirme qu'il s'agit d'«un phénomène synthétique, confus parce qu'il jaillit du fond inconscient de notre organisation et n'est accompagné que d'un faible degré d'intelligence»[65]. La passion, par contre, «s'oppose à l'émotion par la tyrannie ou la prédominance d'un état intellectuel (idée ou image); par sa stabilité et sa durée relatives. En un mot... la passion est une émotion *prolongée* et *intellectualisée*, ayant subi, de ce double fait, une métamorphose nécessaire»[66]. Dès lors, l'émotion est appelée un état primaire et brut, la passion étant une formation secondaire et plus complexe. Ribot souligne que l'émotion est l'ouvrage de la nature, le résultat immédiat de notre organisation, et que la passion est en partie naturelle, en partie artificielle, étant l'ouvrage de la pensée, de la réflexion appliquée à nos instincts et à nos tendances. Selon Ribot, la psychologie des sentiments — qui devient ainsi un terme générique — doit étudier toutes les manifestations de la vie affective, tant les passions que les émotions.

Admettons le caractère générique des 'sentiments' qui couvre ainsi tout le domaine de la vie affective[67], et notons que les caractéristiques d'intellectualité, de réflexion, de connaissance affective qui marquent, selon le dictionnaire, le terme de 'sentiment', peuvent être également appliquées à la «passion» comme c'est le cas chez Ribot dans son *Essai sur les passions*. Mais qu'en est-il de l'opposition de 'passion' à 'émotion'? S'agit-il d'une simple différence de degré et d'intensité, ou d'une différence *de nature*? La plupart des psychologues des sentiments, comme Ribot, relèvent une forte continuité entre les deux et ne tranchent pas clairement la question de la 'naturalité' de la distinction entre passion et émotion[68]. Faut-il dire que toute *émotion*, en devenant habitude ou penchant (la colère devenant irascibilité, la tristesse devenant chagrin et morosité), se transforme en même temps *en passion*? L. Dugas estime que «l'émotion peut être une image, un avant-coureur, une étape de la passion, mais qu'elle n'en est pas le *principe*, qu'elle ne l'*engendre* pas »[69]. L'émotion peut se métamorphoser en un état analogue à la passion; elle ne demeure pas seulement distincte mais également *contraire* à la passion. Elles se produisent ensemble, sont liées et ont en apparence les mêmes effets. En plus, la passion ne rend pas superflue l'émotion mais plutôt y prédispose. Comment décrire et expliquer alors leur opposition? Stendhal appelle les émotions des *états de passion*, et il suggère que la passion n'existe pas en dehors de ces états, *se manifestant* en eux et par eux: « Il y a des *passions*, l'amour, la vengeance, la haine, l'orgueil, ... et il y a des *états de passion*: la terreur, la crainte, la fureur, le rire, les pleurs, la joie, la tristesse, l'inquiétude. Je les appelle états de passion, parce que plusieurs passions différentes peuvent nous rendre terrifiés, craignants, furieux, riants, pleurants, etc. »[70]. En d'autres mots, les émotions sont les *manifestations* explosives des passions, les « états » par lesquels elles passent, ses modes[71]. D'autre part, si la passion se distingue de ses modes, elle ne s'en sépare point: elle ne se manifeste, elle ne se fait connaître, elle n'"existe" que par eux. Je soutiendrais donc, contre Ribot et avec Dugas, que la passion n'est pas une émotion 'dégénérée' par l'habitude, mais qu'il y a une différence *de nature*, due à une différence de niveau épistémologique. Dugas conçoit cette différence plutôt en termes ontologiques, alors que je considère que la relation de *manifestation* entre l'émotion et la passion est épistémologique: la passion est une catégorie explicative, elle est nécessairement reconstruite et présupposée à partir de ses manifestations, tandis que l'émotion est une catégorie descriptive, empiriquement actualisée. Il faut des stratégies de découverte différentes dans les deux domaines: le domaine des passions est sémiotique, celui des émotions psychologique.

On peut creuser davantage pour trouver le fondement de la différence entre la passion et l'émotion. La durabilité n'est qu'un aspect extrinsèque et accessoire de la passion. On pourrait y ajouter la *systématicité* et la *complexité* de la passion, opposées à la *simplicité* et l'*homogénéité* de l'émotion. Les passions sont « composées » et riches en contenu, subordonnées pourtant à une finalité unique, alors que les émotions sont élémentaires, pauvres et incohérentes. La passion se mesure à son pouvoir de concentration et d'absorption, dû précisément à sa structuration. La structure complexe de la passion est celle d'une concaténation *modalisatrice*, d'un jeu de modalités aptes à la transformation et à la surdétermination. Il n'y a pas de complexité modale des émotions, et c'est ce qui les rend si homogènes et dépourvues de substance sémantique. Il s'avère donc que la « contexturation psychologique » des passions ou la mise en contexte psychologique des passions nous conduit nécessairement dans le domaine de ses manifestations émotionnelles. Toutefois, les ambitions de la psychologie ne se limitent pas aux émotions. Mais — voici l'hypothèse que je soutiens — chaque fois que la psychologie prend les *passions* comme son objet, elle les transforme en *inclinations*. Affirmer que « la passion est une prédisposition innée » ou que « la passion participe de la fatalité du tempérament dont elle dérive »[72], sont des propositions psychologiques concernant des inclinaisons, « parallèles » aux passions. Le fameux problème de savoir si la cause première et fondamentale des passions est le tempérament individuel ou le milieu social reste exclusivement psychologique et n'entame en rien la reconstruction sémiotique des passions. Les *inclinaisons*, en effet, sont des passions *interprétées* d'une certaine façon, à savoir selon des paramètres psychologiques. On l'apprendra en étudiant la doctrine exposée dans l'*Essai sur les passions* de Ribot (voir ci-dessus). En fin de compte, la psychologie est omniprésente dans le domaine des « sentiments ». Elle prend en charge les *émotions*, et la transformation contexturante qui modifie les passions par leur mise en contexte psychologique. En plus, elle *interprète* les passions selon les paramètres psycho-anthropologiques, les transformant ainsi en *inclinations*. *Entre* les émotions et les inclinations, toutefois, les *passions* elles-mêmes, dans leur systématisation et leur complexité, demeurent le domaine privilégié de la reconstruction sémiotique. Il y a un *texte* des passions, dans sa morphologie et sa syntagmatique, qui *précède* la contexturation et reste ainsi l'objet d'une grammaire profonde.

La psychologie affective

J'ouvre une parenthèse qui doit spécifier la portée de la psychologie de la vie affective. J'évoquerai surtout la « psychologie affective » ou la « psychologie des sentiments » d'après Théodore Ribot, qui représente un courant important et influent en France depuis le début de ce siècle. Il y a, traditionnellement, deux positions radicalement opposées en « psychologie des sentiments ». « D'après l'une, les états affectifs sont secondaires, dérivés, modes ou fonctions de la connaissance : ils sont de l'"intelligence confuse"; c'est la thèse *intellectualiste*. Tout état affectif n'existe que par le rapport réciproque de représentations intellectuelles. D'après l'autre, les états affectifs sont primitifs, autonomes, irréductibles à l'intelligence, pouvant exister en dehors d'elle et sans elle; ils ont une origine totalement différente; c'est la thèse que, sous la forme actuelle, on peut nommer *physiologique*... Elle rattache tous les états affectifs à des conditions biologiques »[73]. Il y a, en effet, toute une physiologie et toute une médecine qui se rattachent à cette conception des sentiments[74], et l'école de Ribot l'adopte sans la moindre restriction. Il me semble que l'une et l'autre tronquent la réalité en restant prisonnières du dualisme de l'esprit et du corps. Il y a, bien entendu, possibilité d'échapper à cet antagonisme en défendant la thèse phénoménologique selon laquelle toute conscience est intentionnelle, c'est-à-dire visée d'un objet. Dans cette perspective, le sentiment n'est pas un état intérieur, étant donné que l'être ému est toujours «en situation». L'émotion n'est donc qu'une modalité de l'être-au-monde. La phénoménologie insiste en plus sur le lien entre l'émotion et la perception: l'être ému est investi, du point de vue perceptif, par la réalité, et inversement, «l'émotion est une transformation du monde»[75]. Dans cette optique, l'*interaction* détermine les «qualités» émotives: l'émotion est en fait une réponse à la frustration et au conflit, elle est «sanctionnée» par l'intersubjectivité, elle est de prime abord comportement intentionnel et interhumain[76].

J'éviterai dans la mesure du possible la discussion méta-psychologique concernent les trois positions (intellectualiste, physiologiste, phénoménologique) en psychologie des sentiments. Je préfère revenir un instant à la «psychologie affective» de Ribot et de son école, parce qu'elle formule de manière prototypique, dans sa détermination de la nature des émotions et dans la classification de celles-ci, l'ensemble des paramètres psycho-anthropologiques relatifs au contexte psychologique des passions. La «psychologie affective» adopte volontiers le point de vue humien que le fondement de toute émotion est une attraction ou une répulsion, un désir ou une aversion, un mouvement ou un arrêt de mouvement (*motus*)[77]. L'émotion, à première vue, «envahit» l'individu entier, extérieurement (expression du visage, des membres) et intérieurement (modifications organiques). «Les émotions sont des manifestations *organisées* de la vie affective; ce sont les réactions de l'individu pour tout ce qui touche à sa conservation ou à son amélioration, à son être ou à son mieux-être»[78]. Les émotions en tant que manifestations de la vie psychique dépendent directement des conditions biologiques, et l'ordre de la génération d'une émotion est, d'après Ribot et à la suite de James, le suivant: d'abord un état intellectuel, une perception ou une idée, ensuite des troubles organiques, puis la conscience de ces troubles qui est l'état psychique qu'on appelle émotion. «A l'encontre du sens commun, il faut dire: c'est parce que nous pleurons que nous sommes tristes, parce que nous frappons que nous ressentons de la colère, parce que nous tremblons que nous avons peur»[79]. Il y a des formes supérieures de l'émotion — le sentiment religieux, moral, esthétique, intellectuel — mais elles sont très éloignées de leur base: ce sont plutôt des schémas émotionnels, des substituts affectifs, pauvrement remémorés, des réductions pâles de ce qui *a été* une émotion. La *curiosité*, et la recherche de la vérité, sont à la base de l'émotion intellectuelle; elles sont donc dérivées et éloignées du concret (la conservation de l'individu). Si la curiosité est une passion importante (on se rappellera que la curiosité est, dans la typologie présentée dans *Architectonique*, prototypique des passions chiasmiques), elle est une émotion peu intense et amoindrie... Il faut encore se demander pourquoi certaines images et idées ont le privilège de susciter des états organiques et, par la suite, une émotion. Ribot soutient que l'état intellectuel s'accompagne d'un état affectif chaque fois qu'il a un rapport direct avec les conditions d'existence, naturelles ou sociales, de l'individu.

Cette méta-théorie détermine évidemment la spécificité des classifications proposées. En faisant une «classification des classifications», on constate qu'elles se ramènent à trois types: «Les uns ne classent, en fait, que les *plaisirs* et les *douleurs* et ramènent toute la vie affective à leurs modalités; d'autres classent les *émotions* proprement dites et ici il faut distinguer deux groupes, selon que la méthode employée est purement empirique et fondée sur l'observation courante, ou selon qu'elle a recours à l'analyse et à la recherche génétique, à la manière des classifications dites naturelles; enfin d'autres classent purement et simplement des *états intellectuels* et par contre-coup les états affectifs qui les accompagnent: c'est la méthode intellectualiste»[80]. Le premier type de classification est nécessairement non pertinent. On y distingue des émotions accompagnées de plaisir positif ou négatif (accroissement d'excitation d'une part, et diminution de dépense émotive, de l'autre), et de douleur positive et négative (celle résultant d'une augmentation de la dépense, d'une part, et celle dépendant d'une suppression d'excitation, de l'autre). Si le second type de classification des émotions n'est fondé que sur l'observation empirique suivant des ressemblances et des différences *extérieures*, la classification restera incohérente et inconsistante, plutôt taxinomique que classificatoire. Mais on peut également proposer une classification selon «l'évolution ascendante» des émotions, en allant des émotions inférieures aux supérieures. Une première classe comprendrait les sentiments qui concernent la conservation de l'organisme physique ou mental (suivant que l'excitation primitive vient du milieu extérieur ou qu'elle a sa source dans l'organisme même). La seconde classe serait celle des sentiments ayant trait à la perpétuité de l'espèce, et considérés comme simples besoins (avec deux sous-classes: primaire, comme par exemple l'émotion sexuelle, et secondaire, comme le sentiment paternel et maternel). On sort du domaine des sentiments «fondamentaux» avec la troisième classe, les sentiments qui se rapportent au bien-être commun (collectivité, famille). La quatrième classe est celle des sentiments qui sont en rapport avec le bien-être des autres (*sympathie, bienveillance, pitié*...), alors qu'avec la cinquième classe on quitte l'univers de la pure utilité individuelle ou sociale (*admiration, surprise, sentiment esthétique, sentiment religieux*). La sixième classe est celle des sentiments «intellectuels» qui correspondent à de purs rapports (*conviction, croyance, doute, perplexité, scepticisme*). Parmi les problèmes qui concernent cet effort de classification, il y a celui du manque de l'ordre de filiation entre les différents sentiments. Le type de classification prôné par les intellectualistes n'est guère plus enthousiasmant. Leur méthode consiste à classer les sentiments d'après les états intellectuels en tant qu'accompagnés d'éléments affectifs. Il y aurait, dans cette perspective, deux grandes catégories d'émotions : celles qui dépendent du *contenu* des représentations et celles qui dépendent du *cours* des représentations. La première classe (contenu) comprend les émotions *qualitatives* (inférieures ou sensorielles, et supérieures, esthétiques, morales ou religieuses, selon que les idées qui suscitent ces sentiments sont le vrai, le beau, le bien, ou l'absolu); la seconde classe (cours des représentations) comprend les émotions *formelles*, celles qui dépendent des formes diverses du cours des idées, des rapports qui existent entre elles (par exemple, sentiment d'*attente* et d'*impatience, espoir, anxiété, surprise, doute, ennui*...)[81]. La conclusion générale devrait être que tous les critères de classification des émotions restent partiels, qu'il y a d'innombrables variétés de sentiments, et qu'il est donc impossible de disposer les émotions linéairement. *Pour le psychologue*, la seule voie à suivre est celle de la filiation génétique (des émotions simples et primaires aux émotions composées et dérivées par des procédés conscients ou inconscients). Si le sémioticien est en droit de reconstruire une classification des passions, le psychologue échoue nécessairement dans son effort de classification des émotions. Ceci dépend, bien entendu, d'une différence essentielle entre la passion et l'émotion, ainsi qu'entre la sémiotique, en tant que grammaire profonde, et la «psychologie affective».

Comme on s'est longuement occupé de la *colère* en évoquant les conceptions d'Alain, de Thomas d'Aquin et de Greimas (voir 1.5. *La syntagmatique passionnelle*), il pourrait se révéler intéressant d'esquisser ce que la psychologie affective nous dit à propos de cette «émotion». A l'origine de la colère il y a, selon Ribot, l'instinct de la conservation individuelle sous sa forme offensive. «La *colère* et la *peur* forment une antithèse. La peur, à tous les degrés et pendant toute sa durée, reste invariablement dans la catégorie des émotions pénibles; la colère parcourt deux moments. Le premier (*asthénique*) répond à la cause, à l'événement extérieur, au choc immédiat et consiste en une courte dépression, étant totalement pénible. Le second (*sthénique*) répond à la réaction offensive et par des symptômes se rapproche bien plus du plaisir que de la douleur»[82]. La colère est donc une émotion mixte. Elle est de l'agression réelle ou simulée — comme le note d'ailleurs *Le Petit Robert*, dont la définition de la colère a servi de point de départ à Greimas —, et dans un stade ultérieur apparaît le plaisir de voir souffrir, l'instinct satisfait de domination. Si l'agression est parfois réelle et/ou simulée, elle peut aussi être *différée*, se transformant ainsi en *haine, envie, ressentiment, rancune*. C'est le calcul qui vient enrayer et refréner la tendance à l'attaque, tandis que le sentiment de plaisir de la destruction, réalisée ou simplement imaginée, devient plus vif. La *haine*, en effet, est, selon Ribot, de la *colère* franche.

De cette brève esquisse d'une définition de la colère en psychologie affective on apprend que les définitions proposées ne sont pas tout à fait différentes de ce que nous avons trouvé en sémiotique de la colère. L'*agressivité*, composante intrinsèque de la *colère*, le rapport entre la *colère* et la *haine*, et même la suite «agression réelle», «simulée» et «différée», sont autant d'éléments de 'sens commun' à la base des définitions sémiotiques et psychologiques. Je ne discute pas dans ce contexte la relation de la sémiotique à la psychologie, ou du «texte des passions» à la «contexturation psychologique» de ces passions (leur mise en émotion). Je constate tout simplement que, si l'on prend son point d'appui dans la psychologie («affective», par exemple), il y des *après-coups* heuristiquement remarquables et inspirants pour la sémiotique. Je voudrais illustrer cette idée en présentant maintenant une conception psychologique des *modalités*, et en posant ensuite, avec Ribot, la question «Comment finissent les passions?».

Après-coup I: les modalités

Il n'est pas étonnant que l'étude des *représentations mentales* ou, plus généralement, des états intellectuels déclenchant l'état physiologique correspondant à l'émotion — programme adopté par la psychologie affective et par Ribot lui-même (voir ci-dessus) — introduise de manière subreptice, les modalités, en particulier celles du *vouloir* et du *pouvoir*. L'ensemble de ces représentations mentales reflète notre *volonté*, c'est-à-dire nos tendances générales et nos désirs latents ou avoués qui forment, même *avant* les états physiologiques, la cause profonde de nos émotions. Ce premier stade, cette causalité première, dont la pertinence est reconnue par le modèle physiologiste, est étudié par introspection ou par décomposition analytique. Je fais allusion ici à la curieuse étude de psychologie introspective (et bergsonienne) de M. Latour[83] où l'ordre du *vouloir* et l'ordre du *pouvoir, termini ab quo* de la vie émotionnelle entière, sont systématiquement décomposés. Latour classe des notions qui se rapportent à l'essence même du *vouloir* et du *pouvoir* (et de leur négation) comme suit:

VOULOIR	1. appétence, tendance, désir ou aversion	vs	indifférence, apathie, vide psychique
	2. tension, effort, application, (attention)	vs	relâchement, détente, dissipation, (distraction)
	3. conséquence, ordre, coordination, finalité sensible	vs	inconséquence, désordre, activité se dépensant sans objet, hasard
	4. commencement en soi, spontanéité, originalité, principe irréductible de causalité, liberté en soi	vs	suite nécessaire, répétition, dépendance, automatisme, déterminisme
POUVOIR	5. force, puissance, capacité, faculté	vs	adaptation, aptitude à l'adaptation, liberté physique

Les composantes ne s'excluent pas mutuellement: l'*effort* (2) est au service du *désir* (1) qui a un but plus éloigné; l'*appétence* et la *tendance* (1) contiennent ou déclenchement la *tension* et l'*effort* (2). La troisième composante est introduite parce que par le *vouloir*, on veut réaliser une certaine fin, établir un certain ordre des choses. Et, pour atteindre cette fin et assurer cet ordre, il faut bien que la résolution persiste et dure dans le *vouloir* de telle façon qu'elle se reflète dans notre conduite. On regagne ainsi des notions qui définissent l'exercice du *vouloir* (vu de l'extérieur) dans l'*agir* et le *faire* (3). Ensuite, il faut considérer les notions les plus absolues qui décrivent le *vouloir* comme la base même de l'*être* en proclamant l'autonomie de soi. C'est la quatrième composante. «En réalité, les quatre notions s'impliquent et se contiennent au fond les uns les autres, et leur accumulation ne fait que confirmer et accuser la notion première et dernière d'existence en soi et par soi»[84]. «Le *pouvoir* mesure en quelque sorte l'efficacité du *vouloir*, car le *vouloir* sans le *pouvoir* serait inopérant, serait, du point de vue phénoménal, comme s'il n'était point. Le *pouvoir* évoque la perspective, la possibilité d'affirmation du *vouloir*. Il en fait prévoir le succès»[85]. Ce *pouvoir* prend diverses formes (pouvoir moral, physique, intellectuel, social); des «émotions» comme le *courage*, le *sang-froid*, le *calme*, la *patience* (et les notions contraires: *pusillanimité, irritabilité, impatience*...) en sont directement dépendantes. Le *pouvoir* est comme un attribut de la *volonté*, qui, pour Latour, est le centre de mobilisation de toutes les caractéristiques de l'être psychologique intégral. «Selon la théorie des émotions, les émotions sont provoquées soit par le succès, l'affirmation d'une volonté, la révélation des attributs de la volonté; soit par l'échec, l'affirmation d'une volonté, la négation des attributs de la volonté»[86].

Il n'est pas indiqué dans le cadre de cette monographie, de poursuivre avec Latour cet essai de « psychologie introspective » et d'approfondir la structure de l'ensemble des représentations mentales qui sont à l'origine de la vie émotionnelle. Cette psychologie introspective fournit, pour ainsi dire, le préambule de la « psychologie affective » qui est axée sur la relation des états physiologiques et des émotions qui en résultent. Le terme *ab quo* dont la pertinence est reconnue par Ribot, partisan du physiologisme en théorie des émotions, est un *domaine modalisé*. L'« être psychologique » *avant* ses réactions physiologiques et les émotions correspondantes, est essentiellement dominé par une volonté multiforme et ses attributs (entre autres, ses pouvoirs). La pluralité du *vouloir* est celle des nuances, des hiérarchies et des dépendances que l'on pourrait reconnaître également au niveau de l'analyse modale du « texte des passions ». C'est le sens même de 'l'après-coup' qui prend son point de départ dans la psychologie introspective. Il y a donc osmose entre la *passion* et l'*émotion* en tant que propriété psychologique, déjà par le seul fait que des stratégies heuristiques, comme celles de l'appareil des modalités, s'appliquent dans les deux perspectives, celle de la sémiotique et celle de la psychologie.

Après-coup II : « Comment les passions finissent »

On pourrait illustrer le même mécanisme en évoquant la manière dont Ribot dans son *Essai sur les passions* présente sa théorie concernant la fin des passions. Comment les passions finissent est une question de première importance pour ceux qui sont sensibles au statut d'une syntagmatique passionnelle. Je constate pourtant que le traitement de Ribot, en tant qu'' après-coup ' pour les idées que j'ai exposées concernant les principes de l'engendrement des passions (voir 1.5.), n'apporte pas vraiment d'éléments révélateurs. Parmi les cinq causes principales qui, selon Ribot, expliquent la disparition des passions, je fais abstraction de la *folie* et de la *mort*, pour me concentrer davantage sur les mécanismes plus formels de l'*épuisement* (ou l'*habitude*), de la *transformation* et de la *substitution*.

« L'état d'*épuisement* se traduit psychologiquement par la disparition... de l'appétition ou de l'aversion : la passion est ainsi tarie dans sa source. Epuisement ou satiété signifie donc que la tendance expansive ou répulsive, autrefois en vigueur, ne peut plus être suscitée par un stimulus inconscient ou subconscient, ni par la perception ou représentation de son ancien objet. En termes encore plus précis, cette inexcitabilité consiste en ceci : l'impossibilité de l'apparition spontanée de sensations organiques avec la tendance »[87]. Par conséquent, « l'état d'inexcitabilité consiste en ce que les éléments nerveux, quels qu'ils soient et de quelque manière qu'ils se groupent et se coordonnent pour déterminer une tendance déterminée et susciter par suite les états psychiques dont le complexus compose une passion — sont incapables d'agir et sont comme anesthésiés »[88]. Pour Ribot, une passion vraie, sans cesse vivante, n'a pas de rapport possible avec l'*habitude*. S'il y a répétition et permanence, elle est d'origine interne et a sa source dans la tendance qui agit toujours dans le même sens. C'est donc la passion incomplète qui ne persiste que par la permanence d'une cause étrangère à elle-même, l'habitude, principe d'automatisme, de routine, d'affaiblissement et d'anéantissement de la conscience.

La *transformation* et la *substitution* sont deux mécanismes de remplacement d'une passion par une autre : dans le premier cas, il y a entre elles un fond commun, alors que dans le second, elles sont entièrement différentes. Pour qu'il y ait transformation, il faut, dans l'individu, un surplus d'énergie ayant besoin de se dépenser, et il faut qu'un but, une idée directrice apparaisse. Cette idée n'est pas un concept pur, mais elle incarne certaines tendances latentes, non orientées. Toutefois, si l'idée directrice est remplacée par une autre sous l'influence de circonstances, d'influences extérieures et de tendances latentes, la passion initiale continue à vivre sous un autre masque. C'est le cas de la transformation de l'amour humain en amour divin, des passions faites de la même substance. Un mode de transformation particulier est celui de la passion qui se change en son contraire : *amour* en *haine*, *passion de plaisir* en *ascétisme*. Mais pour qu'il y ait deux passions antithétiques, il faut « qu'il y ait un fond commun, une identité de nature qui s'exprime par la permanence de l'idée : elles ne sont contraires qu'à cette condition »[89]. Ainsi, l'objet de la passion reste le même, mais il y a interversion de valeur ; il y a des causes qui se ramènent à une transformation *dans le sujet*. C'est que l'idée maîtresse cesse d'être un centre d'associations agréables et attractives pour le sujet. L'oscillation entre les deux positions doit être suivie par l'installation d'une synthèse solide, d'une systématisation complète qui indique que la transformation est opérée. Ribot estime que la substitution ou le remplacement d'une passion par une autre totalement différente en nature, n'est pas un phénomène très fréquent. On peut même se demander si la substitution intégrale est possible, si on peut rester un passionné avec un changement total d'orientation. En effet, la passion vraie concerne l'homme tout entier, et dans le cas d'une substitution d'une passion à une autre, il faut que l'homme devienne totalement différent. La conversion est sans doute un cas de substitution, mais il est difficile d'en décrire le mécanisme sous-jacent et d'ajouter d'autres exemples.

Si l'on peut retenir quelques éléments de cette analyse, assez rudimentaire et peu éclairante, de Ribot, ce ne sont pas les convictions métathéoriques physiologistes, mais tout simplement le principe même de la distinction entre *épuisement* (et habitude), *transformation* et *substitution*. Une syntagmatique des passions, au niveau de la grammaire profonde, pourrait éventuellement tirer profit de cette typologie rudimentaire, sans pour autant reprendre en même temps le contenu définitionnel que le psychologue Ribot attribue à ces types. En plus, il devient évident en lisant l'*Essai sur les passions* que le véritable sujet n'est pas les passions en elles-mêmes, mais les *émotions* ou les «passions» en tant qu'*inclinaisons*. C'est que les passions ne sont pas des objets empiriques et psychologiques — elles relèvent plutôt de la reconstruction sémiotique, et donc d'une grammaire profonde. Mais qu'en est-il en fait de la «contexturation» des passions? Quel est le contexte psychologique et émotionnel des passions, et quelle est le modèle psychologique qui en rend compte de façon adéquate.

Expliquer les émotions

Contrairement au sémioticien confronté avec les passions, le psychologue ne considère pas les émotions comme une classe naturelle. Les anciennes distinctions et oppositions philosophiques organisant la vie affective de l'homme sont pour lui appauvrissantes à l'égard de la richesse des phénomènes émotionnels. On a retenu ainsi de l'histoire des théories la distinction entre *actif* et *passif*; celle entre des états psychologiques qui peuvent être expliqués adéquatement par des procès physico-physiologiques, d'une part, et d'autres états qui sont irréductibles à ce type d'explication, de l'autre; celle entre des émotions non rationnelles, et rationnelles ou irrationnelles; enfin, celle entre des émotions volontaires et involontaires. Ce sont ces dichotomies qui ont donné lieu à des classifications psychologiques peu satisfaisantes — il suffit d'évaluer les efforts de typologisation de Ribot et de la psychologie affective. Une «morphologie», qui pourra réussir éventuellement au niveau de la grammaire profonde des passions, ne semble plus possible une fois qu'on est confronté avec la matérialité des émotions au niveau de la contexturation psychologique. La psychologie ne dispose pas d'autres moyens que ceux de l'analyse *génétique* — pour ne pas dire causale — des émotions. Il y a trois aspects liés de la genèse d'une émotion: d'abord, l'héritage constitutionnel de la personne, l'ensemble de ses sensibilités génétiquement déterminées et de ses structures de réponse et de réaction; ensuite, les déterminations sociales et culturelles du comportement émotionnel ainsi que de la manifestation discursive des émotions[90]; et enfin, les événements formatifs du passé psychologique d'une personne, le développement de sa manière originale de focalisation intentionnelle. Les facteurs bio-physiologiques et sociaux fonctionnent plutôt comme des conditions d'horizon, et il s'avère intéressant pour le psychologue de donner un poids considérable à l'intentionnalité spécifique de l'individu émotionnel et à sa structure idéosyncratique[91].

J'ai déjà évoqué, en introduisant la psychologie affective, les interprétations intellectualiste et physiologiste des émotions (voir ci-dessus). Je reprends cette analyse métathéorique en complétant le tableau des conceptions possibles en psychologie des émotions[92]. Les trois aspects mentionnés — physico-physiologiste, social et individuel — acquièrent un autre poids et une autre coloration théorique dans les quatre alternatives les plus influentes que j'esquisserai maintenant.

Les émotions et les sensations. On pourrait s'en étonner, mais la conception de Ribot et de la psychologie affective s'inscrit, par le biais de James, dans la tradition cartésienne qui identifie les émotions à des sensations. J'ai discuté la classification des passions d'après Descartes (voir 2. de *Positions*), mais je me suis abstenu jusqu'ici de commenter sa conception de la *nature* des passions. Elle représente pourtant un paradigme dans le panorama des approches philosophiques possibles des émotions. Descartes explique d'abord que le corps et l'âme ont des fonctions spécifiques. La fonction de l'âme, la pensée, se décompose en deux espèces: les actions et les désirs, et les passions. «... On peut généralement nommer ses passions, toutes sortes de *perceptions* ou *connaissances* qui se trouvent en nous, à cause que souvent ce n'est pas notre âme qui les fait telles qu'elles sont et que toujours elle les reçoit des choses qui sont représentées par elles»[93]. «Car il est besoin de remarquer que le principal effet de toutes les passions dans les hommes, est qu'elles incitent et disposent leur âme à vouloir les choses auxquelles elles préparent leur corps»[94]. La passion est donc une *perception* de l'âme, elle présuppose la conscience réflexive des activités corporelles (essentiellement du mouvement ou de l'«agitation» des «esprits animaux», l'origine physiologique de toute la vie passionnelle). C'est un fait primordial pour la psychologie des émotions basée sur les intuitions cartésiennes que l'émotion y est considérée comme l'épiphénomène d'une perception de l'âme, dans sa relation avec l'activité et la réaction corporelles. Il y a un grand nombre de problèmes avec cette vue qui fait de l'émotion une *sensation*, une expérience dans l'âme de ce qui se passe dans le corps, et ce sont les mêmes difficultés qu'on rencontrera tout au long de la tradition qui identifie les émotions à des sensations. D'abord, il y a le caractère *privé* des émotions. Toute la critique wittgensteinienne du «langage privé» peut se déclencher contre la conception cartésienne, en soulignant que les sensations devraient être considérées comme publiques, manifestées ou, au moins, exprimables. En plus, Descartes n'indique nulle part que notre *connaissance du monde* et notre attitude dans le monde influence la spécificité des sensations. Et inversement, comme les sensations sont des états subjectifs, on ne voit pas comment elles peuvent aboutir au *comportement*; en d'autres mots, Descartes n'admet aucun lien intrinsèque entre l'émotion, qui est une sensation subjective et passive, et l'*action* ou le *désir* se manifestant dans un comportement mondain et intersubjectif. Et enfin, la métathéorie psychologique de Descartes ne nous donne aucune possibilité de circonscrire ce qui, dans sa classification, est repris comme 'passion' ou 'émotion'. Une perception ou sensation de l'âme due aux mouvements corporels ou aux changements physiologiques n'est pas nécessairement une émotion. Si l'on considère, par exemple, le cas de la maladie, il va de soi que la perception du changement physiologique n'est pas une véritable émotion. Il me semble, par conséquent, qu'il faut séparer la métathéorie psychologique de Descartes — celle qui identifie l'*émotion* à la *sensation* (Première Partie, Art. I à L, des *Passions de l'âme*) — de sa classification des passions (Deuxième et Troisième Partie, à partir de l'art. LI) qui, comme je l'ai indiqué (*Positions* 2), est basée sur trois types de critères, à savoir l'état psychologique du sujet, la nature de l'objet de valeur, et la spécificité de la relation intentionnelle entre le sujet et l'objet de valeur. Reste que la métathéorie a servi de véritable paradigme au cours des siècles. Elle aboutit par le biais de Hume (qui y ajoute le principe psychologique de la répulsion et de l'attraction, à cause du lien avec le déplaisir et le plaisir) à William James et à Théodore Ribot. James affirme explicitement que les émotions sont des sensations de changements physiologiques : « les changements corporels suivent directement la perception d'un fait excitant, et notre sensation de ces changements qui sont en train de se faire, est l'émotion »[95]. L'émotion-sensation est la face subjective d'un changement physiologique.

Les émotions et le comportement. Le behaviorisme qui veut transformer la psychologie en science naturelle, est un autre paradigme pas moins influent que le précédent. On prédit les émotions à partir d'une corrélation entre les conditions de stimuli externes et les mécanismes internes de réponse physiologique. On voit mal comment l'émotion peut ainsi être caractérisée dans sa spécificité, et surtout comment on peut déduire de cette constatation des corrélations une typologie des émotions. Il est typique que Watson qui, avec Skinner, est le chef de file de ce paradigme, ne parvient qu'à traiter trois 'émotions', la *peur*, la *colère* et l'*amour* (au sens de réaction sexuelle), et il est forcé à distinguer ces 'émotions' se manifestant dans des comportements selon le critère des types de situations stimulantes. Il n'y a pas seulement le problème que beaucoup d'émotions importantes ne se traduisent pas directement dans des comportements spécifiques, mais en plus il faut noter la difficulté méthodologique d'une circularité dans le raisonnement : le comportement est reconnu comme un comportement de peur, par exemple, à cause de la spécificité de la situation stimulante, mais la situation stimulante est identifiée comme celle de la peur à cause du comportement qu'elle stimule. Le behaviorisme devient aussi une alternative d'une grande faiblesse méthodologique et théorique (surtout à cause du fait qu'elle n'engendre ni des identifications ni des typologies des émotions).

Les émotions et l'inconscient. Je mentionne simplement la conception freudienne des affects selon laquelle l'émotion actuelle est le retour d'un état émotionnel traumatisant original, «forcé» par un événement présent à revenir dans la mémoire. La psychanalyse voit l'émotion comme une décharge d'énergies qui ne peuvent se manifester par les voies canoniques à cause d'une inhibition, d'une répression ou de l'un ou l'autre blocage. Sartre, dans son *Esquisse d'une théorie des émotions*, part de l'acquis psychanalytique («la conscience émotionnelle est d'abord irréfléchie et, sur ce plan, elle ne peut être consciente d'elle-même que sur le mode non-positionnel»[96]), mais il y ajoute l'enseignement phénoménologique : «A présent nous pouvons concevoir ce qu'est une émotion. C'est une *transformation du monde*... Nous essayons de changer le monde, c'est-à-dire de le vivre comme si les rapports des choses à leurs potentialités n'étaient pas réglés par des processus déterministes mais *par la magie*»[97]. Sartre formule ainsi une critique importante de l'approche psychanalytique, à savoir le fait que l'émotion n'y est pas vue comme une (ré)action dans le monde, mais comme la manifestation d'un état inconscient. Si j'ai *peur*, ce n'est pas à cause d'une situation mondaine ou intersubjective menaçante, mais à cause d'un désir inconscient et réprimé. En plus, le point de vue psychanalytique privilégie les émotions violentes comme l'*anxiété* et relègue à l'arrière-plan les émotions 'calmes' comme la *joie*, la *tristesse*, etc. Mais le problème principal est bien celui soulevé par Sartre : «La véritable émotion est tout autre : elle s'accompagne de *croyance*. Les qualités intentionnées sur les objets sont saisies comme vraies... L'émotion est un phénomène de croyance. La conscience ne se borne pas à projeter des significations affectives sur le monde qui l'entoure : elle *vit* le monde nouveau qu'elle vient de constituer»[98]. Il y a croyance et connaissance dans l'émotion, et c'est ainsi que la métathéorie selon laquelle je préfère continuer est celle où l'*épistémique* est réévalué — c'est celle de la psychologie *cognitiviste*.

Les émotions et la cognition. La source de l'approche cognitiviste des émotions est dans Aristote. Ce n'est pas seulement le cas, selon Aristote, que les émotions sont des sensations qui changent l'homme en affectant sa capacité de juger, mais, en plus, le jugement, et la cognition en général, est toujours une composante nécessaire de toute émotion. Une théorie cognitiviste des émotions est une théorie qui proclame que l'une ou l'autre forme de la pensée, généralement une croyance, fait partie intégrante du concept d'émotion même, et nous sert également de critère distinctif pour classer les émotions. C'est «l'état d'esprit», «l'image mentale», qui est la cause première des impulsions et du désir qui marquent l'émotion. Les croyances engendrant l'émotion concernent nécessairement notre subjectivité ou celle des co-sujets ou la relation que nous avons avec eux. Il est intéressant de noter que Spinoza, plus que Thomas d'Aquin et *contre* Descartes, défend dans l'*Ethique* une théorie des passions qui est inchoativement cognitiviste. Il est essentiel pour les passions, selon Spinoza, en premier lieu pour l'*amour* et pour la *haine*, qu'il y ait des croyances concernant la *cause* du plaisir et du déplaisir de l'âme, qui est toujours un objet externe. L'idée ou la croyance fait partie intégrante de l'émotion et les émotions sont définies dans leur spécificité selon les différences des idées et des croyances accompagnantes. Toutefois, la conception de Spinoza n'est qu'inchoatiquement cognitiviste, parce que l'idée ou la croyance concernant la cause externe ne fait qu'*accompagner* le plaisir et le déplaisir; elles ne sont donc jamais *à l'origine* des passions (ou des émotions). Je reviendrai, bien sûr, sur la thèse cognitiviste dans la section suivante consacrée à la mise en croyance: il s'avère que la contexturation psychologique ne peut être isolée de la contexturation épistémique. Les émotions sont cognitivement déterminées, et il y a heureusement une théorie en psychologie des émotions qui en tient compte[99]. Le moins que l'on puisse dire est que l'objet intentionnel d'une émotion est un objet qui apparaît nécessairement *sous une certaine description* et que cette description est engendrée par les croyances que l'on a à propos de cet objet. Ceci n'est qu'un point de vue philosophique parmi d'autres possibles. La position la plus faible en psychologie cognitiviste est celle qui voit à l'origine des émotions des *représentations*, la position la plus forte postule des *évaluations* à leur origine. La section qui suit devrait montrer la pertinence de ce panorama de catégories épistémiques pour une théorie globale des passions.

2.2. La mise en jugement ou la contexturation épistémique

La logique des sentiments

Théodore Ribot n'hésite pas à développer un concept de *raisonne-*

ment passionnel: «la passion (Ribot parle en fait de l'*émotion*) a une fin posée, et en cette fin un régulateur qui détermine sa marche et empêche ou exclut les associations inutiles, parasites, étrangères ou contraires à cette fin»[100]. Toute émotion a sa logique instinctive, téléologique. Dans le cas de la *timidité*, la disposition primaire (aboulie et inhibition des actes, absence de présence d'esprit) est transformée par une accumulation de jugements de valeur et par une appréciation subjective des hommes et des événements[101], qui fonctionnent comme une série de moyens termes, en une conclusion qui systématise les propriétés de la timidité (misanthropie, égotisme, 'maladie de l'idéal', mysticisme). Même dans le cas de l'*amour* on voit apparaître dans un stade précoce un jugement de valeur (l'amoureux se croyant capable de succès). Toute une série d'affirmations et de négations, c'est-à-dire de *jugements* à base affective, collaborent à la «cristallisation» de l'amour. La certitude et le doute se succèdent de manière «conflictuelle». Il y a également un travail d'élimination et d'abstraction de l'impulsion qui mène à l'idéalisation où la passion devient semi-intellectuelle, de plus en plus «rationnelle». La *jalousie* est une passion qui suit le même schéma génétique. Le premier moment est un soupçon, un «jugement de défiance», une «inhibition des tendances expansives qui se fixe sur un individu déterminé... L'hostilité est d'abord vague. Puis les actes, les paroles, le silence même, tout est accepté comme preuves justifiant la supposition, le premier jugement»[102]. Ensuite vient la «cristallisation» (association d'idées à base affective, jugements de valeur qui, positifs ou négatifs, tendent vers la même fin); la conclusion finale peut, selon Ribot, être fort analogue à ce qui se passe dans le délire de persécution.

On pourrait analyser la relation de la pensée et de l'émotion (ou du sentiment) de plusieurs façons[103]. «Comprendre et sentir sont une même chose» et «la vérité est... toujours pressentie avant d'être cherchée, sentie avant d'être conçue et exprimée» sont les propositions les plus générales dans ce domaine. Mais il est également vrai que «le sentiment est source de connaissance»[104], qu'il y a une fonction commune de l'intelligence et du sentiment, et qu'ainsi on peut attribuer une certaine objectivité à ce dernier. Le problème de la contexturation épistémique est plus restreint: c'est celui de l'influence de la pensée (de «l'état d'esprit», comme le dit Aristote) sur le sentiment (terme générique couvrant la passion et l'émotion). Si la pensée (représentation, croyance, évaluation) peut susciter des sentiments, il en découle nécessairement qu'elle peut aussi les refouler ou les refréner, en suscitant des sentiments contraires. La pensée exerce ainsi sur les sentiments un pouvoir constant de censure, de contrôle et d'arrêt[105]. Mais cette formulation est sans doute fallacieuse aussi longtemps que l'on présuppose une 'pensée' qui n'est en rien entamée par le sentiment et qui agit sur le sentiment comme venant de l'extérieur. La conception que je défends est que la 'pensée' même est passionnelle, que le raisonnement même est affectif, et la rationalité nécessairement émotive. C'est en tout cas la position philosophique que je voudrais soutenir dans mon argumentation à propos de la contexturation épistémique. La «logique des sentiments» est donc une logique 'déviante', non pas parce qu'elle a comme objet les sentiments, mais parce que toute logique est en elle-même nécessairement déviante. Le point de départ de toute logique est toujours un ensemble de concepts-*valeurs*, et le raisonnement affectif constitue sans doute plutôt le paradigme de tous les types de raisonnements qu'un cas parasitaire et secondaire. Ce raisonnement affectif a l'allure évidente d'une démonstration, d'une *justification*. Le principe unifiant qui régit la logique des sentiments est le *principe de finalité*[106] : elle ne vise pas une vérité mais un résultat pratique conditionnant les moyens qu'elle utilise. Une telle logique est réductible à une tendance, à un désir, ordonnant les termes de son parcours soit par accumulation (procédé qui sert très souvent à convaincre soi-même et les autres), soit par gradation (il y a de l'habileté dans les procédures de la logique des sentiments). Les parcours émotionnels sont des formes d'inférences, des enchaînements d'états affectifs qui sont en accord ou en contraste. L'origine de la logique des sentiments est dans ce désir positif ou négatif qui poursuit un *simulacre de preuve*, selon l'expression heureuse de Ribot[107]. Elle est constituée par des *valeurs*, c'est-à-dire des concepts ou jugements selon les dispositions du sentiment. Une propriété distinctive de la logique des sentiments est que la conclusion est toujours déterminée d'avance, au moins virtuellement. C'est une logique 'conjecturale', et l'axe épistémique allant de la certitude au doute est constamment présent au long des parcours. Que l'organisation paradigmatique et syntagmatique des sentiments soit logique, est en fait acquis. Que toute logique soit déviante et ainsi, dans un certain sens, *affective* (tout concept est un concept-valeur, tout «état d'esprit», toute croyance, tout jugement est évaluatif) est le pivot philosophique soutenant l'argument de la contexturation épistémique.

La rationalité évaluative

Cette «logique des sentiments», esquissée par Ribot et les partisans de la psychologie affective, évoque l'idée de la rationalité des émotions, et il convient maintenant de comprendre en quoi les émotions peuvent être dites rationnelles. Il y a intuitivement deux manières de formuler la rationalité des émotions, et des éclaircissements me semblent nécessaires pour chaque approche. Si c'est vrai que la logique des sentiments soit régie par un *principe de finalité*, il faudra admettre que les émotions sont *intentionnelles*: la rationalité des émotions, dans ce premier sens, repose précisément sur leur caractère intentionnel. Il y a une double explication à l'intentionnalité des émotions: d'abord, les émotions ont des *objets*, et non seulement des causes, et ensuite, les émotions sont *motivées* par leur objet et développent ainsi des programmes en fonction de la réalisation d'un *but*. La distinction entre l'*objet* et la *cause* de l'émotion est connue depuis Hume. Il ne convient pas de déterminer l'histoire causale d'une émotion pour en donner une description adéquate. La relation de l'émotion à son objet est formelle, non causale, et l'"objet" en question n'a pas une ontologie univoque: il peut s'agir aussi bien d'un objet non existant et imaginaire que d'un objet réel. Que l'émotion soit motivée par un but, cela est indiscutable. Cette motivation n'est pas essentiellement intellectuelle, et le but se présente en général comme un panorama multiforme de motifs d'ordre social et individuel. L'utilité sociale des émotions est ainsi une motivation très efficace du programme émotif. Toutefois, ce n'est pas l'intentionnalité des émotions qui retient mon attention ici, mais un second aspect de la rationalité des émotions, à savoir le fait que les émotions *sont* des *jugements*. Je voudrais suggérer non seulement que l'émotion *présuppose* une certaine connaissance, des croyances et des jugements, mais surtout qu'elle *est* un jugement. Cette thèse ne peut être défendue que si l'on développe une conception *évaluatrice* et non *cognitive* du jugement. En fait, l'émotion-jugement n'est pas propositionnelle mais *actionnelle*. Toute émotion est 'pragmatique', et c'est dans ce sens que je parlerai de la rationalité évaluative des émotions.

Les émotions présupposent des croyances, correctes ou incorrectes, concernant les propriétés de leur objet. Sans l'appréhension de certaines qualités de l'objet, on ne voit pas comment un sujet pourrait être ému. Ces croyances — et les jugements qui en résultent — ne font pas partie du concept même de l'émotion spécifique: si l'on estime qu'une personne est timide, ce jugement peut mener à des émotions diverses manifestant aussi bien l'amour que l'aversion. De l'autre côté, l'émotion peut engendrer des jugements qui influencent le cours ultérieur de l'émotion. Il est intéressant de noter que ces jugements ne doivent pas être 'corrects', que les propriétés conçues ne doivent pas être spécifiques de l'objet de l'émotion, que l'émotion provoquée par un ensemble de jugements peut continuer après la disparition de l'appréhension des propriétés par ces jugements[108]. Mais ce ne sont pas ces jugements *présupposés* par l'émotion qui nous intéressent en premier lieu. Cette première classe de jugements et de croyances serait purement cognitive. On peut, par contre, identifier les émotions selon le critère de l'*évaluation* spécifique de leur objet, selon le 'point de vue' imposé à l'appréhension de l'objet. La «lumière» dans laquelle le sujet d'une émotion «voit» l'objet, inclut une évaluation qui dans le cas le plus «objectif» donne la possibilité au sujet d'utiliser une échelle de mesure. Mais l'évaluation reste plus subjective qu'objective, étant liée surtout à l'aspect appétitif de l'émotion, à savoir au fait que l'émotion est dirigée par un désir qui obscurcit d'emblée toute cognition pure. Un jugement évaluatif est un jugement qui dépend des possibilités mêmes du programme actionnel développé par une émotion: le jugement «évalue» ces possibilités et «crée» ainsi l'objet de l'émotion, fortement contraint par le point de vue spécifique imposé par le sujet ému. Je ne nie pas qu'il y ait des croyances 'cognitives' et des jugements propositionnels directement liés à des états émotionnels, mais ce sont des croyances et des jugements *présupposés*, qu'il faut distinguer du jugement qu'est l'émotion même [109].

L'affirmation centrale que je voudrais faire est que toute émotion est déjà et est toujours un système de jugements, antérieurs à toute réflexion et délibération. Les émotions sont définies essentiellement par leur jugement constitutif, elles reçoivent leur structure par le biais de ce jugement. C'est ainsi que toute émotion acquiert sa coloration épistémique, et par là sa rationalité. Mais il est de grande importance que le jugement dont il est question ici ne soit pas propositionnel mais *actionnel*: il n'existe pas dans la cognition préexistant au programme émotif, mais en tant qu'évaluation il fait naître le parcours même de l'émotion. C'est un jugement plutôt stratégique que cognitif, qui fait des inférences selon les prégnances et les gradations des situations. C'est ainsi que le programme émotif peut être considéré comme un *scénario* [110], et qu'il est même opportun d'introduire le concept d'*utilité* épistémique. La rationalité de l'émotion se mesure à ce que l'émotion se développe comme un scénario qui trahit téléologiquement une capacité de jugement. Mais ce jugement n'est pas ailleurs que dans l'*action* du scénario dont les éléments sont 'utiles' aussi longtemps qu'ils reflètent des stratégies d'une faculté de jugement. Il est sans doute difficile de voir en quoi et comment le jugement peut être dissocié de la cognition, et comment on peut éliminer le caractère propositionnel de l'acte de juger. C'est bien du côté de l'*évaluation*, soumise à des contraintes *actionnelles*, qu'il faut chercher la réponse. S'il est vrai que le psychologique et l'épistémique, l'émotion et le jugement, sont intrinsèquement liés, de sorte que leur liaison sert de *contexte aux passions*, c'est que l'émotion n'est pas «état mental» intérieur du sujet mais bien plutôt un programme, un scénario, une mise en scène, un «drame» (au sens d'une action). Sa rationalité est extérieure: elle évalue, par inférence stratégique, les possibilités d'un parcours. L'idée d'une «logique des sentiments» aboutit à la découverte d'une rationalité spécifique des émotions. Cette rationalité évaluative transforme toute émotion en *émotion-jugement*. Mais comment thématiser maintenant les contours et les propriétés de ce jugement sous-jacent à toute émotion?

Le juger devant le savoir et le croire

Le jugement qui définit l'émotion même et qui incarne sa rationalité évaluative, ne s'identifie ni à une connaissance ni à une croyance. C'est plutôt la combinaison du savoir et du croire dans un même univers qui nous fournira la définition adéquate du *jugement épistémique*. Mais examinons d'abord en quoi le *savoir* et le *croire* participent à la constitution de ce type de jugement non propositionnel et actionnel. Deux approches du *savoir* semblent possibles. D'abord, on constate que le savoir véhiculé dans la communication se présente comme une structure transitive puisqu'il est inconcevable sans l'objet de savoir. Ces objets de savoir sont formulables en termes d'énoncés descriptifs. On s'intéressera plus au second aspect, là où la production et l'acquisition du savoir et ses degrés de 'présence' sont mises en évidence: le savoir renvoie non seulement à l'objet de savoir mais également (et selon nous, essentiellement) à l'instance de production (d'«énonciation»), où se situe le *sujet* du savoir exerçant une activité. On considère ainsi le savoir en tant que *faire*, en tant qu'«intelligence syntagmatique» qui a l'habileté d'organiser les programmes. Le savoir recouvre l'instance de production, et la procédure de débrayage d'un savoir explique la multitude de dispositifs d'"installation' du savoir (il y a divers types d'actants qui instaurent le savoir, et il y a également la possibilité de syncrétisme), ainsi que la complexité des activités secondaires exercées par le savoir (la persuasion, l'interprétation, la manipulation)[111]. On n'épuise donc pas le concept de *connaissance* en faisant appel seulement à l'énoncé descriptif, à la proposition qui en est l'objet. On est plus attiré, dans le contexte de l'argument développé, par le savoir en tant que *savoir-faire* et en tant que processus de production à partir d'une subjectivité, d'ailleurs nécessairement passionnelle. C'est bien cette dimension pragmatique et productrice qui nous fera dire que le savoir est partie prenante du *jugement épistémique*.

Il en va ainsi de la *croyance* qui, elle non plus, n'est pas simplement propositionnelle (et donc 'transparente' à l'égard d'un signifié immanent ou d'un référent ontologique): le *croire* est l'adhésion d'un sujet à un énoncé, et cette adhésion (située sur l'axe qui va de la certitude au doute) introduit donc la subjectivité ou l'instance de production (l'énonciateur) au noyau même de toute croyance. C'est ainsi que A.J. Greimas conçoit les modalités épistémiques comme relevant d'une compétence de production (chez l'énonciateur) ou d'interprétation (chez l'énonciataire). Il place le jugement épistémique portant sur des énoncés du côté de l'interprétation[112], en présentant le jugement comme l'acte qui traverse la manifestation de l'énoncé pour statuer sur son immanence. Je serais enclin à développer une symétrie pour ce qui concerne le jugement: on juge aussi bien en *produisant* qu'en *interprétant*, et il est vrai que des deux côtés le jugement épistémique dépend du vouloir-croire et du pouvoir-croire du sujet. S'il y a du savoir et du croire dans le jugement épistémique, ce ne sera pas en tant que composantes hétérogènes faisant ce jugement tributaire de deux catégories épistémiques essentiellement contraires quoique complémentaires. Il se fait que le savoir et le croire appartiennent au même univers, et qu'il y a du savoir dans tout croire, et de la croyance dans toute connaissance. L'*intelligence syntagmatique* dont parle Greimas dans ses textes les plus récents[113] est précisément le lieu où le savoir et le croire se chevauchent et s'entrecroisent. La rationalité évaluative précède la scission entre la 'raison logique' qui élabore des connaissances, et la 'raison fiduciaire' qui développe des croyances.

La passion épistémiquement investie et l'émotion-jugement

Il convient de rappeler ce que j'ai proposé concernant l'investissement épistémique dans les domaines des passions chiasmiques, orgasmiques et enthousiasmiques (voir 1.2.). Les concaténations modales marquant les passions spécifiques comportent une *coupure paratactique*: le segment qui fait suite à cette coupure est sujet à l'investissement épistémique tandis que le segment précédant la coupure reste indépendant de toute épistémisation. Les trois catégories des passions ont de ce point de vue leur propre structure. Pour la *curiosité* par exemple, la passion 'primitive' parmi les passions chiasmiques, c'est l'être-paraître (la vérité) qui est affirmé, refusé, admis ou mis en doute (cette séquence de la concaténation modale qui suit la coupure paratactique), donc l'objet du savoir, tandis que l'intention de savoir échappe à toute épistémisation. Le curieux ne doute jamais de sa volonté de savoir, mais il peut douter de l'objet de son savoir. Pour les passions orgasmiques, l'investissement épistémique porte non seulement sur le faire, mais sur le *pouvoir-faire* qui devient ainsi un énoncé d'état de la croyance, modifiable par la coloration épistémique, tandis que le *devoir* (la nécessité, et sa négation: la contingence) est 'ajouté' sans qu'il soit soumis à l'épistémisation. C'est le cas du prototype des passions orgasmiques, la *sollicitude*, où la nécessité (le *devoir*) de la visée intersubjective n'est jamais modifiée par une position épistémique quelconque, mais où le pouvoir-faire est évalué sur l'échelle qui va de la certitude à l'incertitude. On se souviendra que l'investissement épistémique concerne le segment le plus large dans les cas des concaténations modales des passions enthousiasmiques: l'*enthousiaste* n'a pas besoin d'affirmer son vouloir-désir, ni le *reconnaissant* son devoir-obligation. On a dit que le désir et l'obligation, dans le domaine des passions enthousiasmiques, ne sont même pas des prédicats empiriques mais des transcendantaux, et qu'ils échappent ainsi à toute relativisation sur l'échelle de la certitude à l'incertitude. Mais, excepté les termes métamodalisateurs (le vouloir$_2$-désir et le devoir$_2$-obligation), toute la concaténation ou ses séquences, c'est-à-dire la passion-objet de l'enthousiasme et de la reconnaissance, et l'objet de cette passion-objet (la vérité, par exemple, si la passion-objet est la *curiosité*), sont susceptibles d'épistémisation. L'enthousiasme et la reconnaissance, et toutes les variantes de la classe des passions enthousiasmiques, mettent épistémiquement tout en question sauf le désir et l'obligation en tant que métamodalisateurs.

Toutefois, rien n'a été dit jusqu'ici de l'imbrication de l'*investissement épistémique* du 'texte' des passions et l'*émotion-jugement* qui se manifeste au niveau de la «contexturation» épistémique. Rappelons que, dans la projection sur le carré sémiotique, on découvre quatre modalités de l'investissement épistémique:

Schéma 12b

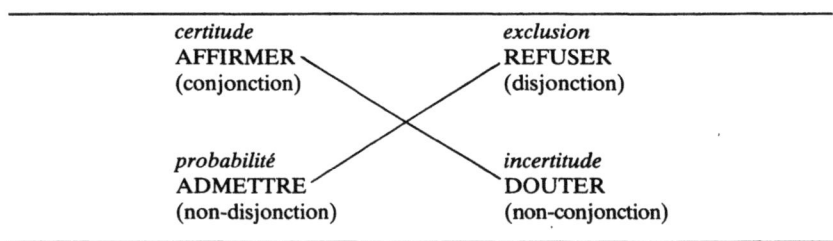

Les modalisations (graduelles et non catégoriques) sont des opérations jonctives (si la jonction réussit, il y a conjonction; dans le cas d'un échec, il y a disjonction). Il y a des passions témoignant d'affirmation, de refus, d'admission ou de doute, selon qu'elles expriment les positions épistémiques de la certitude, de l'exclusion, de la probabilité ou de l'incertitude. Il n'est sans doute pas superflu de répéter que les caractéristiques épistémiques de l'*émotion-jugement* sont différentes de celles de l'investissement épistémique des passions. L'émotion-jugement se construit à partir de croyances qui concernent les propriétés de l'objet de l'émotion et à partir de présomptions qui entravent l'acte de jugement qu'est l'émotion. Ces croyances et ces présomptions sont contingentes et elles déterminent la nature spécifique de l'émotion. L'exemple que j'ai déjà donné rend cette conception évidente : la croyance dans la timidité de l'objet d'un amour ne définit pas cet amour en tant que passion; la timidité, par contre, peut être la propriété de l'objet de tout un éventail d'émotions regroupant un grand nombre de passions comme l'amour, la haine, l'indifférence, l'aversion...

Comment décrire aussi adéquatement que possible le mécanisme reliant l'émotion à la passion d'après leur coloration épistémique? La passion n'étant qu'une virtualité qui doit se manifester dans l'émotion, elle est épistémiquement investie par une des modalisations épistémiques (la certitude, le refus, l'admission, l'incertitude/le doute) sur une séquence de la concaténation modale variable selon la catégorie de passions (chiasmiques, orgasmiques, enthousiasmiques). Cette modalité épistémique devient la base sur laquelle se greffe l'émotion-jugement. Cette base sert de *condition de possibilité* (elle est une condition nécessaire mais non suffisante pour qu'il y ait génération de l'émotion-jugement), mais en même temps elle est *justifiée* par l'émotion-jugement qui la manifeste. Une passion qui se manifeste, 'se heurte' à un contexte psychologique et sociologique. Elle s'exprime dans une personne dont la spécificité est précisément constituée par un ensemble de traits psychologiques contraignants. Cette personne est en plus sociologiquement déterminée (elle fait partie de micro-sociétés et de communautés de toute dimension). C'est la rationalité, évoquée plus haut comme marquant fondamentalement l'homme à ce niveau de la 'contexturation', qui *évalue* les possibilités et les résistances du *contexte* (psychologique et sociologique). Ainsi l'émotion est nécessairement jugement, non pas jugement propositionnel (réfléchissant la cognition libre) mais jugement *actionnel* agissant dans le contexte psycho-sociologique en évaluant ses propriétés et virtualités. Ce jugement provoque des savoirs et des croyances et il est provoqué par eux. On a soutenu dans les pages qui précèdent que le jugement transcende la scission en savoir et croire, et qu'il s'agit bien d'un même univers 'judicatif' qui marque l'émotionnalité. L'émotion se laisse ainsi guider par des connaissances, des croyances, des présomptions, des convictions (à la limite, 'idéologiques'), et c'est de cette manière qu'elle justifie la modalité épistémique de la passion sous-jacente. C'est comme si la modalité épistémique d'une passion servait de moule, et que le jugement-émotion fonctionnait comme moulage, la modalité épistémique étant la forme, et l'ensemble des connaissances et croyances qui constituent l'émotion-jugement fournissant le contenu ou la matière. C'est ainsi qu'il faut concevoir le rapport de l'émotion à la passion : comme celui du moulage au moule, ou de la justification à la condition de possibilité.

3. LA MISE EN DISCOURS DES PASSIONS

L'homme dans son discours

Depuis que Benveniste a réuni dans ses *Problèmes de linguistique générale* une série d'études sous le titre *De la subjectivité dans la langue*, on a assisté en linguistique et en philosophie du langage à un épanouissement extraordinaire de recherches concernant la mise en discours de la subjectivité. La linguistique structurale d'obédience saussurienne et la linguistique générative nous avaient accoutumés à considérer le langage comme un système immanent et autosuffisant. L'*objectivation* de la langue, opposée — par dichotomisation — à la parole (de même que la compétence est opposée à la performance), est présentée par Saussure comme la condition *sine qua non* pour qu'il y ait une linguistique scientifique. C'est dans la périphérie du structuralisme officiel que des théories linguistiques marginales, comme celles de Guillaume et de Benveniste, commençaient à s'intéresser à des phénomènes d'énonciation et, plus en général, aux conditions *subjectives* de la *production* des séquences linguistiques et de leur signification. Cette nouvelle orientation qui aboutit à toute une gamme de pragmatiques, s'affirme contre un certain terrorisme exercé par les sémantiques formelles et contre le prestige énorme d'une certaine philosophie des sciences teintée de positivisme et de triomphalisme. Le problème concernant «l'homme dans son discours» est redevenu central dans la plupart des courants dynamiques et innovateurs des sciences du langage. Les linguistes et les philosophes du langage ont redécouvert l'idée que les séquences discursives ont des *marques déictiques* et qu'on peut élaborer une conception du langage à partir des régularités de la *déixis* et de ses pouvoirs de formation sur le discours tout entier. Ce n'est plus alors le *nom propre* que l'on considère comme la catégorie grammaticale exemplaire, puisque, selon l'ancien paradigme, le nom propre *dénote* de la manière la plus directe et la plus pure son référent. Il est vrai que la «nomination» transparente du nom propre se rapproche de l'idéal de la représentation pure. Le privilège du nom — et du nom par excellence qu'est le nom propre — orientait la théorie linguistique presque automatiquement vers le lexicalisme : toute signification est enfermée non dans des opérations mais dans des catégories essentiellement lexicales. Il suffit de jeter un coup d'œil sur les théories de la signification de Frege à Kripke pour redécouvrir les privilèges du nom propre et du lexicalisme. En opposition avec ce paradigme normatif surgit le paradigme déviant ou 'supplémentaire' qui réévalue la fonction «*monstratoire*» du discours. Dans cette perspective, le *démonstratif* devient exemplaire. Toutefois, la fonction monstratoire s'exerce par des *opérations* : qu'on pense à la prédication (c'est ainsi que les logiciens de Port Royal abordent la fonction monstratoire), à l'affirmation et à d'autres types d'actes de langage, mais aussi à des opérations plus formelles, comme le repérage, l'appropriation et la distanciation (pour ne reprendre que quelques notions de Culioli[114]). C'est bien par le biais de l'étude des *pronoms* que Benveniste a réintroduit le paradigme 'supplémentaire', celui qui nous permet en effet de reconstruire «la subjectivité dans la langue»[115]. Benveniste indique que l'étude des pronoms dans la langue transcende le niveau lexical et nous porte au niveau des unités linguistiques d'*action* : le démonstratif fonctionne bien plutôt comme une opération que comme une catégorie grammaticale. On a tendance à identifier *dire* et *nommer*, comme si la fonction principale du langage était celle de la nomination et de la représentation. C'est précisément à cause de cette identification du *dire* et du *nommer* que Wittgenstein affirme : «Le sujet *se montre*, mais ne se dit pas». Cette opposition du *dire* et du *montrer* se retrouve tout au long de l'histoire des théories du discours. *Dire* versus *montrer* n'est absent ni chez Austin ni chez Benveniste, et c'est à Karl Bühler que l'on doit l'expression heureuse : le discours «comme champ monstratoire»[116]. C'est bien en réévaluant la monstration, la *dé*-monstration, que l'on parvient à suggérer ce qu'il en est de «l'homme dans son discours».

Cette nouvelle approche met en question les privilèges de la sémantique formelle, puisque les tenants du paradigme 'déviant' contestent que la signification d'une séquence discursive soit sa *valeur de vérité* et que la sémantique ait comme rôle principal de déterminer les conditions de vérité du discours, ces conditions de vérité étant extra-linguistiques, des *denotata* ontologiques. Cette perspective ne change pas si l'on remplace les instruments de la logique classique par ceux, beaucoup plus sophistiqués, de la logique des mondes possibles ou par la théorie des modèles. En effet, ce qui devient pertinent dans le nouveau paradigme, ce ne sont plus les conditions de vérité — avec tout ce qu'il y a de platonisant dans ce rêve métaphysique archaïque — mais les conditions de *vérification*, ou, plus radicalement, les conditions de *véridiction.* Ce n'est plus le problème de la vérité qui est au centre de l'attention, mais celui du *dire-vrai*, de la véridiction. Le croire-vrai doit être installé aux deux extrémités du canal de communication, et il faut supposer que l'énonciateur et l'énonciataire sont deux complices dont l'entente repose sur un *contrat de véridiction*. Il est évidemment exact que par le discours on crée des *illusions* référentielles et des *effets* de vérité. Le langage ne « colle » pas à la réalité comme une écriture « blanche », selon l'expression de Roland Barthes : il constitue un écran plus ou moins mensonger destiné à cacher la réalité et sa vérité sous-jacente. Ce n'est pourtant pas par le biais de la problématique de la véridiction que j'étudierai comment et en quoi « l'homme est dans son discours ». Le sujet dans le discours, dans le développement qui suit, n'est pas celui qui « dit vrai » ou « croit vrai », mais un *être de passion*. On a longtemps fait comme si celui qui parle ne déployait que des activités cognitives. C'est celui qui pense et énonce sa pensée, c'est celui qui nomme, décrit, affirme, constate, raisonne, conclut. Il est ainsi vrai que l'énoncé prototypique est l'affirmation et la description. C'est comme si le discours est pleinement « logique », nullement « pathique », pour utiliser encore l'ancienne opposition entre *logos* et *pathos*. Ce sont en effet les propriétés logiques des énoncés qui sont retenues dans les analyses logico-linguistiques, alors que les propriétés « pathiques » sont reléguées à la rhétorique, à la stylistique ou même à la pathologie et au comportement déviant. Les questions que je veux me poser se rattachent à la constatation que le discours reflète la vie passionnelle du sujet, que ce sujet est investi d'une compétence passionnelle, que cette compétence est structurée et expressive et non pas chaotique et solipsiste. Je soutiendrai que le sujet des passions se rend présent dans son discours, « se met en discours » essentiellement par la *performativisation* et par la *figurativisation* des énoncés. C'est bien à partir de cette double stratégie que l'on a accès à une subjectivité qui, au dire des sciences humaines contemporaines, est régie existentiellement par un ensemble de *pathèmes* qui échappent de toute évidence à l'appareil méthodologique et conceptuel d'un logicisme simpliste. Cependant, il ne convient pas de retomber dans les pièges du psychologisme ou de l'anthropologisme. Et il se fait que la perspective méthodique dans laquelle je me place, n'est pas mentaliste, behavioriste ou, en général, psychologique (au sens où l'on parle de la « psychologie affective », celle de Ribot par exemple) mais *énonciative*. Avant d'aborder la présentation de la double stratégie de la performativisation et de la figurativisation, je voudrais insister brièvement sur ce que l'approche énonciative a de particulier en tant que doctrine et méthode.

L'instance d'énonciation

L'introduction du concept d'énonciation ne transforme pas nécessairement la théorie du discours en une théorie du sujet psycho-sociologique autonome [117]. La théorie du discours ne devrait pas être une théorie du sujet *avant qu'il énonce* mais une théorie de l'*instance d'énonciation* qui est en même temps, et intrinsèquement, un *effet d'énoncé*. Que l'instance d'énonciation soit un effet d'énoncé ne signifie pas que toute l'énonciation soit énoncée. Un *effet* d'énoncé n'est pas présent dans l'énoncé sous forme de marqueurs ou d'indicateurs morpho-syntaxiques ou sémantico-syntaxiques, mais il doit être *reconstruit* ou découvert par un effort d'interprétation. Cet effort d'interprétation qui nous fait découvrir l'instance d'énonciation se ramène en fait à une *transposition de sens*: il s'agit en quelque sorte du remplissage d'un espace *elliptique* par une activité de *paraphrase* ou, pour employer un terme de Hjelmslev, d'*encatalyse*. Ceci implique une prise de position dans deux débats centraux en théorie linguistique actuelle: celui concernant la conventionnalité de l'énonciation, et celui concernant la relation de l'énonciation à la signification. Je voudrais indiquer quelle est ma position au niveau de ces deux débats. Je dirai d'abord que l'énonciation n'est pas 'empiriquement' présente comme un ensemble de marques conventionnelles. C'est précisément sur ce point que la pragmatique de style austinien [118] est réductrice à l'égard de l'énonciation: si toute l'énonciation est dans la performativité et si toute la performativité est exprimée par des formules performatives, ou du moins par des *conventions* performatives [119], l'énonciation n'est nulle part ailleurs que dans l'empirie de l'énoncé. Bien sûr, il existe effectivement certaines marques conventionnelles de l'énonciation: elles sont inventoriées en grammaire (en morpho-syntaxe, en syntaxe sémantique), dans la théorie des actes de langage, dans l'analyse conversationnelle; mais ces marques 'empiriques' ne sont qu'une infime partie de l'*iceberg* énonciatif. Il n'est pas contradictoire d'affirmer en même temps que le linguiste et le sémioticien ne doivent s'intéresser à l'énonciation que *dans sa dimension discursive* (donc à l'instance d'énonciation/effet d'énoncé, et non pas au sujet prédiscursif ou psycho-sociologique) et que l'énonciation, bien que marquée dans l'énoncé, *n'est pas énoncée*: l'énonciation est transposée à partir de l'énoncé, elle est l'ellipse qui se remplit «en abîme» par paraphrase ou encatalyse. Il se révèle suggestif de retourner pour un instant à cette notion hjelmslévienne de *(en)catalyse* [120]. On a souvent dit [121] que, selon Hjelmslev [122], l'énonciation est le terme d'une *fonction*, l'autre terme étant l'énoncé. Ceci est insuffisant car il faut alors spécifier la nature de cette relation fonctionnelle: d'un côté, l'énonciation et l'énoncé ne peuvent être les termes d'une relation de *présupposition bilatérale* (le mari et l'épouse);

d'un autre côté, dire qu'ils sont les termes d'une présupposition unilatérale (le roi du jeu d'échecs et les autres pièces) ne ferait pas disparaître le problème concernant le statut non empirique de l'instance d'énonciation/effet d'énoncé. Il y a heureusement, chez Hjelmslev, des définitions d'autres types de relations qui sont sans doute plus intéressantes pour notre propos que celles de présupposition (ou de détermination). Hjelmslev définit la *rection* comme une relation entre un élément *constituant* (qui serait alors l'énonciation) et un élément *caractérisant* (l'énoncé)[123]; la *cohésion*, par ailleurs, est définie comme la relation entre un terme *elliptique* et un terme *(en)catalysant*[124]. C'est précisément de ce type de relation qu'il s'agit quand on thématise l'entrelacement de l'énonciation et de l'énoncé. Dire que l'énonciation est «logiquement présupposée» par l'énoncé, comme l'affirme A.J. Greimas[125], et surtout en déduire que l'énonciation se constitue ainsi en *méta-discours* (ou en méta-énoncé) risque de nous mener d'emblée dans une direction hasardeuse. Tout métalangage comporte une auréole glorifiante (en mathématique, en logique) dans la mesure où il met un point final à tout processus d'interprétation (c'est le côté «Jugement Dernier» du métalangage, dénoncé par Wittgenstein). Il faudrait plutôt remplacer «énonciation comme métalangage» par «énonciation comme paraphrase». En revanche, c'est en exploitant la notion hjelmslevienne quelque peu marginalisée de *(en)catalyse* que l'on pourra penser l'*ellipticité* et la *périphrasticité* de l'énonciation.

Pas plus que la cause n'est dans la conséquence, l'énonciation n'est dans l'énoncé (comme le pensent Austin et ses successeurs). Mais elle n'est pas non plus «logiquement présupposée»: elle est «encatalysée», ajoutée comme un *supplément* au corps: si l'énonciation est le supplément et l'énoncé le corps, le décryptage de l'énonciation se fera par *transposition*. Cette transposition n'est pas une opération logique: si l'analyse est de l'ordre de la pensée, la *catalyse* est au contraire de l'ordre du *sentiment* (tout comme l'*abduction* chez Peirce, en opposition avec l'induction qui est de l'ordre de l'expérience, et en opposition avec la déduction, de l'ordre de la pensée)[126]. Pourtant, on n'est pas totalement démuni d'instruments conceptuels pour parler de cette chose difficile, paralogique, qu'est l'énonciation. Il suffit d'élaborer le champ notionnel catalyse/cohésion/syncrétisme chez Hjelmslev, ou, dans la perspective kantienne (qui est également celle du néo-kantien Peirce), aperception/intuition/abduction. Tous ces concepts nous ramènent au *sentiment* plutôt qu'à la pensée, et je n'hésiterai pas à invoquer la notion même de *compétence passionnelle* responsable de la projection de l'instance d'énonciation.

J'indiquerai brièvement ma position dans l'autre débat évoqué plus haut, celui concernant la relation de l'*énonciation* à la *signification*. Une longue tradition, en linguistique, en logique et en philosophie du langage nous enseigne l'autonomie de la sémantique. Les exemples abondent et nous font découvrir des solidarités insoupçonnées: c'est ainsi que la structure élémentaire de la signification dans *Sémantique structurale* de A.J. Greimas est autonome, tout comme la signification dans la sémantique logique de Carnap, même si la première est dite immanente — puisqu'elle présuppose la clôture de l'univers de signification —, et la seconde référentielle. Dans tous ces cas, l'énonciation est considérée comme un surplus qui n'atteint pas le noyau: chez Carnap, par exemple, la pragmatique (qui devrait s'occuper des phénomènes d'énonciation) ne peut être que *descriptive* (s'identifiant ainsi à la psycho-sociologie d'une part et à la bio-acoustique de l'autre) tandis que la sémantique est *pure*[127]. Il est évident que l'ouverture de la sémantique au monde ne signifie pas nécessairement que l'énonciation soit démarginalisée. Frege lui-même s'est montré sensible aux conditions pragmatiques de production de significations, surtout dans des écrits quelque peu oubliés comme *Der Gedanke*[128], où il distingue, à côté du sens et de la référence, une troisième composante appelée *force*. Toutefois, cette force (ou «tension de production») ne subvertit aucunement l'autonomie de la sémantique à l'égard des conditions énonciatives de production: la force est ajoutée *paratactiquement* à la signification d'une expression. La signification d'une expression est complète et achevée une fois que cette expression a un sens et une référence: la force ne fait que se surajouter[129]. Si l'on regarde du côté de la théorie des actes de langage, on retrouve le même schéma concernant la relation de l'énonciation à la signification. Dans la formule bien connue de Searle, $F(p)$[130], il y a autonomie totale du contenu propositionnel. Les conditions du contenu propositionnel d'un acte de langage ne sont pas déterminées par d'autres types de conditions, celles qui gouvernent la production des forces illocutionnaires spécifiques. F est ajouté paratactiquement à p: l'opérateur F n'est pas un modificateur, mais un foncteur au sens faible du terme. Il y a, dans le panorama des théories linguistiques et philosophiques du discours, peu d'exceptions à cette règle qui veut que l'énonciation soit un surplus à la signification. L'autre point de vue que je voudrais défendre dans le cadre d'une pragmatique dite 'intégrée' ou maximaliste repose sur l'option que l'énonciation est *partout* où il y a signification[131]. Tout d'abord, elle n'est pas dans tel ou tel mot mais dans toute la séquence significative. Toutefois, si l'énonciation est partout où il y a signification, elle n'y est pas sous forme d'une présence 'empirique', observable et déterminable par des méthodologies sémantiques classiques: l'énonciation, on l'a déjà dit, n'est pas dans l'énoncé sous forme de marqueurs ou d'indicateurs mais elle y existe en tant que *condition de possibilité* et donc comme résultat d'une *reconstruction transpositive*. Il faut insister sur le fait que la sémantique autonome est un leurre puisque c'est une entreprise vaine que d'étudier les discours en faisant abstraction de leurs conditions énonciatives de production. L'énonciation, toutefois, ne peut être vue comme un surplus accidentel ou arbitraire — elle constitue plutôt un supplément fondateur.

3.1. La performativisation

C'est bien en me plaçant dans la perspective énonciative que je présente les deux stratégies par lesquelles l'homme de passions se 'présentifie' dans son discours: la performativisation et la figurativisation. Il s'agit donc de deux procédures de discursivisation des passions. En parlant de la performativisation, je pense surtout à la tradition de la philosophie du langage ordinaire, courant bien connu en philosophie anglo-saxonne ou analytique. La figurativisation, procédure complémentaire, fait essentiellement allusion aux travaux de la rhétorique ancienne et à sa réinterprétation en sémiotique contemporaine. Les théories des émotions présentées depuis Ogden et Richards, Stevenson, Hampshire, Collingwood, posent avant tout le problème de l'*expressibilité* des émotions. Mais j'essaierai de montrer que, à la suite d'Austin, et en utilisant la notion de *force émotive*, on aboutit à une problématique plus adéquate, celle de la performativisation comme aspect essentiel de toute mise en discours des passions.

L'expressibilité des émotions

La conception, plutôt simpliste, de Ogden et Richards dans *The Meaning of Meaning*[132], est que le comportement émotif est *naturel*, vu qu'il y a une indication inductive de l'émotion. C'est la théorie de l'expression de l'émotion en tant que *signe naturel*. L'expression d'émotion peut être distinguée ainsi de l'expression *sur* l'émotion qui est conventionnelle et dans une relation conceptuelle avec l'émotion décrite. On retrouve le même naturalisme dans *Ethics and Language* de Stevenson[133], où l'émotion est considérée comme une tension, une agitation, une pression, qui est réduite par son expression. Hamsphire n'est pas très loin de cette intuition plutôt vague de Stevenson quand il fait remarquer que les émotions comportent logiquement la tendance à s'engager dans certains types de comportement, et que ceci constitue l'expression 'naturelle' de l'émotion, qui peut être inhibée et retranchée dans le contexte social, ce dernier ayant donc une fonction de frustration et d'asservissement. Collingwood, dans *The Principles of*

Art[134], ajoute que l'expression est une activité qui a comme fonction de rendre claire et explicite l'émotion pour la personne qui ressent cette émotion. La présupposition commune à toutes ces conceptions est qu'il existe d'abord une émotion en tant qu'état psychologique, et que l'expression émotionnelle, subséquente (logiquememt et temporellement), ayant sa propre structure, n'a pas d'impact sur l'émotion préexistante. C'est ainsi qu'une certaine philosophie analytique, à partir du Cercle de Vienne, s'est posé la question de ce qu'il en est de la *signification émotive* en soi. La signification émotive, opposée à la signification *effective (factual)*, est le type de signification qui échappe au critère de vérification à partir de n'importe quelle évidence empirique : c'est le groupe hétérogène des jugements éthiques, des requêtes, et des énoncés que l'on retrouve en littérature, surtout en poésie. Il est également dit que la fonction émotive est l'expression et l'évocation de sentiments et d'attitudes, opposée à la fonction symbolique ou référentielle qui aboutit à des assertions ayant une valeur de vérité. La fonction émotive n'exprime donc que les sentiments et les attitudes, et aucunement des croyances et des idées. L'opposition cognitif *versus* émotif joue un grand rôle. Le cognitif équivaut à l'intentionnel, le fait d'avoir un *objet*, une dénotation. L'émotif, dans cette dichotomie, comporte un élément de sensibilité directe et incarne, en plus, une tendance spontanée d'*agir* de manière bien spécifique[135].

Il y a encore une confusion plus gênante concernant l'idée même de l'*expressibilité* des émotions. *Exprimer* un sentiment et l'*affirmer*, faire une déclaration concernant ce sentiment, sont des actes considérés par la plupart des philosophes comme étant exclusifs. Mais cette dichotomisation radicale est proposée par ceux qui voient le prototype des expressions émotives dans l'intonation, dans les interjections ou dans d'autres syntagmes peu sémantisés. Par contre, des phrases comme «Je suis très enthousiaste à propos de votre projet», «Cela m'intéresse beaucoup», «J'en suis dégoûté», «Vous avez mon accord complet» sont en même temps des expressions émotives *et* des affirmations concernant la présence de ces émotions. C'est ainsi que Alston et Searle soutiennent qu'il n'y a que de légères différences entre l'expression (linguistique) d'un sentiment et l'assertion que l'on a ce sentiment[136]. La différence est plutôt entre l'expression linguistique d'une émotion (par interjection ou par phrase déclarative) d'une part, et la manifestation d'une émotion par des phénomènes corporels (mouvement du corps, expression du visage). En effet, une opposition s'installe entre les 'naturalistes' — et on doit compter Ogden et Richards, Stevenson, Hampshire parmi les prédécesseurs — qui estiment que les expressions 'naturelles' sont paradigmatiquement réalisées dans des symptômes comportementaux, et les 'linguisticistes' qui distinguent hiérarchiquement les *indications* corporelles de l'émotion, de l'*expression* proprement dite. Dans le cas de l'indication, on perçoit une corrélation *de facto* entre un signe naturel et une émotion, tandis que dans le cas de l'expression proprement dite il faut faire appel à l'*usage* soumis à des *règles* de phrases. La base de l'inférence est différente: dans le premier cas, c'est une *régularité* qui nous permet d'effectuer l'inférence, dans le second cas, une *règle*. Il incombe alors à la communauté de décider si les règles sont suivies, i.e. si une expression a une valeur expressive ou non. J'ajoute ici entre parenthèses que Husserl, dans la *Première Recherche Logique*, proposait la même dichotomisation du signe en deux classes: les indications et les expressions [137].

Je ne discuterai à fond ni la relation des expressions de l'émotion avec d'autres manifestations ou indications de l'émotion, ni la relation entre les expressions de l'émotion et les expressions d'intention et de croyance, ni la relation entre l'expression émotive et l'assertion concernant cette émotivité. Ce sont toutes des questions de grande importance philosophique dont je fais abstraction en ce lieu. Seule l'opposition entre les paradigmes naturaliste et 'linguisticiste' retiendra mon attention pour un moment. Pour les 'naturalistes', les expressions *verbales* de l'émotion constituent une sous-classe d'un genre plus général. C'est la sous-classe des expressions émotives réalisées comme des actes de langage. Mais le genre général lui-même est soumis à des conditions qui contraignent *toute* expression des émotions. Il est dit, par les tenants de la position 'naturaliste', que le comportement verbal ou non verbal d'une personne est une expression d'une émotion si et seulement si ce comportement (1) est une preuve évidente qui permet de dire que la personne, à ce moment, a l'émotion exprimée; (2) s'il se manifeste dans les circonstances appropriées; (3) s'il est sujet au contrôle et à la modification par la personne, et (4) s'il est sincère [138]. Il résulte, entre autres de ces quatre conditions que le comportement en question doit être typique et distinctif pour l'émotion présumée, et c'est pourquoi la possibilité de la modification par la personne est importante. La condition de sincérité n'exclut pas les cas de déception et de manipulation, mais ces cas-là deviennent périphériques par rapport à la 'naturalité' des cas paradigmatiques de l'expression des émotions. Puisque dans l'expression *verbale* d'une émotion un acte de langage est réalisé, la série des conditions deviendra plus complexe. Pour qu'il y ait performance d'un acte de langage émotionnel, il faut dire que: (1) le locuteur L énonce une expression linguistique E; (2) les conditions normales d'intelligibilité et de compréhension soient réalisées; (3) en énonçant E, L renvoie (implicitement ou explicitement) à O, l'objet de l'émotion pertinente; (4) l'énoncé E se produise dans des circonstances appropriées; (5) l'énoncé E de L montre de l'évidence qui permet de dire que L a l'émotion en question; (6) L ait l'émotion pour O (condition de sincérité); (7) les règles sémantiques de la langue parlée par L soient telles que E est énoncé de manière correcte et sincère dans les circonstances appropriées si et seulement si les conditions (1)-(6) se réalisent. Seules les conditions (3), (4), (5) et (6) sont spécifiques de la performance de l'acte de langage, mais elles traduisent les conditions génériques: la condition des circonstances appropriées, la condition de l'évidence et de la distinctivité de l'expression à l'égard de l'émotion, et la condition de sincérité[139].

Notre parti pris *énonciatif* nous porte tout naturellement vers l'autre paradigme où la conventionnalité (versus naturalité) des expressions émotives et le fait que leur production soit gouvernée par des règles (non seulement par des régularités inductives) sont soulignés. Dans ce paradigme, soutenu avec force par Alston[140], et dans une moindre mesure par Searle, trois thèses sont défendues. D'abord, il n'y a pas de continuité entre l'expression comportementale (faciale, par exemple) d'une émotion, où la corrélation n'est qu'une pure régularité, et l'expression linguistique de l'émotion, phénomène gouverné par des règles. Ensuite, il y a continuité entre l'interjection, l'intonation et d'autres manifestations paralinguistiques et les cas prototypiquement linguistiques, avant tout les phrases déclaratives par lesquelles nous exprimons une émotion. Formellement, les règles gouvernant l'expression d'une croyance ou d'une intention sont celles gouvernant l'expression des émotions. *Exprimer* en tant que tel devient un acte de langage homogène, soumis à la seule règle qu'exprimer c'est produire un énoncé (ou son surrogat) en reconnaissant que cette production est gouvernée par une règle obligeant le locuteur d'avoir cette émotion, cette croyance ou cette intention. Il y a donc une identité de base entre différents types d'expression. C'est un avantage, et on verra par la suite comment on peut intercepter les désavantages. Enfin, la troisième thèse défendue par les 'linguisticistes' est qu'il n'y a pas de différence fondamentale entre exprimer une émotion et affirmer que l'on a cette émotion. L'émotion *exprimée* par une phrase comme «Je suis très enthousiaste de votre projet» peut, en tant qu'assertion, être contredite, niée, mise en doute, ce qui ne serait pas le cas s'il y avait une distinction entre l'expression émotive et l'assertion de l'existence de cette émotion. Si *exprimer* est un acte de langage, alors il faut suivre Austin qui affirme dans la 11ᵉ leçon de *How to do Things with Words*[141] qu'il faut prendre la distinction traditionnelle entre assertions et les autres actes de discours avec «un grain de sel». Toutefois, si *exprimer* est un acte de langage homogène, il faut toujours être capable de circonscrire ce qu'il en est de la spécificité de l'expression des *émotions*, en opposition avec l'expression des croyances, des intentions et des désirs. C'est ici qu'intervient la *performativité* comme stratégie de mise en discours des émotions. Et cette performativité authentique des émotions résulte de la *force* des passions.

La force émotive

On a déjà évoqué, en mentionnant *Der Gedanke* de Frege, ce concept de *force*, marginalisé par la sémantique autonome et repoussé dans le domaine périphérique d'une «pragmatique-poubelle». On pourrait se poser la question si, dans l'éventail pluriforme et très diversifié des actes de langage, il y a une classe qui est *cognitive* et une autre qui est *émotive*. Une telle classification serait extrêmement hasardeuse, même si, à première vue, une assertion est plus 'cognitive' qu'un ordre ou un remerciement. Mais on a vu à quel degré une assertion peut même être émotive. C'est que *tous* les actes de langage sont dominés par une force, appelée illocutionnaire, et que cette force introduit l'élément passionnel dans le discours. Cette force, en théorie des actes de langage orthodoxe, est déjà réduite à la force *illocutionnaire*, mais il serait également possible de mettre en œuvre un concept de force *perlocutionnaire*: il y a une force de l'acte perlocutionnaire qui, à l'encontre de l'acte illocutionnaire, est dirigé vers la réalisation d'un (ou des) *effet*(s) qui n'est (ne sont) pas prévisible(s) selon le schéma des règles bien établies. Mais ce qui confère un dynamisme producteur aux actes illocutionnaires et perlocutionnaires, et en général, à tout phénomène énonciatif, c'est la *force* qu'on pourrait qualifier génériquement d'*émotive*. Il y a donc deux manières de valoriser l'émotion en théorie des actes de langage. La première est minimaliste. Elle fait reposer la typologie des actes illocutionnaires sur la typologie des états psychologiques exprimés. Il y a des états cognitifs d'une part et des états émotifs de l'autre, avec toute une gamme d'états intermédiaires ou combinés, et ces états sont en relation avec des expressions spécifiques, appelées «actes de langage». Selon les conventionnalistes, comme Alston et Searle, cette connexion est *contingente* et *extérieure*[142]; selon les naturalistes, elle est *naturelle* et interne, l'expression *linguistique* n'ayant d'ailleurs aucun privilège[143]. Mais cette opposition reste secondaire par rapport à la question du statut de l'émotion: le traitement est minimaliste aussi longtemps que l'émotion est considérée comme un état psychologique à exprimer. La conception maximaliste, et plus formelle, développe le paramètre de la *force émotive*. En général, on suppose que certains types de discours ont une force émotive plus grande que d'autres types (qu'on pense au discours éthique ou poétique). L'utilisation du concept de force émotive ne nous donne pas la possibilité de déterminer *ce* qui est dit, le contenu d'un acte de langage, qu'on le considère comme propositionnel ou psychologique. Faire une typologie des forces émotives ne nous aidera pas à déterminer si le contenu est cognitif (référentiel) ou symbolique (émotif). Des textes, des énoncés, des termes qui sont différents selon leur force émotive, peuvent véhiculer des contenu identiques et vice versa. La force émotive est en fait la force qui anime la performance, et mettre en œuvre la force émotive, c'est *performativiser* le texte, l'énoncé, le terme ou le syntagme. C'est donc bien par la performativisation que la subjectivité se met en discours. En termes plus techniques, on devrait dire que la force émotive contribue au potentiel de l'acte de langage, qu'il soit illocutionnaire ou perlocutionnaire, ou que la présence de la force émotive F, modifiant comme un opérateur radical les contenus de fond en comble, donne à l'énoncé la *potentialité* d'être utilisé en tant qu'expression d'états psychologiques. Reste que la force émotive ou la force performantisante est logiquement *indépendante* de tous les contenus à exprimer. Ceci représente donc la conception maximaliste de la présence de l'émotion ou de la subjectivité passionnelle dans l'acte de langage : l'émotion n'y est plus un contenu qui s'exprime de quelque manière, mais elle est un *opérateur* qui modifie *tous* les contenus, même ceux qui sont exprimés dans des assertions ou des phrases déclaratives.

Il y a donc moyen de récupérer «l'homme de passion dans son discours», en considérant l'émotion comme un *opérateur de force*. La théorie classique des actes de langage, de Austin à Searle, considère toute illocution comme ayant une certaine fin illocutionnaire que le sujet vise conventionnellement à l'aide de stratégies discursives (par exemple, la fin illocutionnaire d'une assertion de p est de représenter un état de choses comme existant dans le contexte d'emploi de p). Searle indique que des actes de langage *de forces diverses*[144] peuvent avoir la même fin illocutionnaire, i.e. représenter un état de choses comme existant dans le monde de l'emploi de l'expression; la requête, l'ordre, l'insistance, la recommandation, ont la même fin illocutionnaire mais une force bien spécifique. Il y a donc un *degré de force (degree of strength)* qui régit la réussite de la production des actes de langage. Ainsi, comme le degré de force dans l'engagement de la vérité du contenu propositionnel de l'acte de *jurer* est plus grand que celui de l'acte d'*affirmer*, on pourrait dire en fait que le sens (du moins en partie) de *jurer* est «affirmer avec passion». Il faudra dire, avec Searle, que le degré de force (ou «de passion») est une *condition de satisfaction* de l'acte de langage en question. On pourrait donc, dans une logique illocutionnaire, classifier les performatifs selon leur degré de force, et thématiser, dans le schéma global des conditions de satisfaction d'un acte de langage, l'interdépendance du degré de force et des autres types de conditions comme, par exemple, les conditions du contenu propositionnel ou les conditions de sincérité. «Avec passion» devient alors un degré plus ou moins grand de la force d'un énoncé, et ce type de conditions est particulièrement important pour la classe des actes de langage appelés *expressifs* (la fin illocutionnaire de ces actes est d'*exprimer* l'état psychologique spécifié dans la condition de sincérité concernant l'état de choses spécifié par le contenu propositionnel; les exemples paradigmatiques sont *remercier, féliciter, déplorer, s'excuser...*[145]): on pourrait dire que le plus grand degré de force se concentre en effet dans cette classe des expressifs, mais la force est évidemment présente dans *toutes* les classes distinguées, donc aussi dans la classe des déclaratifs. Que l'intensité ne concerne pas seulement les états psychologiques, est montré par une échelle où la soi-disant condition préparatoire, à savoir l'autorité du locuteur, joue un grand rôle: commander, ordonner... Il y a ainsi une échelle de la performativité *forte (commander, ordonner, insister)* vers la performativité *faible (suggérer, aviser, recommander*, avec des positions intermédiaires: *demander, faire une requête)* et cette échelle «de passion» ne couvre donc pas seulement des états psychologiques mais aussi des conditions sociologiques, comme l'autorité. Je termine cette section sur la *performativisation*, en rappelant que la mise en discours de la subjectivité, de son intensité «pathique», est réalisée au niveau de la *force émotive* des énoncés. Cette force émotive n'existe pas isolément et antérieurement à l'énoncé: elle est l'énonciation partiellement énoncée, ou un effet de l'énoncé en tant qu'opération de force. Il faut absolument que la dégradation vers le psychologisme — l'émotion comme état psychologique préexistant et «traduit» en discours — soit évitée; la conception énonciative de la performativisation apporte un argument appréciable dans ce débat.

3.2. La figurativisation

« Les passions ont un langage particulier »

La rhétorique nous offre une tout autre conception de la présence de l'homme dans son discours. Il est évident que, pour la rhétorique, les expressions sont des signes des mouvements de la volonté aussi bien que de nos pensées. Mais une partie centrale de la rhétorique — ancienne et nouvelle — traite de ce que, pour citer Bernard Lamy dans sa *Rhétorique ou l'art de parler*, «les passions ont des caractères particuliers avec lesquels elles se peignent elles-mêmes dans le discours »[146]. Il y a des tours particuliers des discours, des signes et des caractères des agitations, qui témoignent de l'homme de passions dans son discours. « Les passions font que l'on considère les choses d'une autre manière que l'on ne fait dans le repos et le calme de l'âme : Elles grossissent les objets, elles y attachent l'esprit, ce qui fait qu'il en est entièrement occupé (...) Les passions produisent souvent des effets contraires : elles emportent l'âme et la font passer en un instant par des changements bien différents (...) Le discours de l'homme qui est ému ne peut être égal (aux paroles répondant à nos pensées). Quelquefois il est diffus, et il fait une peinture exacte des choses qui font l'objet de sa passion ; il dit la même chose en cent façons différentes. Une autre fois, son discours est coupé, les expressions en sont tronquées ; cent choses y sont dites à la fois »[146]. Un élément important, toutefois, est « que ces tours qui sont les caractères que les passions tracent dans le discours, sont (des) *Figures*, ..., qui définissent des manières de parler éloignées de celles qui sont naturelles et ordinaires ». Lamy nous explique pourquoi les figures sont utiles et nécessaires. « Trois raisons obligent particulièrement de s'en servir. Premièrement, quand on fait parler une personne émue de quelque passion (...) on doit donner à son discours toutes les figures propres et le tourner en la manière qu'une personne animée d'un mouvement semblable, figure et tourne son discours (...) La seconde raison est encore plus forte (...) Les hommes ne peuvent remarquer que nous sommes touchés, s'ils n'aperçoivent dans nos paroles les marques des émotions de notre âme (...) Il faut que le discours porte les marques des passions que nous ressentons et que nous voulons *communiquer* à ceux qui nous écoutent (...) Ainsi puisque nous ne parlons presque jamais que pour communiquer nos affections aussi bien que nos idées, il est évident que pour rendre notre discours efficace il faut le *figurer*, c'est-à-dire qu'il lui faut donner des caractères de nos affections qui se communiquent (...) Un discours dépouillé de toutes sortes de figures, est froid et languissant (...) La troisième raison que nous avons pour prouver l'utilité des figures, est encore très considérable (...) Les figures du discours peuvent vaincre et fléchir les esprits. Les paroles sont les armes spirituelles de l'âme, qu'elle emploie pour persuader ou pour dissuader »[147]. Il y a donc une fonction expressive, communicative et persuasive du discours 'figurativisé'. Il faut ajouter à cette triple fonction encore deux autres avantages. D'abord, les figures éclaircissent les vérités obscures et rendent l'esprit attentif : « elles servent à mettre une proposition dans son jour ; à la développer et à l'étendre. Elles forcent un auditeur d'être attentif, elles le réveillent et le frappent vivement », et ensuite, « les figures sont propres à *exciter des passions*: il faut les employer (...) pour découvrir l'objet de la passion que l'on désire inspirer»[148]. On retrouve les mêmes conceptions tout au long de l'histoire de la rhétorique, jusqu'à Fontanier, qui refuse de distinguer parmi les figures une classe de figures d'imagination et une autre classe de *figures de passion*: en distinguant l'ensemble des passions, on parvient à répartir le lot commun des figures[149]. Les figures du discours sont des traits par lesquels des idées, des pensées et des sentiments sont exprimées: «Quant au *sentiment*, c'est cette affection (...) qui, à un certain degré de vivacité ou de violence, prend le nom de *passion*»[150]. Il n'est pas sans importance de relever que Fontanier, à l'encontre de Lamy et, plus tard, de Dumarsais, insiste sur l'arbitrarité et la «liberté» des figures: «les figures (...) ne peuvent mériter et conserver leur titre de *figures*, qu'autant qu'elles sont d'un usage *libre* et qu'elles ne sont pas en quelque sorte imposées par la langue». L'idée est claire: il y a de l'arbitrarité dans la relation entre la passion sous-jacente et la figure, et c'est ainsi que «les figures du discours, dans l'expression (...) des sentiments, s'éloignent plus ou moins de ce qui en eût été l'expression simple et commune»[150]. Fontanier réagit ainsi contre un certain naturalisme, et il insiste sur le fait que les figures du discours, même si elles ont une histoire causale qui les implante dans l'esprit et les passions humaines, se constituent en système structural et arbitraire. C'est un trait que je voudrais retenir, et qui de toute évidence est retenu par la nouvelle rhétorique du Groupe Mu[151]. Tout comme j'ai rejeté une interprétation *naturaliste* de la force émotive, j'aurai à rejeter le naturalisme de la *force figurative*.

Il faut reconnaître en plus que la liste des figures de Bernard Lamy est hétérogène et fantaisiste. Il y a des cas de figures comme le soi-disant *Doute* qui exprime de manière transparente le mouvement des passions: «L'inconstance des mouvements de la passion pousse les esprits de différents côtés. Elles les tient suspendus dans une irrésolution continuelle... La figure qui représente dans le discours ces irrésolutions, est appelée *Doute*»[151bis]. Parmi les autres exemples de figures il y a de véritables actes de langage, comme l'*Interrogation*, ou des opérations propositionnelles comme la *Description*, la *Distribution*, la *Comparaison*; sont énumérées également les véritables figures, reprises, entre autres, par Fontanier, comme l'*Ellipse*, la *Périphrase*... Mais il est caractéristique de la rhétorique naturaliste de Lamy que l'*Exclamation* «doit être placée... la première dans la liste des figures, puisque les passions commencent par elle à se faire paraître dans le discours. L'exclamation est une voix poussée avec force... Il n'y a rien de si *naturel* (!) que ce que le discours d'une personne passionnée est plein d'exclamation »[152]. J'interprète ainsi l'histoire de la rhétorique — de Lamy et Dumarsais jusqu'au Groupe de Liège en passant par Fontanier — comme une réaction toujours plus explicite contre le *naturalisme* dans la théorie des figures. Si l'homme de passions est présent dans son discours, ce n'est pas parce que les passions se traduisent substantiellement dans les figures du discours, comme le pensait Lamy, mais parce que, tout comme la force émotive, la *force figurative* modifie, à l'instar d'un opérateur radical, *tout* texte, *tout* énoncé et *tout* syntagme. Le discours comme tel est 'figurativisé', et la subjectivité se met en discours non seulement en 'performativisant' mais également en 'figurativisant'. Mais il est évident qu'il nous faut, à ce but, un concept plus formel de figurativisation, et c'est la sémiotique contemporaine qui propose quelques éléments inchoatifs.

La force figurative

On oppose souvent les discours figuratifs aux discours abstraits (celui de la science, par exemple), en admettant qu'une telle distinction est, en quelque sorte, idéale : les discours-occurrences ne se présentent jamais à l'état pur. Le sémioticien est intéressé par les procédures qui se trouvent mises en place par l'énonciateur pour *figurativiser* son énoncé[153]. L'exemple prototypique, en grammaire narrative, est le *récit*, qui fonctionne essentiellement comme une structure syntaxique : un sujet en quête d'un objet, avec les diverses opérations possibles de conjonction et de disjonction au cours du programme narratif. Dès le moment où les termes syntaxiques (sujet, objet de valeur, relation de quête) font l'objet d'un investissement sémantique, il y a *figurativisation*. L'introduction de lexèmes comme *tête, soleil, cœur, automobile, roi, forêt, hiver*, transforme le sujet-actant en véritable *acteur*, subissant un ancrage spatio-temporel : l'acteur, spatio-temporellement localisé, commence à se mouvoir dans des contours figuratifs, tous empruntés au monde naturel qui nous entoure. Ainsi toute sémantisation d'une syntaxe pure requiert déjà des figures : la sémantisation, en effet, fait naître un « monde » à contours figuratifs. L'actorialisation, la spatialisation, et la temporalisation sont constitutives de la discursivisation 'figurativisée'. Cette procédure, évidente quand il s'agit d'un *récit*, compte également pour d'autres types de discours, jusqu'au discours scientifique même qui ne parvient jamais à manifester seulement la structure de l'abstraction. Il est évident que d'autres objets sémiotiques, surtout des objets picturaux, sont affectés de prime abord par la figurativisation. Il n'y a pas de discours sans « images du monde », sans 'présentification' de séquences du monde naturel. C'est cette nécessité de sémantiser les circuits syntaxiques que j'appellerais la figurativisation. Mettre en discours, c'est investir sémantiquement et donc figurativiser. La force de discourir est une force figurative.

Une figure de rhétorique, comme la métaphore, peut être interprétée comme « une relation structurale particulière qui recouvre la distance entre le niveau abstrait et le niveau figuratif du discours »[154]. C'est donc une stratégie réductrice de considérer les figures de rhétorique comme des phénomènes purement stylistiques. Elles sont, au contraire, essentielles au langage, puisqu'elles sont présentes dès qu'une structure syntaxique commence à se sémantiser: introduire *tête, soleil, cœur, roi* dans le discours, c'est déjà métaphoriser et instaurer des isotopies figuratives. Si je pose que 'déstyliser' la rhétorique équivaut à la sémiotisation de la rhétorique, c'est que je prends au sérieux l'omniprésence des figures et leur nécessité. La transformation de la syntaxe désincarnée en un univers sémantisé d'acteurs, de temps et d'espaces, nous conduit vers les « images du monde » que sont les figures. L'association des figures est propre à un univers culturel déterminé, et l'intérêt sémiotique devrait se porter vers les parcours de ces associations dans les discours; il est évident qu'une typologie des discours reste à faire à partir de la spécificité de ces parcours d'associations figuratives.

La force figurative, tout comme la force émotive, manifeste la subjectivité dans le discours. Si l'homme de passions est dans son discours, c'est parce que le discours est 'performativisé' et 'figurativisé'. Une approche adéquate — énonciative — ne s'intéresse pas à l'homme *avant* son discours, mais à la subjectivité *dans* le discours, à l'instance d'énonciation discursivisante ou se mettant en discours. Une heuristique dont les stratégies sont efficaces, ne démarre jamais comme psychologie ou anthropologie, mais en tant qu'investigation des caractéristiques manifestées des discours. La 'performativité' et la 'figurativité' devraient être considérées comme les effets essentiels de la subjectivité passionnelle dans le langage, de la présence de l'homme dans son discours.

NOTES

[1] Voir les articles du numéro spécial «Modalités. Logique, linguistique, sémiotique», *Langages*, 43 (1976) et A.J. Greimas et J. Courtés, *Sémiotique. Dictionnaire raisonné de la théorie du langage*, Paris, 1979, sous «Modalité». Le tableau «orthodoxe» des modalités a l'aspect suivant :

MODALITES	virtualisantes	actualisantes	réalisantes
exotaxiques	DEVOIR	POUVOIR	FAIRE
endotaxiques	VOULOIR	SAVOIR	ÊTRE

[2] Voir l'article de M. Rengstorf, «Pour une quatrième modalité narrative», dans le numéro de *Langages* mentionné dans 1.
[3] Voir l'article mentionné dans la note 1, 99.
[4] Voir Liddle and Scott, *The Greek-English Dictionary*, pour l'étymologie et la sémantique de ces termes. C.D. Buck and W. Petersen, *A Reverse Index of Greek Nouns and Adjectives*, Chicago, 1945, mentionnent les adjectifs en *asmos* dont on a besoin ici.
[5] Voir A.J. Greimas, «Le savoir et le croire», *Du Sens II*, Paris: Seuil, 121.
[6] C'est l'avis de M. Rengstorf, «Pour une quatrième modalité narrative», *Langages*, 43 (1976), 71-74.
[7] Greimas-Courtés, *Dictionnaire raisonné*, 287.
[8] Définition du *Trésor de la langue française*. Voir 3 de *Exemplifications*.
[9] Kant, *Kritik der Urteilskraft*, § 46.
[10] M. de Certeau, «L'absolu du pâtir. Passions de mystiques», *Bulletin du G.R.S.L.*, 9, 1979.
[11] J.-Cl. Coquet, «Les modalités du discours», *Langages*, 43 (1976), 69.
[12] Voir ses «Prolégomènes à l'analyse modale: le sujet énonçant», *Actes Sémiotiques, Documents*, 3, 1979, 12-14.
[13] Greimas-Courtés, *Dictionnaire raisonné*, 40-42 et 288.
[14] *Ibidem*, 41.
[15] Greimas-Courtés, *Dictionnaire raisonné*, 220.
[16] Voir à ce propos, mon étude «Eléments d'une analyse philosophique de la manipulation et du mensonge», *Manuscrito*, 2 (1979), 129-152 (prépublication dans les *Documents de Travail*, Centro Internazionale di Semiotica e di Linguista, Università di Urbino, 1978, 35 p.).
[17] Voir *ibidem*, section 2.2.3.
[18] H.P. Grice, «Meaning», *Philosophical Review*, 1957.
[19] Greimas-Courtés, *Dictionnaire raisonné*, 220-222.
[20] Voir l'article mentionné dans la note 16.
[21] Greimas-Courtés, *Dictionnaire raisonné*, 220-221.
[22] M. Perniola, «Logique de la séduction», *Traverses*, févr. 1980, 18, numéro spécial *La séduction II: la stratégie des apparences*, 2-9.
[23] A. Pavone, N. Fusini, G. Caramore, «Histoires plurielles au féminin», *Traverses*, nov. 1979, numéro spécial *La séduction I*, 73-85.
[24] Voir l'ouvrage cité dans la note 23, 79.
[25] Voir l'ouvrage mentionné dans la note 22, 6.
[26] J. Baudrillard, *Les stratégies fatales*, Paris, Grasset, 1983, 140.
[27] *Ibidem*, 163 et 167.
[28] *Ibidem*, 150-151.
[29] P. Fabbri, «Le secret», dans *Traverses*, févr. 1980, 18, 79-80.
[30] P. Sansot, «Une question ontologique: la séduction», dans *Traverses*, févr. 1980, 18, 119-134.
[31] *Ibidem*, 119.

[32] Voir, entre autres, l'étude intéressante de F. Marsciani, «Les parcours passionnels de l'indifférence», dans *Actes Sémiotiques-Documents*, VI (1984), 53. Voir aussi A.J. Greimas, «De la modalisation de l'être», dans *Du Sens II*, Paris, Seuil, 1983, 93-112.
[33] Greimas-Courtés, *Dictionnaire raisonné*, 269.
[34] Greimas-Courtés, *Dictionnaire raisonné*, 242-243.
[35] Alain, *81 Chapitres sur l'esprit et les passions*, dans *Les passions et la sagesse*, Paris, Gallimard, 1960, 1212-1214.
[36] *Ibidem*, 1213.
[37] *Ibidem*, 1214.
[38] Thomas d'Aquin, *Somme théologique: les Passions de l'âme*, t. III, 1ª-2ᵃᵉ, Questions 40-48 (traduit par M. Corvez, Paris-Tournai-Rome, Desclée, 1951). La citation se trouve dans la Question 46, art. 1. Pour comparer la conception thomiste à la conception aristotélicienne de la colère, voir un article particulièrement intéressant de P. Aubenque, «Sur la définition aristotélicienne de la colère», dans *Revue Philosophique de la France et de l'Etranger*, 83 (1957), 300-317.
[39] *Ibidem*, Question 46, art. 3.
[40] Je suis tributaire pour cette analyse des notes de M. Corvez dans son édition de *Les passions de l'âme* (voir 38).
[41] *Ibidem*, Question 25, art. 3.
[42] Je remercie Roberto Benatti (Université de Bologne) pour ses renseignements très pertinents concernant la systématique des passions chez Thomas d'Aquin.
[43] Greimas-Courtés, *Dictionnaire raisonné*, 58.
[44] A.J. Greimas, *Du Sens II*, Paris: Seuil, 1983, 225-226.
[45] Greimas-Courtés, *Dictionnaire raisonné*, 60.
[46] A.J. Greimas, *Du Sens II* (voir 44), 239.
[47] *Ibidem*, 245.
[47bis] J. Fontanille, «Le désespoir», *Actes sémiotiques-Documents*, 16 (1980), 32 p., et F. Marsciani, «Les parcours passionnels de l'indifférence», *Actes sémiotiques-Documents*, 53 (1984), 30 p.
[48] A.J. Greimas, *Du Sens II* (voir 44), 242-243.
[49] *Ibidem*, 236.
[50] *Ibidem*, 240. Voir aussi 236 et 245.
[51] Thomas d'Aquin (voir 38), Question 46, art. 3.
[52] *Ibidem*, Question 46, art. 5.
[53] C'est essentiellement la *Question 25* qui nous montre comment Thomas fait dépendre «l'ordre des passions» d'un critère de «causalité logique».
[54] A.J. Greimas, *Du Sens II* (voir 44), 241.
[55] C'est la méthodologie adoptée par J. Fontanille dans «Le désespoir» (voir 47bis).
[56] J. Fontanille, *ibidem*, 28-29.
[57] *Ibidem*, 7; voir aussi 23.
[58] Greimas-Courtés, *Dictionnaire raisonné*, 4.
[59] A.J. Greimas, *Du Sens II* (voir 44), 231-232.
[60] *Ibidem*, 241. Voir également F. Marsciani, dans le texte cité dans la note 32, où l'auteur fait allusion à la «surmodalisation cognitive» (24).
[61] Descartes, *Les passions de l'âme*, I, 27-28.
[62] P. Robert, *Dictionnaire alphabétique et analogique de la langue française*, Paris, 1966.
[63] I. Kant, *Anthropologie du point de vue pragmatique* (1798), trad. de M. Foucault, Paris: Vrin, 1965, § 73.
[64] Th. Ribot, *La logique des sentiments*, Paris: Alcan, 1905, 66-67.
[65] Voir Th. Ribot, *Essai sur les passions*, Paris: Alcan: 1907, 6. Voir également F. Paulhan, *Les phénomènes affectifs et les lois de leur apparition*, Paris: Alcan, 1933, 89 ss.
[66] Th. Ribot, *Essai sur les passions* (voir 65), 6-7. Voir également J.A. Rony, *Les*

passions, Paris: P.U.F. («Que sais-je?», 943), 1961, 34-37, et A. Joussain, *Les passions humaines*, Paris: Flammarion, 1928, 19-23.

⁶⁷ Voir, entre autres, J. Maisonneuve, *Les sentiments*, Paris: P.U.F. («Que sais-je?»), 1948, 13 sv., surtout 25-27.

⁶⁸ Voir Th. Ribot, *La psychologie des sentiments*, Paris: Alcan, 1917, 19-22.

⁶⁹ L. Dugas, «Les passions», dans *Nouveau traité de psychologie*, par G. Dumas, T. VI: *Les fonctions systématisées de la vie affective*, Paris: Alcan, 1939, 19-53. Citation, 26-27.

⁷⁰ Stendhal, cité par L. Dugas (voir 69), 27.

⁷¹ L. Dugas, *ibidem*, 27.

⁷² L. Dugas, *ibidem*, 30.

⁷³ Th. Ribot, *La psychologie des sentiments*, Paris: Alcan, 1917, VIII-IX.

⁷⁴ Je ne mentionne que J.L. Alibert, *Physiologie des passions ou Nouvelle doctrine des sentiments moraux*, Bruxelles: P.J. De Mat, 2 t., 1825; J.-B. Descuret, *La médecine des passions ou Les passions considérés dans leurs rapports avec les maladies, les lois et les religions*, Liège: Lardinois, 1844; et le plus moderne: M. Boigey, *Introduction à la médecine des passions*, Paris: Alcan, 1914. On peut consulter également l'article «Passion» dans le *Dictionnaire des sciences médicales*, Paris: Panckoucke, 1819 (79 p.), et dans le *Dictionnaire encyclopédique des sciences médicales*, Paris: Masson-Asselin, 1885 (32 p.).

⁷⁵ J.P. Sartre, *L'esquisse d'une théorie des émotions*, Paris: Hermann (Essais philosophiques, 838), 1939, 33; cet essai est un excellent exemple d'analyse phénoménologique. Sartre discute et rejette de manière très convainçante la thèse physiologique concernant les émotions, surtout la théorie de James.

⁷⁶ T. Andreani, *Les conduites émotives*, Paris: P.U.F., 1968, défend de manière cohérente la soi-disant «approche éidétique des émotions» (celle de Sartre et de la phénoménologie en général) et discute les différentes philosophies ou méta-psychologies des conduites émotives.

⁷⁷ Th. Ribot, *La psychologie des sentiments*, Paris: Alcan, 1917, 92.

⁷⁸ *Ibidem*, 93.

⁷⁹ *Ibidem*, 96.

⁸⁰ *Ibidem*, 131-132.

⁸¹ Th. Ribot, *La psychologie des sentiments*, Paris: Alcan, 1917, 137-139.

⁸² *Ibidem*, 227-228.

⁸³ M. Latour, *Premiers principes d'une théorie générale des émotions*, Paris: Alcan, 1935, 9-33.

⁸⁴ *Ibidem*, 18.

⁸⁵ *Ibidem*, 26.

⁸⁶ *Ibidem*, 52.

⁸⁷ Th. Ribot, *Essai sur les passions*, Paris: Alcan, 1907, 146.

⁸⁸ *Ibidem*, 147.

⁸⁹ *Ibidem*, 157.

⁹⁰ Voir à ce propos J.R. Averill, «Emotion and anxiety: socio-cultural, biological, and psychological determinants», in A.O. Rorty (ed.), *Explaining emotions*, Berkeley-Los Angeles-London, 1980, 37-72.

⁹¹ A.O. Rorty, «Explaining emotions», in A.O. Rorty (ed.), (voir 90), 103-126, surtout 105.

⁹² Je suis tributaire pour cette schématisation de W. Lyons, *Emotion*, Cambridge University Press, 1980, 1-51.

⁹³ Descartes, *Les passions de l'âme* (1649), éd. G. Rodis-Lewis, Paris: Vrin, 1955, Art. XVII.

⁹⁴ Descartes, *Les passions de l'âme* (voir 93), Art. XL.

[95] W. James, «What is an emotion?», *Mind*, 9 (1884).
[96] J.P. Sartre, *Esquisse d'une théorie des émotions*, Paris: Hermann, 1939, 29.
[97] J.P. Sartre, *Esquisse d'une théorie des émotions* (voir 96), 33.
[98] *Ibidem*, 40 et 41-42.
[99] Voir surtout M.B. Arnold, *Emotion and personality*, 2 vol., Columbia University Press, 1960, et les contributions dans M.B. Arnold (ed.), *The nature of emotion*, Penguin, 1968.
[100] Th. Ribot, *La logique des sentiments*, Paris: Alcan, 1905, 66.
[101] Pour l'analyse de la timidité Ribot renvoie à L. Dugas, *La timidité, étude psychologique et morale*, Paris: Alcan, 1868.
[102] Ribot, *La logique des sentiments* (voir 100), 77.
[103] Voir, pour l'ensemble de la problématique, A. Joussain, *Les sentiments et l'intelligence*, Paris: Flammarion, 1930.
[104] *Ibidem*, 14.
[105] A. Joussain, *Les sentiments et l'intelligence* (voir 103), 70-85.
[106] Th. Ribot, *La logique des sentiments* (voir 100), 49.
[107] Th. Ribot, *La logique des sentiments* (voir 100), 61.
[108] Voir W. Lyons, *Emotion*, Cambridge U.P., 1980, 73-76, pour la discussion de tous ces cas.
[109] R.C. Solomon, «Emotion and Choice», dans A.O. Rorty, *Explaining Emotion*, University of California Press, 1980, 251-281, défend le même point de vue.
[110] J'emprunte cette idée à R. de Sousa, «The Rationality of Emotion», dans A.O. Rorty (voir 109), 127-151.
[111] Greimas-Courtés, *Dictionnaire raisonné*, 321.
[112] Greimas-Courtés (voir 111), 129-130.
[113] Voir A.J. Greimas, «Le savoir et le croire: un seul univers cognitif», dans *du Sens II*, Paris: Seuil, 1983, 115-133.
[114] J.-P. Desclés, «Représentation formelle de quelques déictiques français», Université de Paris VII, PITFALL 22, 1976.
[115] E. Benveniste, *Problèmes de linguistique générale*, Paris: Gallimard, 1966, voir la section intitulée «L'homme dans la langue».
[116] K. Bühler, *Sprachtheorie*, Jena, 1933 (voir la distinction faite par Bühler entre *Zeichen* et *Anzeichen*).
[117] Pour cette problématique, voir mon article «L'énonciation en tant que déictisation et modalisation», dans *Langages*, 70 (1983), 83-97.
[118] Cette thématique est au centre de l'attention de O. Ducrot; voir sa contribution «Enonciation» au Supplément de *Encyclopedia Universalis*, 528-532.
[119] Pour une discussion très développée de ce thème, voir l'ouvrage de F. Récanati, *Les énoncés performatifs*, Paris: Ed. de Minuit, 1981.
[120] L'exemple favori de Hjelmslev est la préposition latine *sine* présupposant un ablatif, et non inversement; il s'agit de l'interprétation «d'une cause à partir de la conséquence» (voir *Le langage*, Paris: Ed. de Minuit, 1966).
[121] Voir Greimas-Courtés, *Dictionnaire raisonné*, Paris: Hachette, 1979.
[122] Hjelmslev définit une fonction comme suit: «Dependance that fulfils the conditions for an analysis» (*Prolegomena to a Theory of Language*, Def. 8).
[123] Voir L. Hjelmslev, *Le langage*, Paris: Éd. de Minuit, 1966. Pour la définition de la *rection*, voir 177.
[124] Il est intéressant de voir que le terme «catalyse» est opposé par Hjelmslev à «analyse» (voir la définition de la *fonction*, note 122), dont le prototype est «analyse textuelle» ou «analyse syntagmatique» puisqu'il s'agit dans ces cas d'une reconstruction scientifique d'une chaîne de termes *en présence*. Ceci n'est pas vrai pour la catalyse qui est une relation dont un terme est *in absentia* et l'autre *in praesentia*.

[125] Voir l'article «Enonciation» dans le *Dictionnaire raisonné* de Greimas-Courtés (*op. cit.*).
[126] Que la catalyse soit de l'ordre du sentiment est suggéré par Hjelmslev lui-même dans les dernières pages des *Prolégomènes*, là où, au niveau de la plus grande généralité, *Universitas et Humanitas* sont «encatalysées» à la théorie linguistique elle-même.
[127] Voir R. Carnap, *Meaning and Necessity*, Chicago/Londres, 1956, 234 et 248.
[128] Traduction en français dans *Ecrits logiques et philosophiques* (trad. C. Imbert), Paris: Seuil, 1971.
[129] J'ai explicité ce mécanisme dans «Nouveaux éléments de pragmatique intégrée», *Annales de l'Institut de Philosophie et Sciences Morales*, Bruxelles: Éd. de l'Université Libre de Bruxelles, 1982, 61-76.
[130] F pour «force» et p pour «proposition»/«contenu propositionnel».
[131] Voir mon article «Les paralogismes de l'énonciation», dans Ch. Perelman (éd.), *Philosophie et langage*, Bruxelles: Ed. de l'Université Libre de Bruxelles, 1976, 69-92.
[132] C.K. Ogden — I.A. Richards, *The Meaning of Meaning*, London: Kegan Paul, 1949.
[133] C.L. Stevenson, *Ethics and Language*, New Haven: Yale U.P., 1944.
[134] R.G. Collingwood, *The Principles of Art*, London: Oxford U.P., 1938.
[135] Voir W. Alston, «Emotive meaning», dans P. Edwards (ed.), *Encyclopaedia of Philosophy*, Vol. II, Londres et New York, 1967, 486-493.
[136] W. Alston, «Expressing», in M. Black (ed.), *Philosophy in America*, Ithaca: Cornell U.P., 1965, 15-34.
[137] E. Husserl, *Logische Untersuchungen*, Jena, 1902.
[138] Ce sont les quatre conditions énumérées par O.H. Green dans son article «The Expression of Emotion», *Mind*, 79 (1970), 551-568.
[139] *Ibidem*, 557-558.
[140] Voir surtout l'article mentionné dans 136.
[141] William James Lectures, Harvard, 1955. Publié à Londres chez Oxford U.P., 1963, 132 ss.
[142] Voir W. Alston, «Emotive Meaning» (voir note 135); et J. Searle, *Speech Acts*, Londres: Cambridge U.P., 1969. On trouve cette conception déjà chez J.L. Austin (voir 141).
[143] Un exemple de cette orientation est O.H. Green, «Language and Expression», in *Philosophia*, 8 (1979), 585-595.
[144] Voir, entre autres, J. Searle, *Expression and Meaning. Studies in the Theory of Speech Acts*, Londres: Cambridge U.P., 1979, spécialement «A taxonomy of illocutionary acts», 1-29, surtout 5. Voir également J. Searle — D. Vanderveken, *Foundations of Illocutionary Logic*, Londres: Cambridge U.P., 1985.
[145] J. Searle, *Expression and Meaning* (voir note 144), 15.
[146] B. Lamy, *La rhétorique ou l'art de parler*, Amsterdam: Marret (4ᵉ édition), 1699, 108.
[147] *Ibidem*, 110-114.
[148] *Ibidem*, 141-145.
[149] P. Fontanier, *Les figures du discours* (1821), Paris: Flammarion, 1968, 458-459.
[150] *Ibidem*, 64.
[151] *Rhétorique générale* par le Groupe Mu (Centres d'études poétiques, Université de Liège), Paris: Larousse, 1970.
[151bis] B. Lamy (voir note 146), 115.
[152] *Ibidem*, 114-115.
[153] Greimas-Courtés, *Dictionnaire raisonné*, 147.
[154] *Ibidem*, 149.

3. Exemplifications

La curiosité

Hume fait l'analyse de la passion de la curiosité, la première des passions chiasmiques, dans la dernière section du livre *Les passions* du *Traité de la nature humaine*[1]. L'amour de la vérité, ce vouloir-savoir de la vérité, «affection d'un genre si particulier», est enraciné dans la nature humaine, et il convient d'en préciser l'essence. Il n'y a pas de véritable curiosité dans les opérations mathématiques, et la curiosité ne mène pas à la découverte de rapports entre les idées: la vérité et la certitude ont la même nature pour le mathématicien, ce qui a comme conséquence que le plaisir y est très faible. Pour qu'il y ait plaisir, et véritable curiosité, la preuve ne peut être démonstrative, mais il faut qu'elle soit *sensible*, et la découverte, comme en science naturelle, sera découverte de la conformité entre nos idées (des objets) et les objets tels qu'ils existent réellement. C'est dans les sciences naturelles que la curiosité se réalise de façon optimale et le curieux, dans la vie de tous les jours, préfigurera l'homme de science et son attitude empirique à l'égard des choses à découvrir dans la réalité. Si le curieux n'est pas mathématicien, c'est que la vérité n'est pas pure pour lui, mais «douée de certaines qualités». Hume dénombre trois de ces qualités qui rendent la vérité agréable pour le curieux. D'abord, la vérité doit fixer notre attention et stimuler notre génie. Il faut de la *perspicacité* à la découvrir, et il faut de notre côté un *effort* de jugement. Ce qui est aisé n'est pas estimé, et il faut donc une véritable découverte pour que la curiosité soit engagée. En plus, la vérité découverte doit avoir quelque *utilité* et quelque *importance*. Les *intérêts* de l'humanité et de l'esprit public sont invoqués : la découverte ne peut rester sans conséquence, et c'est témoigner d'un pouvoir imaginatif que de diriger l'amour de la vérité vers l'utilité des objets, et non vers leur forme. Si la vérité doit avoir une importance, c'est parce qu'elle est nécessaire pour fixer notre attention et pour surmonter notre négligence intellectuelle. Enfin, il faut aussi un degré de *réussite* dans la découverte de la vérité recherchée. La réalisation de la vérité, réussite finale de la curiosité, est la *fin* de la passion, et même si l'esprit trouve du plaisir dans l'action et dans la poursuite menant à cette fin, c'est quand même la réalisation *réussie* de la vérité qui est le véritable objet de la curiosité. L'importance, l'utilité et la réussite ne *causent* pas la passion, mais elles sont nécessaires pour contenir l'*imagination*. Hume compare ainsi la philosophie — activité exemplaire du curieux — à la chasse et au jeu, où on relève l'interaction entre deux types de satisfaction, celle qui concerne l'intérêt et l'utilité (le gain assuré) et celle qui concerne la finalité, la réalisation de la vérité intrinsèque (le jeu, la chasse en tant que tels).

On ne peut sous-estimer le rôle des *croyances* dans la curiosité, surtout quand il s'agit d'une curiosité dans la vie quotidienne (par exemple, «l'insatiable désir de connaître les actions et la situation de ses voisins»). L'influence de la croyance est «à la fois d'aviver et d'affirmer une idée dans l'imagination et de prévenir toute espèce d'hésitation et d'incertitude à son sujet»[2]. La *certitude* écarte le malaise, tandis que le *doute*, l'*instabilité* et l'*inconstance*, causant une variation dans la pensée, sont une occasion de douleur. Il est important que, pour Hume, la curiosité constitue une relation *modalisée* à la vérité, et qu'elle se déploie comme un type d'intentionnalité dont la 'contexturation épistémique' est constamment valorisée. C'est un véritable *vouloir-savoir*, puisque l'objet n'est pas la vérité en tant que telle (la vérité désincarnée comme elle existe au niveau de la connaissance mathématique), mais la vérité en tant que douée des propriétés de l'intérêt, de l'importance et de l'utilité. La vérité et la certitude, pour le curieux, ne sont pas de même nature, comme c'est le cas pour le mathématicien. Il y a une nuance épistémique variable — source de plaisir et de douleur — qui fait partie du 'contexte' de la curiosité en tant que passion.

Ce n'est que dans la dernière section du livre sur *Les passions* que Hume évoque «la curiosité et l'amour de la vérité». «C'est une affection d'un genre si particulier qu'il aurait été impossible d'en traiter sous l'un des titres que nous avons examinés sans courir le danger d'obscurité et de confusion »[3]. La curiosité n'est pas reprise dans les listes des passions *directes* et *indirectes* : elle ne naît donc pas immédiatement du bien et du mal, de la douleur et du plaisir, comme les passions directes, tout comme elle ne procède pas des mêmes principes et par conjonction d'autres qualités, comme les passions indirectes[4]. En tant qu'amour de vérité, la curiosité est plutôt une passion « primitive » qui *précède* les autres passions, y compris l'orgueil et l'humilité, l'amour et la haine, quatre passions génératrices dans l'univers humien. Dans la typologie humienne des passions elle occupe en fait le rôle de l'*admiration* dans le *Traité des passions de l'âme* de Descartes. Elle n'a de contraire que l'*indifférence*, qui est aussi à l'antipode de l'admiration. Mais si, structuralement, la curiosité et l'admiration ont une position identique, elles diffèrent considérablement du point de vue substantiel. Il convient d'examiner ce rapprochement[5]. « Lorsque la première rencontre de quelque objet nous surprend, et que nous le jugeons être *nouveau*, ou fort différent de ce que nous connaissions auparavant ou bien de ce que nous supposions qu'il devait être, cela fait que nous l'admirons et en sommes étonnés ; et parce que cela peut arriver avant que nous connaissions aucunement si cet objet nous est concevable ou s'il ne l'est pas, il me semble que l'admiration est la première de toutes les passions ; et elle n'a point de contraire, à cause que, si l'objet qui se présente n'a rien en soi qui nous surprenne, nous n'en sommes aucunement émus et nous le considérons sans passion »[6]. Ainsi, l'admiration est « une subite surprise de l'âme, qui fait qu'elle se porte à considérer avec attention les objets qui lui semblent rares et extraordinaires »[7]. Les causes premières ou physiologiques n'ont pas de rapport avec le cœur ou le sang, mais seulement avec le cerveau, puisque l'admiration n'a pas pour objet le bien ou le mal, mais la connaissance de la chose qu'on admire. Cela n'empêche pas qu'elle n'ait beaucoup de poids à cause de la *surprise* et de la nouveauté de son objet. Elle sert à nous faire apprendre et retenir dans la mémoire des choses ignorées auparavant. Ceux qui n'ont aucune inclination naturelle à l'admiration sont ordinairement très ignorants, tout comme ceux qui ne sont pas dévorés par la curiosité. Il arrive aussi souvent qu'on admire trop — qu'on soit trop curieux —, et cela peut anéantir l'usage de la raison. L'admiration, et la curiosité, nous disposent à l'acquisition des sciences, mais il est toujours possible de suppléer à son défaut par la réflexion. Descartes juge que ceux qui ont du bon sens et qui n'ont pas trop grande opinion de leur suffisance, sont le plus doués pour l'admiration. Il y a également une tension régressive de l'admiration : plus on rencontre des choses rares qu'on admire, plus on s'habitue à cesser de les admirer. Et Descartes nous met en garde : « C'est ce qui fait durer la maladie de ceux qui sont aveuglément *curieux*, c'est-à-dire qui recherchent les raretés seulement pour les *admirer* et non point pour les connaître: car ils deviennent peu à peu si admiratifs, que des choses de nulle importance ne sont pas moins capables de les arrêter que celles dont la recherche est plus utile »[8].

L'excès d'admiration et l'excès de curiosité sont une même maladie résultant des mêmes causes et menant aux mêmes conséquences. L'*intérêt* que Hume considère comme caractéristique de la curiosité, ayant comme corrélats dans son objet, l'importance, l'utilité, mais également la nouveauté ou la rareté, rapproche la curiosité de l'admiration cartésienne. Kant appelle « cette sorte d'embarras » devant la nouveauté ou « ce sentiment de l'impuissance de son imagination pour présenter l'Idée d'un tout » la *stupeur*[9], et on pourrait étudier également l'analogie entre la stupeur d'une part et la curiosité humienne et l'admiration cartésienne d'autre part. Mais c'est surtout la position fonctionnelle de l'admiration et de la curiosité dans les deux architectures ou les deux systèmes de passions qui est analogue: ce sont des passions sans contraire, et des passions primitives qui ont une fonction génératrice pour toute l'architectonique. Par leur nature même, ce sont des passions chiasmiques dont l'objet est 'théorique' et non transitif. Et pourtant, il y a une opposition essentiellement philosophique entre l'*admiration* et la *curiosité*, la première passion témoignant du rationalisme cartésien, et la seconde de l'empirisme humien. L'admiration, dans sa passivité, est une passion platonisante dont l'objet est harmonique et équilibré: on admire des qualités désincarnées, un objet nouveau mais en même temps *grand* — l'admiration se transforme facilement en *estime*. Tout à fait différent est le cas de la curiosité humienne qui a comme objet le *sensible*, non pas le rapport des idées considérées comme telles, mais la conformité de nos idées avec les objets tels qu'ils existent réellement. Tel est le genre de 'vérité' que la curiosité recherche avec un dynamisme activé qui est absent dans l'admiration cartésienne.

Hume ne développe pas systématiquement les définitions des variantes de la *curiosité*, à savoir l'*importunité*, l'*endurance*, et la *lucidité*, qui ont pour objet non plus la vérité, mais respectivement le secret, le mensonge et la fausseté (voir II.1.2.1.), selon les positions de la catégorie véridictoire. Mais il insiste par contre sur l'investissement épistémique spécifique de la curiosité. On l'a dit, l'acte épistémique est avant tout une *affirmation* ou un *refus*, correspondant aux modalités de la *certitude* et de l'*exclusion*, avec leurs négations qui sont le *doute* et la *probabilité*. Ce sont quatre couleurs épistémiques ou quatre types de croyances. Personne mieux que Hume n'a insisté sur la fonction de la croyance et son influence sur les passions[10]. La douleur et le plaisir «peuvent apparaître soit sous la forme d'une *impression* sentie dans son actualisé, soit seulement en *idée* comme à présent où je les mentionne... Les impressions mettent toujours l'âme en action, et cela au plus haut degré; mais toute idée n'a pas le même effet... Si toute idée influençait nos actions, notre condition ne serait pas (bonne). Car telles sont l'instabilité et l'activité de la pensée que les images de toutes les choses, spécialement des biens et des maux, sont toujours en train de voyager dans l'esprit...»[11]. La solution intermédiaire choisie par la Nature est de ne pas conférer à toutes les idées le pouvoir de stimuler la volonté, et, en même temps, de ne pas entièrement leur soustraire cette action. «L'effet de la *croyance* est donc de monter une simple idée à égalité avec nos impressions et de lui conférer une influence analogue sur les passions»[12]. Puisque la croyance fait qu'une idée incite les effets des impressions, elle doit effectuer qu'elle leur ressemble par ces qualités: «(la croyance) n'est rien d'autre que la simple conception vigoureuse et intense d'une idée»[12]. Hume fait remarquer que, tout comme la croyance est nécessaire pour éveiller nos passions, les passions favorisent considérablement la croyance. Il mentionne explicitement l'*admiration* et la *surprise* qui ont le même effet que les autres passions, et il estime même énigmatique que l'*étonnement* soit capable de vivifier et d'aviver si bien l'idée «que celle-ci ressemble aux inférences que nous tirons d'après l'expérience»[13]. La diversité des passions témoigne clairement d'une différence analogue des croyances qui provoquent ces passions. Le fonctionnement de la croyance, celui de vivifier les idées jusqu'à ce qu'elles acquièrent le statut d'impressions, passe par l'*imagination*, et c'est ainsi que la vie passionnelle est intrinsèquement liée à la fonction imaginative qui est responsable de la «couronne épistémique» servant de 'contexte' aux passions.

Pour revenir un instant à la *curiosité*, passion prototypique parmi les passions chiasmiques, je rappelle seulement que le prédicat épistémique investit nécessairement les catégories véridictoires, et jamais la modalisation (le vouloir-savoir) elle-même. La «couronne des croyances» qui nous fait douter, qui nous donne la certitude, qui nous fait refuser ou admettre, concerne la *vérité* (ou d'autres positions véridictoires, comme le secret, le mensonge, et la fausseté) et non pas notre intention de savoir. Mais 'l'épistémisation', dans la mesure où elle affecte la vérité ou la position véridictoire, est extrêmement intense, précisément dans le domaine des passions chiasmiques. Je rappelle seulement (voir II.1.2.1.) qu'en ce qui concerne la temporalité de la *curiosité*, la *prospection* dépendant du vouloir positif caractérise la chaîne modalisatrice de la *curiosité*: la curiosité «ouvre» le temps, elle projette une temporalité dont elle a besoin pour avancer. Enfin, on a supposé que l'ouverture à l'érotétisation est *maximale* dans le cas d'un vouloir-savoir: la curiosité prédispose au pouvoir, et donc à l'érotétisation, et, parmi les passions chiasmiques, c'est bien la curiosité qui témoigne de l'ouverture maximale à l'érotétisation. La curiosité fait *agir*, elle prédispose à la transformation pragmatique des états de choses. Cet aspect n'a pas été souligné très adéquatement par Hume qui nous suggère dans son analyse de la *curiosité* avant tout une double caractéristique. D'abord, la nécessité de la *modalisation* de «l'amour de vérité»: le *sujet* (avec son intérêt) s'investit dans la vérité qui perd ainsi toute connotation éventuelle d'idéalisme et de platonisme; ensuite, la nécessité de l'*épistémisation* de la vérité et du 'passage' par les croyances «couronnant» tout objet du vouloir-savoir.

La sollicitude

On ne quitte pas Hume en évoquant le prototype des passions orgasmiques, la *sollicitude*. J'ai longuement analysé la conception gravitionnelle, newtonienne, des passions chez Hume (voir 1.3.2.), et j'ai opposé à ce paradigme le point de vue kantien où l'*empathie* est la source de la vie passionnelle tout entière. Toutefois, pour introduire à la sollicitude, il sera utile de faire un détour en présentant le *principe de sympathie* et la *compassion* chez Hume. L'importance du principe de sympathie ressort d'une section du livre *Les passions* du *Traité*, intitulée «L'amour de la renommée»: «nulle qualité de la nature humaine n'est plus remarquable, à la fois en elle-même et dans ses conséquences, que la tendance naturelle que nous avons de sympathiser avec les autres et à recevoir par communication leurs inclinations et leurs sentiments, quelques différents qu'ils soient des nôtres, ou même s'ils sont contraires aux nôtres»[14]. La sympathie est donc un intérêt porté à autrui dans sa différence et dans sa liberté, tout comme la *sollicitude* qui présuppose l'indépendance d'autrui, objet de valeur de la passion orgasmique. Mais, en même temps, la sympathie et les émotions correspondantes sont communes à la *parenté*, à la *familiarité* et à la *ressemblance*. Epistémologiquement, cette relation de différence et de ressemblance, d'étrangeté et de familiarité, d'indépendance et de parenté, est expliquée ainsi: «L'idée de notre moi nous est toujours intimement présente et elle apporte un degré sensible de vivacité à l'idée de tout autre objet auquel nous sommes reliés. L'idée vive se change par degrés en une impression réelle; ces deux genres de perceptions étant dans une grande mesure les mêmes et différant seulement par leur degrés de force et de vivacité»[15]. La sympathie fonctionne de la manière suivante: nous avons une *idée* (élevée au niveau d'une *impression* à cause de l'influence vivifiante de l'impression du Moi) d'une passion dans l'esprit d'un autre être qui est en relation avec nous. «En général nous pouvons remarquer que les esprits humains sont les *miroirs* les uns des autres, non seulement parce qu'ils peuvent refléter les émotions de tout autre esprit, mais aussi parce que ces rayons de passions, sentiments et opinions peuvent se réfléchir plusieurs fois et s'atténuer par degrés insensibles»[16]. On sympathise *avec autrui* si les opinions et les sentiments d'autrui nous sont communiqués, si nous sympathisons avec ses motifs, et si nos idées sont vivifiées jusqu'à devenir des impressions par l'influence de l'impression du Moi. Sympathiser est un moyen de transférer des émotions et des opinions. Certes, ce transfert, dans l'optique humienne, reste mécaniste et repose sur la vivacité des idées, transformées en impressions. On n'adoptera pas cette 'idéologie'. Toutefois, la conception de la sympathie nous apprend comment il faut formuler inchoativement la nature de la passion intersubjective, 'pragmatique' ou orgasmique.

Le terme «sympathie» est souvent associé à «compassion», et Hume affirme que le principe de sympathie peut expliquer l'occurrence de la pitié. «On expliquera facilement la passion de la *pitié* par le précédent raisonnement au sujet de la *sympathie*. Nous avons une idée vive de tout ce qui nous relie. Toutes les créatures humaines sont reliées à nous par ressemblance. Donc leurs personnes, leurs intérêts, leurs passions, leurs peines et leurs plaisirs doivent nous frapper d'une manière vive et produire une émotion semblable à l'émotion originale, puisqu'une idée vive se convertit aisément en une impression. Si c'est là une vérité valable en général, elle l'est plus encore de l'affliction et du chagrin»[17]. Même si les peines et les émotions dans une autre personne sont affaiblies ou presque non existantes, il y aura une *règle générale* qui «nous fait concevoir une idée vive de la passion ou plutôt elle nous fait sentir la passion elle-même de la même manière que si la personne en était réellement agitée»[18]. L'absence d'émotion chez autrui peut même être considérée comme une indication de la «grandeur d'esprit» et faire naître en nous l'*admiration*, l'*amour* et la *tendresse*. Ceci montre que le principe de communication ne joue pas universellement : notre croyance *dans l'absence* d'une émotion chez l'autre peut renforcer notre émotion induite par sympathie[19]. D'un autre côté, on peut avoir de la compassion sans éprouver les peines et émotions de l'autre : j'ai de la compassion pour une personne qui souffre physiquement sans souffrir physiquement moi-même, ou je peux avoir de la compassion pour un mari qui est jaloux à juste titre, sans que je sois jaloux moi-même.

Je résume les lignes de force de la conception humienne de la sympathie afin d'examiner si la *sollicitude*, passion prototypique parmi les passions orgasmiques, est apparentée à la sympathie. Hume définit la sympathie initialement comme un principe de communication des passions et des opinions. La sympathie elle-même n'est pas une passion spécifique. C'est le modèle du miroir et de l'écho qui illustre comment, par la sympathie, les passions et les opinions se communiquent d'une personne à l'autre. Mais le principe de communication ne fonctionne pas pour tous les phénomènes où la sympathie se manifeste. La non-existence d'une passion chez l'autre peut provoquer une passion en moi, et vice-versa. Dans ce cas, il y a une *règle générale*[20] qui rend compte de la mise en relation communicative de deux êtres. L'usage courant du terme de « sympathie » est proche de celui de « compassion » et de « pitié ». Il est évident que la sympathie est la *source* de la compassion, mais les deux phénomènes ne peuvent être amalgamés. En plus, il faut noter que la *sympathie* n'est ni l'*amour* ni la *bienveillance* que l'on ne peut assimiler non plus. « Les passions d'amour et de haine sont toujours suivies, ou plutôt elles sont conjointes à la bienveillance et à la colère » ...; « l'amour et la haine n'ont pas seulement une *cause* qui les excite, à savoir le plaisir et la douleur, et un *objet* vers lequel ils se dirigent, à savoir une personne, un être pensant, ils ont également une *fin* qu'ils essaient d'atteindre, à savoir le bonheur ou le malheur de la personne aimée ou haïe »[21]. Il serait incorrect de penser que l'*amour* et la *bienveillance* sont inséparables ou identiques : ce sont des passions différentes qui sont conjointes seulement « par la constitution primitive de l'esprit ». Il est donc possible que l'on aime une personne sans que le désir de son bonheur soit intrinsèquement présent. La *sympathie* se distingue, en outre, de l'*amour* et de la *bienveillance* en ce qu'elle n'est pas une véritable passion mais une condition épistémologique de *toute* la classe des passions intersubjectives ou orgasmiques : elle établit la communication ou le transfert entre deux êtres, soit comme relation empiriquement réalisée, soit comme « règle générale ».

Mais la *sollicitude*, où se situe-t-elle à l'égard de l'univers pathique humien ? On se rappelle que la sollicitude a été définie comme une mise en relation nécessairement *libre*, instaurant des compétences qui disposent nécessairement de leur vouloir-faire; la « liberté » n'indique ici que la possibilité de déploiement de la compétence relationnelle (voir II.1.2.2.). La *sollicitude* a été décrite comme un *devoir-pouvoir-faire* (ou la passion « de la nécessité de liberté »). Si l'on considère que la liberté nécessaire du co-sujet constitue son bonheur, ce sera la *bienveillance* (« benevolence ») qui s'approche le plus de la sollicitude. Le problème est que la *bienveillance* (tout comme son contraire, la *colère*) n'est pas absolument essentielle à l'amour (et à la haine) qui peuvent subsister sans que nous réfléchissions au bonheur ou au malheur de leurs objets («preuve claire que ces désirs [bienveillance, colère] ne s'identifient ni à l'amour ni à la haine, et qu'ils n'en sont pas une partie essentielle»[22]). La bienveillance et la colère sont des passions différentes de l'amour et de la haine, et Hume va jusqu'à affirmer: «Je ne vois aucune contradiction à supposer que le désir de produire le malheur soit annexé à l'amour et celui de produire le bonheur à la haine. S'il y avait eu contrariété des sensations de la passion [amour] et du désir [bienveillance], la nature aurait pu modifier la sensation sans modifier la tendance du désir et de cette manière, elle les aurait rendus compatibles»[23]. C'est cette *contingence* de la relation entre l'amour et la bienveillance chez Hume qui nous fait dire que rien dans cet univers ne se rapproche de la sollicitude, définie comme passion orgasmique prototypique. On ne peut l'identifier non plus à la *sympathie* humienne, étant donné que la sympathie est un principe de communication formel qui ne s'associe pas, par *essence*, à la compassion ou à des passions substantielles.

Il faut donc se tourner vers un système des passions qui relève d'un autre paradigme philosophique pour saisir l'idée spécifique de la *sollicitude*. Il ne suffit pas de changer d'auteur, de quitter Hume pour Hobbes par exemple, en restant dans la sphère de la philosophie empiriste, pour voir apparaître des conceptions alternatives. Hobbes définit ainsi l'amour comme un *besoin*, comme ἔρος, nettement distingué de la *bienveillance* ou de la *charité*[24]. «Un homme ne peut point avoir de plus grande épreuve de son propre pouvoir que lorsqu'il se voit en état, non seulement d'accomplir ses propres désirs, mais encore d'assister les autres dans l'accomplissement des leurs. C'est en cela que consiste la conception que l'on nomme *charité, tendresse, bienveillance*. Elle renferme d'abord l'affection naturelle que les parents ont pour leurs enfants que les Grecs ont appelé στοργή; ainsi que la disposition qui porte à assister ceux qui leur sont attachées»[25]. Ἔρος et στοργή sont deux passions séparées qui ne s'interpénètrent pas. Il est intéressant de constater que l'affection pour les enfants est donnée comme première illustration de la *bienveillance*, et que cette affection n'a aucun lien avec l'*amour* qui est une passion qui se réalise avec ses «semblables», «en vertu duquel on les dit *sociables*». Mais il n'est pas dit que la fin de l'amour soit le bonheur de l'autre, ce qui est plutôt la finalité de la bienveillance. Reste que l'on peut aimer sans bienveillance, sans charité, et ceci exclut donc, selon Hobbes, toute identification de l'*amour* avec la *sollicitude*.

L'autre paradigme, rationaliste, est celui qui atteint son sommet chez Descartes et Spinoza. On sait que la taxinomie des passions que Spinoza présente dans l'*Ethique* suit de très près la classification de Descartes[26]. La *bienveillance* est présente chez les deux auteurs. Descartes évoque «l'amour de bienveillance», la passion qui correspond exactement à la sollicitude, mais il suggère que la bienveillance est un effet de l'amour et ne constitue pas son essence. Je cite ce paragraphe important dans son intégralité: «Or, on distingue communément deux sortes d'amour, l'une desquelles est nommée *amour de bienveillance*, c'est-à-dire qui incite à vouloir du bien à ce qu'on aime; l'autre est nommée *amour de concupiscence*, c'est-à-dire qui fait désirer la chose qu'on aime. Mais il me semble que cette distinction regarde seulement les *effets* de l'amour, et non point son essence; car sitôt qu'on s'est joint de volonté à quelque objet, de quelque nature qu'il soit, on a pour lui de la bienveillance, c'est-à-dire on joint aussi à lui de volonté les choses qu'on croit lui être convenables: ce qui est un des principaux effets de l'amour. Et si on juge que ce soit un bien de le posséder ou d'être associé avec lui d'autre façon que de volonté, on le *désire*: ce qui est aussi l'un des plus ordinaires effets de l'amour»[27]. Descartes, mieux que quiconque, a perçu le lien intrinsèque entre l'amour et la bienveillance, mais lui aussi refuse d'inclure le fait de «vouloir du bien à ce qu'on aime» dans la définition même de l'amour. Spinoza insiste sur le rapport que la *bienveillance* a avec la *commisération* (la «compassion») plutôt qu'avec l'amour: «Cette volonté ou cet appétit de faire du bien naît de notre commisération à l'égard de la chose à laquelle nous voulons faire du bien, s'appelle *Bienveillance*, et ainsi la *Bienveillance* n'est rien d'autre qu'un *Désir né de la Commisération*»[28]. D'après la Proposition XXI («Qui imagine ce qu'il aime affecté de Joie ou de Tristesse, sera également affecté de Joie et de Tristesse; et l'une et l'autre affections seront plus grandes ou moindres dans l'amant, selon qu'elles le seront dans la chose aimée»[29]), on peut conclure que la *commisération* est la tristesse née du préjudice subi par autrui[30]. Spinoza affirme qu'il n'y a aucune différence entre la *commisération* et la *miséricorde*, «excepté peut-être que la *Commisération* a rapport à une affection singulière, la *Miséricorde* à une disposition habituelle à l'éprouver»[31]. C'est, en fin de compte, la définition de la *Miséricorde* («Misericordia») qui nous rapproche le plus de la *sollicitude* en tant que passion orgasmique prototypique. En effet, Spinoza définit la miséricorde comme suit: «La *Miséricorde* est l'Amour en tant qu'il affecte l'homme de telle sorte qu'il s'épanouisse du bien d'autrui et soit contristé par le mal d'autrui»[32]. On ne saurait trouver de meilleure définition de la sollicitude chez les classiques. Bien sûr, il y avait déjà chez Descartes des éléments comparables dans la définition de la *pitié*, passion parallèle à la *miséricorde* spinoziste.

Descartes écrit par exemple que « la pitié est une espèce de tristesse *mêlée d'amour* ou de bonne volonté envers ceux à qui nous voyons souffrir quelque mal duquel nous les estimons indignes »[33], et il indique que le « généreux » est capable d'une telle compassion. Il est remarquable que l'essence même de la *sollicitude*, comme je l'ai définie en tant que passion orgasmique prototypique, n'apparaisse pas dans la définition de l'*amour* chez Descartes[34].

C'est différent chez Spinoza où l'*amour* lui-même participe essentiellement aux qualités de la miséricorde. Essayons de développer cette idée. Amour ou haine ne sont rien d'autre que la joie ou la tristesse accompagnée de l'idée d'une cause extérieure[35]. En s'efforçant de conserver tout ce qu'il trouve en lui de perfection, l'homme fera l'effort pour conserver et rapprocher de lui-même ce qui lui donne une perfection plus grande[36]. Toutefois, dans le cas de l'amour, l'être s'efforce de conserver en même temps que lui-même, son objet comme une partie de lui-même, une condition de sa propre perfection. Une conséquence saillante du fait que l'amoureux est attaché à une chose qui n'est pas lui-même, qui est extérieure à lui, individuelle et contingente, est que l'amour est *temporel*: le temps dispose de nos passions, avec tous les accidents qui naissent de l'enchaînement fortuit des phénomènes. Mais cette constatation n'est sans doute pas essentielle pour comprendre comment les exigences de la sollicitude sont satisfaites par l'amour spinoziste. Il faut noter que les Propositions 33 à 43 apportent des éléments décisifs pour cette conception. Elles révèlent deux grands axes de réflexion: la *réciprocité* de la relation amoureuse, et les *exigences* qui en découlent. D'abord, « nous ne pouvons manquer d'être touchés par les sentiments qui s'adressent à nous-mêmes: qui nous aime, nous l'aimons, et qui nous hait, nous le haïssons; sans comprendre même la cause de cette affection, nous y répondons par une affection toute semblable. La passion s'accroît par cette réciprocité, et dès lors, comme il est dans la nature que toute passion tente à se développer de plus en plus, notre amour sollicite l'amour des autres, et nos bienfaits vont chercher leur reconnaissance »[37]. L'*exigence de réciprocité* est exprimée dans la Proposition 33: « Quand nous aimons une chose semblable à nous, nous nous efforçons, autant que nous pouvons, de faire qu'elle nous aime à son tour »[38], ou nous agissons de telle sorte que la chose aimée soit affectée par une Joie qu'accompagne l'idée de nous-mêmes, c'est-à-dire qu'elle nous aime à son tour. De cette proposition il s'ensuit, d'une part que nous nous glorifions d'autant plus que l'affection que nous imaginons que la chose aimée éprouve à notre égard est plus grande (Prop. 34), et d'autre part que, si on se rappelle la chose à laquelle on a pris plaisir une fois, on désire la posséder avec les mêmes circonstances que la première fois qu'on y a pris plaisir (Prop. 36). Spinoza fait découler de la même Proposition 33 (proposition de base) une autre proposition qui définit la forme particulière de haine en laquelle se change l'amour lorsque le sujet ne trouve pas d'écho chez l'être aimé, à savoir la jalousie (Prop. 35, plus Scolie)[39]. Toutes ces propositions insistent donc sur la *transitivité* de l'amour, propriété que j'ai mise en évidence en discutant la nature de la sollicitude. Des éléments plus importants en faveur de ma thèse que les caractéristiques de la *miséricorde* se reflètent dans la définition de l'amour même, se trouvent dans les Propositions 39 à 43, où Spinoza parle de la *réciprocité des exigences* entre le sujet et l'objet aimé[40]. « Qui a quelqu'un en chaîne s'efforcera de lui faire du mal, à moins qu'il ne craigne qu'un mal plus grand ne naisse pour lui par là; et, au contraire, qui aime quelqu'un s'efforcera par la même loi *lui faire du bien* »[41]. Les propositions qui suivent sont consacrées à la réciprocité négative d'abord, et ensuite à la réciprocité positive, tandis que d'autres corollaires permettent de rendre compte de l'inversion de chacun des deux cycles (réciprocités positive et négative) et de la transformation en son contraire, ce qui provoque dans le sujet une *fluctuatio animi* par laquelle il est partagé entre l'ancienne animosité (haine) et la sympathie nouvelle (amour) que, par exemple, l'amour de l'objet aimé a induite en lui. Mais on constate que, quand le sentiment est symétrique et mutuel, et que les deux amants s'efforcent de se procurer de la joie l'un à l'autre, « le lien interhumain est assuré par un système de dons et de contre-dons qui se reproduit sans cesse lui-même, moyennant le respect par les partenaires de la triple obligation de donner, de recevoir et de rendre »[42].

Si la sollicitude est un *devoir-pouvoir-faire* ou « la passion de la nécessité de liberté », si la sollicitude instaure des compétences disposant de leur pouvoir-faire, elle trouve sans doute son exemplification la plus pure dans la conception spinoziste de la « miséricorde-amour »[43]. La liberté, dont il est question dans la définition sémiotique de la sollicitude, fait allusion à la possibilité de déploiement de la compétence relationnelle. La concaténation modale sous-jacente à l'amour (la sollicitude), n'est que la forme servant de moule à des exemplifications plus substantielles, comme celle exprimée dans la reformulation spinoziste. D'un certain point de vue, le « bien d'autrui » par lequel le sujet amoureux s'épanouit[44], ce bonheur souhaité à l'autre dans une relation amoureuse, se fonde sur la disponibilité des deux compétences en relation de « liberté ». Toutefois, cette relation de liberté est dite « nécessaire » dans la définition sémiotique de la sollicitude; il y a un *devoir* imposé à la relation pragmatique (et transitive) entre deux sujets. Le lien de l'amour est un lien d'obligation. Cette obligation concerne la disponibilité des compétences amoureuses l'une pour l'autre : leur bonheur consiste précisément dans cette disponibilité réciproque, qui est *visée* par l'amoureux. La disposition «sociale» — essence de toute passion orgasmique — se cristallise dans la sollicitude, dans cette mise en dialectique de deux libertés engendrant ainsi le «bien d'autrui».

L'enthousiasme

«L'enthousiasme était au commencement un bon nom», remarque Leibniz dans les *Nouveaux essais sur l'entendement humain*[45]. «L'enthousiasme signifie qu'il y a une divinité en nous» et «Socrate prétendait qu'un dieu ou démon lui donnait des avertissements intérieurs, de sorte que *l'enthousiasme* serait un instinct divin»[45]. Mais Leibniz déchante vite. Les hommes ont consacré leurs passions et leurs songes à quelque chose de divin, et alors l'enthousiasme commença à signifier «un dérèglement d'esprit attribué à la force de quelque divinité qu'on supposait dans ceux qui en étaient frappés». Depuis, «on attribue l'enthousiasme à ceux qui croient sans fondement que leurs mouvements viennent de Dieu»[46]. Et Leibniz cite Virgile : «Sont-ce les dieux... qui suscitent dans nos âmes cette ardeur, ou bien chacun a-t-il pour dieu sa propre passion?»[46]. Les enthousiastes de son époque — et il cite maint exemple — croient recevoir de Dieu des dogmes qui les éclairent. On parle d'une *lumière* ou d'une *inspiration* qui les frappe, mais ceci leur vient d'une forte imagination animée par la passion. Pour Leibniz, en bon rationaliste, le prétendu témoignage de l'enthousiaste n'est pas divin, et la discussion de nombreux cas d'enthousiastes «fait voir non seulement le peu de fondement, mais aussi le danger de ces entêtements»[47]. On sait que les *Nouveaux essais sur l'entendement humain* commentent et critiquent l'*Essai* de Locke, et il est donc indiqué de jeter un coup d'œil sur la conception lockienne de l'enthousiasme qui, à première vue, est aussi dysphorique que celle de Leibniz. «L'enthousiasme... laisse la raison à quartier, voudrait établir la révélation sans elle, mais... par là détruit en effet la raison et la révélation tout à la fois, et leur substitue de vaines fantaisies»[48].

Locke commence son analyse de l'enthousiasme en évoquant *l'amour de la vérité*, la «curiosité», et en soulignant que la preuve infaillible de cet amour de la vérité consiste dans le fait de «ne pas recevoir une proposition avec plus d'assurance, que les preuves sur lesquelles elle est fondée ne le permettent»[49]. Les arguments qui entraînent l'assentiment d'une proposition doivent être autonomes à l'égard de tout penchant et de toute passion qui pourrait être responsable d'un surplus d'assurance. Les hommes qui n'acceptent pas ce critère de l'adéquation d'une proposition, donc du véritable amour de la vérité, ont, en plus, tendance à exiger l'assentiment des autres à leurs opinions : ils imposent leurs croyances à la croyance d'autrui.

L'*enthousiasme* est alors considéré comme un troisième fondement d'assentiment, auquel certains attribuent la même autorité qu'à la raison et à la révélation. Locke décrit la source de l'enthousiasme dans des termes particulièrement dysphoriques. Des hommes chez qui la mélancolie est mêlée à la dévotion, se persuadent eux-mêmes qu'ils sont sous la direction particulière du ciel en ce qui concerne leurs opinions qu'ils ne peuvent justifier par les principes de la raison. C'est comme si ces hommes avaient un commerce immédiat avec la divinité, et ainsi s'enracine dans leur fantaisie l'idée d'une illumination ou d'une vocation qu'ils sont obligés de suivre. C'est donc par l'*imagination* que l'enthousiaste est porté au-dessus du sens commun et est délivré de la réflexion et de la raison. En fin de compte, l'enthousiasme est un «faux principe», et «la raison est perdue»[50] pour les personnes qui en sont affectées. Le langage figuré dans lequel les métaphores de la *vue* (l'inspiration comme lumière) et du *sentiment* (l'illumination est au-dessus de tout doute et n'a pas besoin de preuve puisque c'est une expérience sensible) sont fréquentes, tient lieu de certitude pour les enthousiastes. S'ils savent que c'est la vérité dont ils sont enthousiastes, ils doivent la connaître ou bien par sa propre évidence ou par les preuves naturelles qui la démontrent, ce qui n'est jamais le cas. La force des persuasions n'est jamais une preuve, mais «elle est établie pour cause de croire»[51]. Locke affirme que la raison doit être notre dernier juge et notre dernier guide en toute chose, même pour examiner si une révélation vient de Dieu ou non : ce n'est pas la croyance qui établit la révélation; si une révélation est attestée, elle doit se montrer conforme aux principes de la raison. C'est la raison qui juge ce qui est pur enthousiasme et indigne de croyance, et ce qui est une révélation témoignant de vérité.

Kant, lui aussi, critique férocement un certain type d'enthousiasme, celui qui équivaut à la *Schwärmerei*. C'est la liberté de penser qui risque de disparaître, et le résultat principal de l'enthousiasme est de confirmer la malédiction de Babel. «Nous autres, en hommes du commun, nous appelons 'enthousiasme' (*Schwärmerei*) la maxime dès lors admise de l'invalidité d'une raison souverainement législatrice; mais ces favoris de la bonne nature la nomment: 'illumination' (*Erleuchtung*). Mais cependant, comme une confusion de langage doit bientôt naître parmi eux, ..., ces inspirations intérieures doivent finalement aboutir à des faits garantis par des témoignages extérieurs et par des traditions »[52]. Tandis que l'effort de la rationalité kantienne est intégralement orienté vers l'instruction d'un langage universel, les « enthousiastes » tournent le dos à la communicabilité et à la compréhension. « L'incompréhension deviendra l'éther des consciences »[53], chacun parle sa propre langue, et la raison retourne à l'état de nature: la guerre. « Guerre et incompréhension sont deux faits qu'on ne saurait dissocier; ne pas comprendre autrui, en effet, ne laisse d'autre issu que la force en laquelle triomphe l'abolition de tout respect pour celui-ci. Ce faisant la *Schwärmerei* révélera une fois de plus qu'elle est une raison à l'envers... Chacun voudra imposer à chacun sa propre vérité »[53]. L'enthousiasme, en tant que *Schwärmerei*, est *de-mentia*, *Un-vernunft*. « Elle définit une raison apparente, une raison qui est encore maîtresse de toute sa puissance dialectique, mais qui règle la logique sur l'affectivité, qui substitue à la distinction de l'intuition et du concept leur unité dans un soi-disant 'sens de la vérité'... En un mot la *Schwärmerei* est le renversement des principes: le mal en philosophie. On voit dès lors en quel sens le 'saut périlleux' est un refus de penser; plus qu'un simple refus de penser, c'est un refus de penser sainement »[54]. Kant s'oppose donc à l'enthousiasme du *génie* qui croit tenir en lui-même la vérité pure et qui témoigne ainsi d'un véritable orgueil. Cette nuance péjorative du terme de *Schwärmerei*, qu'il faut traduire par enthousiasme, se retrouve tout au long de l'*Anthropologie* kantienne. Kant range parmi les « déficiences et les maladies de l'âme en rapport avec la faculté de connaître », l'*exaltation* ou l'enthousiasme qu'il attribue encore au *génie*: « quand un pareil accès (d'inspiration poétique), où les idées jaillissent aisément mais sans règles, concerne la raison, on l'appelle *exaltation* »[55]. Une nuance péjorative peut être relevée dans des énoncés comme: « ... esprit de liberté qui est contagieux, qui entraîne dans son jeu la raison elle-même, et provoque dans les rapports du peuple à l'Etat un *enthousiasme* capable de tout ébranler, et d'aller au-delà même des extrêmes »[56]. C'est bien en relation avec la liberté que les dangers de l'enthousiasme apparaissent: « le concept de liberté, entre toutes les lois morales, éveille une émotion appelée *enthousiasme*; même la représentation purement sensible de la liberté extérieure suscite la tendance à s'y rattacher ou à l'étendre... jusqu'à la passion violente »[57]. Toutefois, à côté de la *Schwärmerei* condamnable, il y a un autre type d'enthousiasme qui n'est pas une émotion; c'est l'enthousiasme « du bon propos »: « dans ce cas, la raison tient toujours les rênes; (...) il faut attribuer celui-ci à la *faculté de désirer*, ou à celui de l'émotion, sentiment plus violent qui relève de la sensibilité »[58].

La troisième *Critique* mentionne dans certains passages l'enthousiasme avec ses connotations péjoratives. On lit par exemple «qu'une simple explication téléologique de la nature, qui ne s'appuie nullement sur le mécanisme de la nature, fait verser (la raison) dans l'*enthousiasme*»[59]. Mais Kant distingue dans la *Critique* entre enthousiasme et *Schwärmerei* (ce qu'il ne fait pas dans les autres textes que j'ai commentés): «Si l'enthousiasme doit être comparé à la *démence*, c'est à la *folie* même que doit être comparée la *Schwärmerei*, et c'est la folie qui peut le moins s'accorder avec le sublime, car ses rêveries creuses la rendent ridicule. Dans l'enthousiasme comme affection, l'imagination est déchaînée, dans la *Schwärmerei*, elle est déréglée comme une passion profondément enracinée. Dans le premier cas il s'agit d'un accident passager, qui peut atteindre l'entendement le plus sain; dans le second cas il s'agit d'une maladie qui l'ébranle»[60]. La *Schwärmerei* «est une illusion qui consiste à voir quelque chose par-delà toutes les limites de la sensibilité, c'est-à-dire vouloir rêver suivant des principes (délirer avec raison)»[60], alors que l'enthousiasme relève, comme on l'a vu, de la *faculté de désirer*, et «cet état d'âme semble à ce point sublime que l'on prétend communément que sans lui on ne peut rien faire de grand»[61]. Par conséquent, l'enthousiasme est une affection, et la *Schwärmerei* une passion, et Kant manifeste, dans la *Critique* comme dans l'*Anthropologie*, son manque d'appréciation pour les passions. Mais une *affection* («Affekt») est spécifiquement différente d'une passion. «La passion est un penchant qui rend difficile ou impossible toute déterminabilité du libre arbitre par des principes; elle est tumultueuse et irréfléchie, tandis qu'une affection est durable et réfléchie. Ainsi l'*indignation* comme colère est une affection, tandis que la *haine* (soif de vengeance) est une passion. Cette dernière ne peut jamais sous aucun rapport être dite sublime, parce que si dans l'affection la liberté de l'esprit est à vrai dire entravée, dans la passion elle est supprimée»[62]. Qu'en est-il maintenant de cette affection de l'*enthousiasme* qui relève de la faculté de désirer, et comment peut-elle être évaluée positivement?

L'enthousiasme nous met en rapport avec le bien moral et intellectuel, but en lui-même, considéré *esthétiquement*, et ce bien ne doit pas tellement être représenté comme beau que comme *sublime*. «Ce que nous nommons *sublime* dans la nature hors de nous ou aussi en nous ne peut être représenté et, ce faisant, devenir intéressant, que comme une force de l'esprit capable de s'élever, grâce à des principes moraux, au-dessus de certains obstacles de la sensibilité»[63]. Que l'enthousiasme soit le *sublime* nous oblige à reconsidérer le rapport de l'enthousiasme au *génie* dont il faut se méfier selon l'*Anthropologie*. La troisième *Critique*, au contraire, consacre une longue section à sa caractérisation

(§ 46- § 50) dans des termes particulièrement euphorisants. « Le *génie* est la disposition innée de l'esprit (« ingenium ») par laquelle la nature donne les règles à l'art (...) Tout art en effet suppose des *règles* sur le fondement desquelles un produit est tout d'abord représenté comme possible, si on doit l'appeler un produit artistique »[64]. Il s'ensuit que le génie est un talent qui consiste à produire ce dont on ne saurait donner aucune règle déterminée; en d'autres termes, l'*originalité* doit être sa première propriété. Ses produits doivent être, en plus, *exemplaires*, ils doivent servir de pierre de touche aux autres. Le point important est que le génie n'a pas en son pouvoir de concevoir à volonté ses produits; il donne la règle *en tant que nature*, et son enthousiasme n'est donc pas contrôlable par des actes conscients de la volonté. Enfin, la nature, à travers le génie, ne prescrit pas de règle à la science, mais à l'art. Les facultés de l'âme, dont l'union constitue le *génie*, sont l'imagination et l'entendement. Dans la perspective esthétique, l'imagination est libre « afin de fournir (...) une matière riche et non élaborée pour l'entendement »[65]. « Ainsi le génie consiste proprement dans un heureux rapport, qu'aucune science ne peut enseigner et qu'aucun labeur ne permet d'acquérir, celui en lequel d'une part on trouve les Idées se rapportant à un concept donné et d'autre part l'*expression* qui leur convient, et par laquelle la disposition subjective de l'âme ainsi suscitée (...) peut être communiquée à autrui »[65]. Le génie s'exprime et rend universellement communicable ce qui est indicible dans l'état d'âme. Je ne poursuis pas cette analyse de la notion de génie qu'on trouve dans la troisième *Critique*. L'aspect le plus important concerne évidemment le rapport du génie à l'enthousiasme en tant qu'affection esthétique par excellence. Il est vrai que l'enthousiasme comme toute affection, est aveugle, « soit dans le choix de son but, soit, lorsque ce but est indiqué par la raison, dans la réalisation de celui-ci; il s'agit, en effet, de ce mouvement de l'âme, qui la rend incapable d'engager une libre réflexion sur les principes (...). Ainsi l'*enthousiasme* ne peut d'aucune manière servir à une satisfaction de la raison. Néanmoins, esthétiquement, l'enthousiasme est *sublime*, parce qu'il est une tension des forces par les Idées, qui donnent à l'âme un élan qui agit de manière bien plus puissante et durable que l'impulsion par des représentations sensibles »[66]. Il est intéressant de noter que Kant mentionne le *désespoir* parmi les « affections esthétiquement sublimes », le désespoir faisant partie du groupe des passions 'enthousiasmiques' dans la déduction sémiotique que j'ai proposée dans la partie précédente. Non sans moindre importance est le fait que Kant exclut du domaine esthétique ces « mouvements tumultueux de l'âme, que ceux-ci soient liés avec les idées de la religion sous le nom d'édification, ou qu'ils soient, comme appartenant à la culture, liés à des Idées, qui enveloppent un intérêt social (...). Ils ne peuvent prétendre à l'honneur d'une présentation *sublime*, s'ils ne laissent pas l'âme dans une disposition qui, bien qu'indirectement seulement, influe sur la conscience qu'elle a de ses forces et de sa résolution pour ce qui possède une *finalité intellectuelle pure*»[67].

Du point de vue lexicographique, 'enthousiasme' signifie «l'état d'exaltation de l'esprit, d'ébranlement profond de la sensibilité de celui qui se trouve possédé par la Divinité dont il reçoit l'inspiration, le don de prophétie ou de divination (...). Concernant des valeurs humaines, mais souvent avec une coloration religieuse, l'enthousiasme est conçu comme un don divin. Dans la langue courante, enthousiasme a perdu toute coloration religieuse pour devenir une joie très vive, tendant à s'extérioriser et exprimant une adhésion totale, une approbation complète» (*Trésor de la langue française*). J'ai présenté diverses doctrines philosophiques de deux types différents. La philosophie de Leibniz et de Locke, ainsi que l'*Anthropologie* kantienne, ne voient dans l'enthousiasme que décadence, exaltation, illumination, *dementia*. Par contre, la *Critique de la faculté de juger* de Kant, en distinguant enthousiasme et *Schwärmerei*, présente une conception de l'enthousiasme très proche de celle que j'ai défendue dans la déduction sémiotique des passions. On se rappellera que j'ai identifié une classe de passions 'enthousiasmiques' (enthousiasme, extase, admiration, inquiétude, reconnaissance, désespoir, respect et espoir). L'enthousiasme, selon Kant dans la troisième *Critique*, témoigne de bien de propriétés qui caractérisent les passions enthousiasmiques de la déduction que j'ai proposée. Tout d'abord, on est en plein domaine *esthétique*. Comme on l'a vu, les concaténations modales des passions enthousiasmiques sont très complexes: elles comportent un métamodalisateur (le vouloir$_2$), un ensemble de modalisateurs (le vouloir$_1$ et le savoir) et une ou plusieurs modalités (véridictoires ou facultatives). Ainsi l'enthousiasme est un vouloir$_2$ // vouloir$_1$-savoir. L'objet direct du vouloir$_2$ est un vouloir-savoir. La dimension esthétique «couronne» les dimensions théorique et pratique étant donné que les passions enthousiasmiques ont les passions théoriques (chiasmiques) et pratiques (orgasmiques) comme objet. L'enthousiasme, par conséquent, est un vouloir-désir dont l'objet est le vouloir-intention de savoir. Que l'enthousiasme soit 'esthétique' signifie qu'il présuppose le «creux» d'une intériorité où la passion se replie sur elle-même et qu'il fonctionne au niveau des préconditions des manifestations passionnelles. Il n'y a pas d'esthétique sans empathie (voir I.3.2.). Le rapport au *sublime*, le fait que l'imagination se sente illimitée en se représentant l'infini, repose sur la faculté d'empathie de l'âme. Le *sublime* n'est ni théorique ni pratique: il se rapporte à un principe subjectif «d'une part en relation avec la sensibilité, dans la mesure où elle favorise l'entendement contemplatif, d'autre part en opposition avec la sensibilité, de par son rapport aux fins de la raison pratique»[68]. Les passions enthousiasmiques participent aux deux «raisons» — théorique ou contemplative, et pratique — mais ne s'identifient ni avec l'une ni avec l'autre. Le *sublime* n'est ni le *vrai* ni le *bon* — il se distingue également du *beau*: le beau est ce qui plaît dans le simple jugement, tandis que le sublime «ne doit être proprement attribué qu'à la manière de penser ou bien plutôt à son *fondement* dans la nature humaine»[69]. Rappelons également que l'*enthousiasme* relève, selon Kant, de la *faculté de désirer*. Le vouloir$_2$ qui domine en tant que métamodalisateur la concaténation esthétique dans le cas de l'enthousiasme, est en effet le *désir* (à distinguer du vouloir$_1$-intention): l'enthousiasme, c'est le désir de vouloir-savoir, c'est la passion désirante de la passion théorique (chiasmique). Le rapport privilégié de l'enthousiasme avec la concaténation théorique (intention de savoir) est constamment mis en valeur par Kant: «L'enthousiasme ne peut d'aucune manière servir à la satisfaction de la raison»[70], mais les passions esthétiques dont l'enthousiasme est le prototype, comme je l'ai déjà fait remarquer[71], laissent l'âme «dans sa résolution pour ce qui possède une *finalité intellectuelle finale*», et en rapport avec le *sublime*: «ainsi le sublime doit toujours avoir un rapport *à la manière de penser*, c'est-à-dire à des maximes qui visent à procurer à ce qui est intellectuel et aux Idées de la raison la domination sur la sensibilité»[72]. L'enthousiasme, il est vrai, amplifie avant tout des positions chiasmiques comme celle de la curiosité; c'est par extension romantique qu'il s'applique à des positions orgasmiques comme la sollicitude et ses dérivés.

La reconnaissance

Ce n'est pas étonnant que l'analyse spinoziste de l'amour-miséricorde exemplifiant la sollicitude comme passion orgasmique prototypique, aboutisse à des considérations concernant la reconnaissance. La reconnaissance, dans la déduction sémiotique proposée, est à la sollicitude ce que l'enthousiasme est à la curiosité: c'est la passion 'esthétique' correspondante où, dans la concaténation modale, le métamodalisateur devoir$_2$ (ou devoir-obligation) est surimposée. Mais examinons d'abord comment Spinoza introduit la reconnaissance dans sa théorie des passions. On a vu que, selon la Proposition 39, «qui aime quelqu'un s'efforcera par la même loi de lui faire du bien»[73]. Par *bien* Spinoza comprend tout genre de Joie, «et tout ce qui, en outre, y mène, et principalement ce qui remplit l'attente, quelle qu'elle soit »[73]. Si une personne en aime une autre, elle s'efforcera d'assurer au maximum son existence, donc en lui donnant de la Joie. Spinoza insiste sur le phénomène de la contagion affective et de la réaction préventive : les deux partenaires vont s'engager dans un cycle de *réciprocité*, grand thème des Propositions 39 à 43. Si le sentiment est mutuel et symétrique, si les deux amants s'efforcent de se procurer de la joie l'un à l'autre, on constatera «(un) lien interhumain (...) assuré par un système de dons et de contre-dons qui se reproduit sans cesse lui-même, moyennant le respect par les partenaires de la triple *obligation* de donner, de recevoir et de rendre »[74]. Une fois que *l'obligation* est ajoutée à la concaténation modale, la *sollicitude* se transforme en *reconnaissance*. La *reconnaissance* est le sentiment inverse de la *vengeance*, « l'effort pour rendre le mal qui nous a été fait »[75]. « Cet amour réciproque maintenant, et conséquemment l'effort pour faire du bien à qui nous aime et s'efforce de nous en faire, s'appelle *Reconnaissance* ou *Gratitude* »[76]. Spinoza évoque dans le Livre IV de l'*Ethique* une variante dégénérée de la reconnaissance : « La reconnaissance qu'ont entre eux les hommes dirigés par le Désir aveugle, est la plupart du temps plutôt un trafic ou une piperie que de la reconnaissance », ce qui provient du fait que « seuls les *hommes libres* sont très reconnaissants les uns à l'égard des autres »[77]. Aussi la reconnaissance (donner, recevoir, rendre) n'est-elle la plupart du temps que *commerce*, ce qui n'est pas nécessairement péjoratif. « Le commerce est l'activité pacifique par excellence : il assure la convergence des intérêts et leur interdépendance; chacun, grâce à lui, se sent solidaire de tous. (...) Mais il n'en reste pas moins qu'il s'agit là de pur trafic : nous ne donnons que pour recevoir, et pour recevoir, si possible, plus que nous avons donné. (...) Sans doute est-il maintenant que les motivations utilitaires, quasi inexistantes au moment où s'instauraient les relations interhumaines, commencent à acquérir une importance prépondérante »[78].

Spinoza, en posant que la reconnaissance est très instable, estime que seules de bonnes *institutions* peuvent assurer la prolongation de la reconnaissance interhumaine; en leur absence, et spécialement dans l'état de nature, la reconnaissance dégénère presque aussitôt et nous retombons dans la réciprocité négative. « *Guerre et commerce* : telles sont donc les deux activités interhumaines qui coiffées ou non par la politique, nous occupent alternativement. La première prédominerait dans l'état de nature, la seconde dans une société bien faite; et, dans nos sociétés actuelles, elles ont (...) à peu près la même importance »[79]. Il y a donc oscillation pendulaire — une réciprocité négative — qui change l'amour en haine, et le cycle peut reprendre avec une nouvelle transformation: la haine peut être vaincue par l'amour («La Haine est accrue par une haine réciproque et peut, au contraire, être extirpée par l'Amour» et «La Haine qui est entièrement vaincue par l'Amour se change en Amour, et l'Amour est pour cette raison plus grand que si la Haine n'eût pas précédé»[80]). «On voit, en conséquence, quelle sera la principale tâche de la Politique: stabiliser le processus, en éliminant les fluctuations catastrophiques à travers lesquelles il se déroule; régulariser la réciprocité positive en l'empêchant de dégénérer en réciprocité négative»[81]. Ainsi la théorie des passions chez Spinoza est complétée par une théorie *politique* où les «bonnes institutions» sont dites les garants de la vie passionnelle, celle surtout de la réciprocité interhumaine et de l'oscillation pendulaire de l'amour et de la haine, de la *reconnaissance* et de la *vengeance*.

Ce n'est pourtant pas le chemin que je voudrais suivre jusqu'au bout. Si j'ai noté, tout au long de mon analyse de la sollicitude, que la conception spinoziste de l'amour-miséricorde est la plus adéquate parmi les théories classiques disponibles, je dirais qu'en ce qui concerne la reconnaissance, le spinozisme ne parvient pas à en justifier la propriété 'esthétique'. La définition de la reconnaissance chez Spinoza n'ajoute pas d'éléments importants à celle de l'amour-miséricorde. Il y a l'«obligation» de donner, de recevoir et de rendre, ce qui n'est pas une pure nécessité, mais l'obligation elle-même est, en fin de compte, *politiquement* imposée à la reconnaissance. Je n'étonnerai pas le lecteur en disant que je préfère l'orientation kantienne où l'obligation qui marque la reconnaissance, s'impose transcendantalement, ce qui garantit le caractère 'esthétique' de la reconnaissance. Comme c'est de cette façon que la reconnaissance trouve sa spécificité dans la déduction sémiotique des passions, il vaut mieux se tourner vers les intuitions kantiennes en la matière. On a dit que la métamodalisation dont témoigne la reconnaissance, fait de cette passion 'esthétique' une *obligation de la nécessité de pouvoir* (voir II.1.2.3.). La reconnaissance est une précondition de toute concaténation pratique, et donc surtout du prototype, la sollicitude. La reconnaissance n'est pas une conséquence de la sollicitude, conséquence dont la stabilité est politiquement garantie, mais elle est plutôt une *condition* (de possibilité) de la sollicitude, condition dont le fonctionnement est transcendantalement justifié. Je renvoie aux passages où j'ai présenté la «noble» passion de la reconnaissance comme la passion de la passion communautaire, motivée par le caractère logiquement nécessaire d'intersubjectivité. En tant que métamodalisation, la reconnaissance n'instaure pas comme valeur un sujet mais la passion intersubjectivante elle-même. Ainsi elle devient passion 'esthétique', au sens kantien du terme, et elle fonctionne comme précondition des manifestations passionnelles 'pratiques', à savoir celles dont les concaténations modales sont composées par les catégories du devoir$_1$ (nécessité) et du pouvoir. Je ne reviens plus sur ces analyses modales de la reconnaissance, ni sur les isomorphismes et les homologations qu'elle permet d'effectuer (voir, pour le détail, les différentes sections de II.1.2.3.). C'est plutôt la justification transcendantale de la reconnaissance qui retient mon attention dans les dernières pages de cet essai.

Kant ne fait allusion explicitement à la *reconnaissance* dans la *Critique de la faculté de juger* que pour dire que la *reconnaissance* (avec l'*obéissance* et l'*humilité*) «est une disposition particulière de l'esprit pour le *devoir*. (...) L'esprit tendant à élargir sa disposition morale ne fait ici que penser volontairement un objet, *qui n'est pas dans le monde*, afin de remplir, si possible, son devoir envers celui-ci»[82]. Kant relève ici la dimension déontique de la reconnaissance, et le fait que «l'objet» de la reconnaissance n'est pas empirique («un objet, qui n'est pas dans le monde») mais transcendantal. Mais Kant nous permet de dire, sans l'énoncer lui-même explicitement, que la reconnaissance d'autrui, ce devoir-obligation de reconnaître autrui comme un sujet avec qui «je suis ensemble» (*Mitmenschsein*), est un *jugement de bon goût* (*Geschmacksurteil*). Ce n'est pas le jugement du géomètre (ou de la raison pratique), mais le jugement de celui qui discerne la beauté. La fonction de reconnaissance est une fonction esthétique. «Le jugement de goût prétend obtenir l'adhésion de tous; et celui qui déclare une chose belle estime que chacun *devrait* donner son assentiment à l'objet considéré et aussi le déclarer comme beau. L'*obligation* dans le jugement esthétique n'est ainsi, même avec toutes les données exigées pour l'appréciation, exprimée que conditionnellement. On sollicite l'adhésion de chacun, parce que l'on possède un principe *qui est commun à tous*; et l'on pourrait toujours compter sur cette adhésion, si l'on était toujours assuré que le cas présent est correctement subsumé sous ce principe comme règle de l'assentiment»[83]. Le jugement esthétique n'est pas un jugement objectif à portée cognitive, il n'est pas prononcé à partir de l'universalité de l'expérience non plus, et pourtant il revendique l'adhésion de *tous*. Il présume donc essentiellement que c'est seulement par la présupposition d'un *sens commun* que le jugement de goût peut être porté. Le jugement de goût ne possède pas un principe objectif déterminé (comme le jugement de connaissance) mais un principe *subjectif* «qui détermine seulement par *sentiment* et non par concept, bien que d'une manière universellement valable, ce qui plaît ou déplaît. Un tel principe ne pourrait être considéré que comme un *sens commun* («Gemeinsinn»)[84]. Le *sens commun* doit être interprété comme le sens *commun à tous*. Ce qui est spécifique aux jugements de bon goût, et donc à la fonction de reconnaissance, est l'*appel à autrui*. «On pourrait donner avec plus de raison le nom de *sensus communis* au goût qu'au bon sens («das Gesunde Verstand») (...) et la faculté esthétique de juger, plutôt que celle qui est intellectuelle, mériterait le nom de sens commun à tous («ein gemeinschaftlichen Sinn») (...) On entend alors en effet par sens le sentiment de plaisir. On pourrait même définir le goût par la faculté de juger ce qui rend notre sentiment, procédant d'une représentation donnée, *universellement communicable* sans la médiation d'un concept »[85]. Le jugement de bon goût, ou le sens commun, repose sur le *Mitmenschsein* («être-homme-avec-les-autres»). Par conséquence, la communauté du sens est la condition transcendantale de toute vie passionnelle 'esthétique'. «Le goût est ainsi la faculté de juger *a priori* de la communicabilité des sentiments»[86].

Le chemin que j'ai suivi en commentant la passion de la reconnaissance n'est tortueux qu'en apparence. On a constaté que Spinoza fait appel à la politique, aux institutions pour stabiliser les fluctuations entre réciprocité positive et réciprocité négative, entre amour et haine, entre *reconnaissance* et *vengeance*, et on a préféré à la solution spinoziste l'alternative kantienne, celle qui justifie l'*obligation* marquant la reconnaissance (en tant que devoir-obligation du devoir-nécessité de pouvoir) par la catégorie 'esthétique' transcendantale. Cette obligation découle du fait non empirique d'être-homme-avec-autrui, et de la culté de manifester cette communauté par des jugements de goût. Notre «passion» communautaire est en même temps universellement communicable, elle est sens commun (à tous). La *reconnaissance* est ainsi le pivot esthétique de la vie «pathique», et sa noblesse dépend précisément de son caractère transcendantal de *précondition* de toutes les ' passions pragmatiques (ou orgasmiques) dont la sollicitude est le prototype. La *reconnaissance* me permet de terminer cette monographie sur les passions par l'évocation du *bonheur*. Kant nous enseigne que le jugement de bon goût, le jugement qui discerne la beauté, manifeste le sens régulatif d'être-avec-les-autres. *Reconnaître* autrui, c'est estimer appartenir à la communauté, participer au sens commun. La reconnaissance, cette obligation dont la déduction sémiotique a montré le statut, est un impératif catégorique dont la portée couvre le bonheur. Le bonheur consiste dans l'acceptation de ce qui est général en nous, l'acceptation d'être-avec-les-autres, de notre *Mitmenschsein*. Le bonheur est de toute évidence une loi formelle et aucun contenu ne peut lui donner une substance. Toutefois, le bonheur s'implante en tant que loi formelle dans la vie passionnelle soumise à la contrainte esthétique. Si toute l'architecture des passions est fondée sur le pivot esthétique, le bonheur ne peut être ailleurs que dans la passion.

NOTES

[1] D. Hume, *Traité de la nature humaine* (1739). Je cite Hume dans la traduction de A. Leroy, Paris: Aubier, 1946, t. II: Section X, «La curiosité et l'amour de la vérité», 560-566.
[2] Hume, *op. cit.*, 565.
[3] Hume, *op. cit.*, 560.
[4] *Ibidem*, 375.
[5] Je me suis inspiré dans cette matière de Chiara Rabbi, *La curiosità come anomalia passionale nel 'Trattato sulla Natura humana' de D. Hume*, Tesi di Laurea, Università degli Studi di Bologna, Facoltà di Magistro, 1978-1979.
[6] R. Descartes, *Traité des passions de l'âme* (1649), dans *Œuvres et lettres*, textes présentés par A. Bridoux (Bibl. de la Pléiade), 1953, 723-724 (§ 53).
[7] *Ibidem*, 728 (§ 70).
[8] *Ibidem*, 731-732 (§ 78).
[9] I. Kant, *Critique de la faculté de juger* (1787), trad. par A. Philonenko, Paris: Vrin, 1965, 91.
[10] Voir surtout, Hume, *op. cit.*, Livre I, Troisième Partie, Section X: «Influence de la croyance», 196-204.
[11] Hume, *op. cit.*, 197.
[12] *Ibidem*, 198.
[13] *Ibidem*, 199.
[14] D. Hume, *op. cit.*, Livre II, Première Partie, Section XI, «L'amour de la renommée», 417-426.
[15] Hume, *op. cit.*, 457-458.
[16] *Ibidem*, 469.
[17] *Ibidem*, 473-474.
[18] *Ibidem*, 475.
[19] Voir les commentaires de P.S. Andal, *Passion and Value in Hume's Treatise*, Edingburgh: U.P., 1966, 53 ss.
[20] Hume, *op. cit.*, 475.
[21] *Ibidem*, 471-472.
[22] *Ibidem*, 472.
[23] *Ibidem*, 473.

[24] Th. Hobbes, *De la nature humaine*, (1640 [1772], Londres), Paris: Vrin, 1981, 101 ss.
[25] *Ibidem*, 102-103.
[26] Voir S.H. Voss, «How Spinoza enumerated the Affects», dans *Archiv für Geschichte der Philosophie*, 63 (1981), 167-179.
[27] R. Descartes, *Traité des passions de l'âme* (1649), dans *Œuvres et Lettres*, textes présentés par A. Bridoux (Bibl. de la Pléiade), 1953, 732-733 (§ 81).
[28] Spinoza, *Ethique*, Livre III, Proposition XXVII, Corollarium III, Scolie (ed. Charles Appuhn, Paris: Vrin, 1977), 297.
[29] *Ibidem*, 285.
[30] *Ibidem*, 287. Definition XVIII: «La Commisération est une tristesse qu'accompagne l'idée d'un mal arrivé à un autre que nous imaginons être semblable à nous» (379).
[31] Spinoza, *op. cit.*, Def. XVIII, Explic., 379.
[32] *Ibidem*, Def. XXIV, 381.
[33] R. Descartes, *op. cit.*, 783 (§ 185).
[34] *Ibidem*, § 56 et 79-85.
[35] Spinoza, *op. cit.*, Livre III, Proposition, XIII, Scolie, et Definitio VI.
[36] Selon la Proposition VI: «Chaque chose, autant qu'il est en elle, s'efforce de persévérer dans son être». Voir, à ce propos, L. Brunschvicg, *Spinoza et ses contemporains*, Paris: Alcan, 1923, 124 ss.
[37] L. Brunschvicg, *op. cit.*, (voir la note 36), 130.
[38] Spinoza, *op. cit.*, Propositio XXXIII (307).
[39] Spinoza, *op. cit.*, Scolie de la Proposition XXXV: «La Jalousie n'est rien d'autre qu'une fluctuation d'âme née de ce qu'il y a Amour et Haine en même temps avec accompagnement de l'idée d'un autre auquel on porte envie» (311).
[40] Voir A. Matheron, *Individu et communauté chez Spinoza*, Paris: Ed. de Minuit, 1969, 193-211.
[41] Spinoza, *op. cit.*, Prop. XXXIX (317).
[42] A. Matheron, *op. cit.*, (voir note 40), 205.
[43] On trouve dans R.M. Unger, *Passion. An Essay on Personality*, New York: The Free Press, 1984, 220-227, une présentation remarquable des passions, entre autres de l'*amour*, dans la perspective d'une anthropologie et d'une morale qui se proposent comme des alternatives de la tradition romantico-chrétienne.
[44] Spinoza, *op. cit.*, Def. XXIV, 381.
[45] G.W. Leibniz, *Nouveaux essais sur l'entendement humain* (1703), Paris: Garnier-Flammarion, 1966, 448.
[46] *Ibidem*, 449.
[47] *Ibidem*, 452.
[48] J. Locke, *Essai philosophique concernant l'entendement humain*, traduit par P. Coste (1689; 1700). Edition par E. Naert, Paris: Vrin, 1952. Le chapitre sur l'enthousiasme se trouve au livre IV, Ch. XIX, 582-590 (Citation, 583).
[49] *Ibidem*, 582.
[50] *Ibidem*, 585.
[51] *Ibidem*, 588.
[52] I. Kant, *Qu'est-ce que s'orienter dans la pensée?* (1786), trad. de A. Philonenko, Paris: Vrin, 1967, 87.
[53] A. Philonenko dans I. Kant, *op. cit.* (note 52), 43.
[54] *Ibidem*, 38.
[55] I. Kant, *Anthropologie du point de vue pragmatique* (1798), trad. de M. Foucault, Paris: Vrin, 1970, 73.
[56] I. Kant, *op. cit.*, 156. Kant réagit contre une conception romantique ou «subjectiviste» de l'enthousiasme. Il critique Jacobi explicitement dans *Qu'est-ce que s'orienter dans la pensée?* (voir note 52). D'autres auteurs avaient parlé en termes subjectivistes de l'en-

thousiasme. Je pense, entre autres, à Shaftesbury, *A Letter concerning Enthusiasm* (1708), dans *Complete Works*, Stuttgart, Frommann-Holzboog, 1981, 302-374.

[57] *Ibidem*, 122.
[58] *Ibidem*, 111.
[59] I. Kant, *Critique de la faculté de juger* (1787), trad. de A. Philonenko, Paris: Vrin, 1965, 224.
[60] *Ibidem*, 111.
[61] *Ibidem*, 108.
[62] *Ibidem*, 108.
[63] *Ibidem*, 108.
[64] *Ibidem*, 138.
[65] *Ibidem*, 146.
[66] *Ibidem*, 109.
[67] *Ibidem*, 110.
[68] *Ibidem*, 105.
[69] *Ibidem*, 115.
[70] *Ibidem*, 109.
[71] Voir note 67.
[72] I. Kant, *op. cit.*, 110.
[73] Spinoza, *op. cit.* (voir note 28), Prop. XXXIX et Scolie (317-319).
[74] A. Matheron (voir note 42).
[75] Spinoza, *op. cit.*, Prop. XL, Scolie (323).
[76] *Ibidem*, Prop. XLI, Scolie (323-324).
[77] *Ibidem*, Livre IV, Prop. LXXI et Scolie (139).
[78] A. Matheron, *op. cit.* (voir note 42), 205-206.
[79] *Ibidem*, 206.
[80] Spinoza, *op. cit.*, Prop. XLIII et Prop. XLIV (326-327).
[81] A. Matheron, *op. cit.*, 206-207.
[82] I. Kant, *Critique de la faculté de juger* (voir note 59), 253.
[83] *Ibidem*, § 19, 77.
[84] I. Kant, *op. cit.*, § 20, 78. Kant distingue entre *Gemeinsinn* (sens commun) et *Gemeines Verstand* (entendement commun), «le dernier ne jugeant pas d'après le sentiment, mais toujours par concepts» ou par conceptualisation.
[85] *Ibidem*, § 40, 128-129.
[86] *Ibidem*, § 40, 129.

Table des matières

INTRODUCTION	5
1. POSITIONS	9
1. Les passions et le reste: la marge et le centre	9
Le sémantisme du pathos	9
Passion versus X	12
Contre les passions au nom de X	13
2. Contraintes formelles et constantes thématiques dans la théorie des passions	15
Les principes de la schématisation	16
«Du nombre et de l'ordre des passions»	20
Le supplément combinatoire de Malebranche	27
Les passions-désirs de la Statue	31
3. Deux axes paradigmatiques de l'univers pathique	32
3.1. L'engagement érotétique et la rationalisation non érotétique	32
La dissémination du désir séquestré	32
Le désir en tant que mal-aise	34
Les lignes, surfaces et solides du Géomètre	36
3.2. Le fondement empathique et la gravitation péripathique	40
En versus *Peri*	40
L'anthropologie des passions «du point de vue pragmatique»	42
L'empathie et la compétence passionnelle	44
La gravitation des passions selon Hume	47
4. La passion et la mise en discours de la subjectivité	49
La subjectivation *ad quem*	50
Le sujet *ab quo*	51
Le parcours *ab quo - ad quem*	53
Notes	56

2. ARCHITECTONIQUE ... 61

1. Le texte des passions ... 62
   1.1. La grille des concepts et des distinctions opératoires ... 62
      Modalités, modalisations, métamodalisations ... 62
      Le sujet de la passion, l'objet de valeur et l'autre sujet ... 64
      Coupure paratactique et domination fonctionnelle ... 65
   1.2. La morphologie des passions ... 67
      1.2.1. Les passions chiasmiques ... 68
         Le vouloir et le savoir ... 68
         Investissement épistémique ... 70
         Temporalité et ouverture/fermeture à l'érotétisation ... 71
      1.2.2. Les passions orgasmiques ... 73
         Le devoir et le pouvoir ... 73
         Investissement épistémique ... 77
         Temporalité et ouverture/fermeture à l'aléthisation ... 78
      1.2.3. Les passions enthousiasmiques ... 79
         Le vouloir$_2$ et le devoir$_2$ ... 79
         La taxinomie du domaine esthétique ... 81
         Investissement épistémique et temporalité ... 84
         Isomorphismes et homologations ... 86
         Le sujet instaurateur ... 89
   1.3. Les transformations morphologiques ... 91
      1.3.1. Le cognitif et le pragmatique ... 92
      1.3.2. L'aléthisation et l'érotétisation ... 93
   1.4. Les surdéterminations morphologiques ... 97
      1.4.1. La manipulation ... 98
         La phénoménologie de l'art de manipuler ... 98
         Le vouloir manipulatoire ... 100
      1.4.2. La séduction ... 104
         La phénoménologie de l'art de séduire ... 104
         L'objet séducteur ... 107
   1.5. La syntagmatique passionnelle ... 109
      La colère I: Alain ... 111
      La colère II: Thomas d'Aquin ... 111
      La colère III: Greimas ... 114
      «Ordo consecutionis» ... 117
      La 'logique' de l'engendrement des passions ... 120

2. La contexturation des passions ... 123
   2.1. La mise en émotion ou la contexturation psychologique ... 124
      Passion, émotion, sentiment, inclination ... 124
      La psychologie affective ... 127
      Après-coup I: modalités ... 131
      Après-coup II: «comment les passions finissent» ... 133
      Expliquer les émotions ... 135

    2.2. *La mise en jugement ou la contexturation épistémique* 139
        La logique des sentiments 139
        La rationalité évaluative 141
        Le juger devant le savoir et le croire 144
        La passion épistémiquement investie et l'émotion-jugement 145

3. *La mise en discours des passions* 148
    L'homme dans son discours 148
    L'instance d'énonciation 151
    3.1. *La performativisation* 154
        L'expressibilité des émotions 154
        La force émotive 158
    3.2. *La figurativisation* 160
        «Les passions ont un langage particulier» 160
        La force figurative 163

Notes 165

3. EXEMPLIFICATIONS 171

La curiosité 171

La sollicitude 176

L'enthousiasme 183

La reconnaissance 189

Notes 194

Ouvrages déjà parus dans la même collection:

ANSCOMBRE (J.Cl.) & DUCROT (O.): L'argumentation dans la langue.

MAINGUENEAU (D.): Genèse du discours.

CASEBEER (E.): Hermann Hesse.

BORILLO (M.): Informatique pour les sciences de l'homme.

DOMINICY (M.): La naissance de la grammaire moderne.

ISER (W.): L'acte de lecture.

HEYNDELS (R.): La pensée fragmentée.

SHERIDAN (A.): Discours, sexualité et pouvoir (Michel Foucault).

PARRET (H.): Les passions, essai sur la mise en discours de la subjectivité.

A paraître:

MARTIN (R.): Langage et croyance.

MEYER (M.): De la problématologie, philosophie, science et langage.

ROSEN (S.): Philosophie et crise des valeurs contemporaines.

ANSCOMBRE (J.Cl.): Rites et formules.

MEYER (M.) / ARMENGAUD (F.) et al.: Pour une nouvelle réflexion sur le langage.

VERNANT (D.): Introduction à la philosophie de la logique.

LAUDAN (L.): Comment la science progresse-t-elle?

COMMETTI (J.-P.): Musil.

LARUELLE (Fr.): Théorie de la décision philosophique.